新文科建设教材
管理科学与工程系列

ENGINEERING
ECONOMICS

工程经济学

（第2版）

胡斌　郑琪◎主编

清华大学出版社
北京

内 容 简 介

为满足我国培养工程技术、工程经济和管理复合型人才的需要,本书采用理论与实际相结合的方法,全面、系统地介绍了工程技术经济分析的理论与方法。全书分为上、下两篇,包括理论基础及案例分析。本书紧紧围绕经济活动过程中的资金使用效率及效益、投资决策等问题展开,由基本原理到基本方法、由理论到实践,详细讲述了工程经济学的相关理论、方法及案例。

本书可作为高校经济管理类专业和工程类专业本科生、研究生的教材,也可作为工程及经济管理实践领域专业人士的参考书。

本书封面贴有清华大学出版社防伪标签,无标签者不得销售。
版权所有,侵权必究。举报: 010-62782989, beiqinquan@tup.tsinghua.edu.cn。

图书在版编目(CIP)数据

工程经济学 / 胡斌,郑琪主编. -- 2版. -- 北京:清华大学出版社,2025.3.
(新文科建设教材). ISBN 978-7-302-68627-9
Ⅰ. F062.4
中国国家版本馆 CIP 数据核字第 2025JQ6822 号

责任编辑:张 伟
封面设计:李召霞
责任校对:王荣静
责任印制:沈 露

出版发行:清华大学出版社
网 址: https://www.tup.com.cn, https://www.wqxuetang.com
地 址:北京清华大学学研大厦 A 座 邮 编: 100084
社 总 机: 010-83470000 邮 购: 010-62786544
投稿与读者服务: 010-62776969, c-service@tup.tsinghua.edu.cn
质量反馈: 010-62772015, zhiliang@tup.tsinghua.edu.cn
课件下载: https://www.tup.com.cn, 010-83470332
印 装 者:三河市少明印务有限公司
经 销:全国新华书店
开 本: 185mm×260mm 印 张: 17.5 字 数: 391 千字
版 次: 2016 年 6 月第 1 版 2025 年 4 月第 2 版 印 次: 2025 年 4 月第 1 次印刷
定 价: 59.00 元

产品编号: 107559-01

前言

工程经济学(engineering economics)作为一门由技术科学、经济学与管理学等相互融合渗透而形成的综合性、实用性科学,具有理论面宽、实践性强、政策要求高的特点。它是为实现工程建设决策的科学化而产生,以决策方案或工程项目为研究对象,分析工程技术在一定条件下的经济效果的科学。通过经济分析方法来探究工程投资和经济效益的关系,以有限的资源获得最大的效益。

作为高等院校经济管理类专业和工程类专业学生掌握经济分析和经济决策必备知识与技能的主干课程教材,本书系统地阐述了工程经济学的理论知识体系,并结合实际编写了教学需要的相关案例。通过对本书的学习,学生可以学会利用经济规律解决工程问题,从而具备各类工程项目的投融资决策、可行性研究、经济评价和方案优选与优化等方面的能力。

本书在第1版的基础上进行了修订,分为上篇和下篇。上篇侧重工程经济学的理论基础,分为9章:第1章工程经济学概述,第2章工程经济分析的基本要素,第3章资金的时间价值,第4章工程项目的确定性评价方法,第5章工程项目风险与不确定性分析,第6章价值工程,第7章工程项目可行性研究,第8章资产更新、租赁与改扩建项目评价,第9章工程项目后评价。下篇侧重工程经济学案例分析,编写整理了七个案例,指出实践的相关性和实用性,提升学习者运用理论解决实际的能力。

本书紧紧围绕经济活动过程中的资金使用效率及效益、投资决策等问题展开,由基本原理到基本方法、由理论到实践,系统介绍了工程经济学的相关理论、方法及案例。本书具有体系完整、思路清晰、案例丰富、深入浅出、注重实际分析和应用能力培养的特点。

本书在编写过程中,参阅了大量同行、专家出版的教材和专著,也得到了上海工程技术大学和清华大学出版社的大力支持与帮助,在此一并表示感谢。

由于编写水平有限,书中难免存在不足之处,敬请广大读者批评指正。

编者
2024年9月

目 录

上篇　工程经济学的理论基础

第1章　工程经济学概述 ……………………………………………………… 3
1.1　工程经济学的产生与发展 …………………………………………… 3
1.2　工程经济学的基本概念与关系 ……………………………………… 4
1.3　工程经济学的研究对象与出发点 …………………………………… 6
1.4　工程经济分析的基本原则与基本方法 ……………………………… 8
1.5　工程经济分析的程序 ………………………………………………… 11
1.6　工程经济分析人员应具备的知识和能力 …………………………… 13
本章小结 ……………………………………………………………………… 13
本章习题 ……………………………………………………………………… 13
即测即练 ……………………………………………………………………… 14

第2章　工程经济分析的基本要素 …………………………………………… 15
2.1　经济效果 ……………………………………………………………… 15
2.2　投资 …………………………………………………………………… 18
2.3　成本费用 ……………………………………………………………… 21
2.4　折旧与摊销 …………………………………………………………… 27
2.5　营业收入、税金与利润 ……………………………………………… 30
2.6　工程经济分析要素间的关系 ………………………………………… 38
本章小结 ……………………………………………………………………… 38
本章习题 ……………………………………………………………………… 39
即测即练 ……………………………………………………………………… 39

第3章　资金的时间价值 ……………………………………………………… 40
3.1　资金的时间价值含义 ………………………………………………… 40
3.2　相关概念 ……………………………………………………………… 41
3.3　现金流量 ……………………………………………………………… 46

3.4　资金时间价值的计算 …………………………………………………… 48
　　本章小结 …………………………………………………………………………… 57
　　本章习题 …………………………………………………………………………… 58
　　即测即练 …………………………………………………………………………… 60

第4章　工程项目的确定性评价方法 …………………………………………… 61
　　4.1　经济评价指标 …………………………………………………………… 61
　　4.2　基准收益率的确定方法 ………………………………………………… 73
　　4.3　工程项目方案经济评价 ………………………………………………… 76
　　4.4　其他多方案经济评价 …………………………………………………… 88
　　本章小结 …………………………………………………………………………… 91
　　本章习题 …………………………………………………………………………… 91
　　即测即练 …………………………………………………………………………… 92

第5章　工程项目风险与不确定性分析 ………………………………………… 93
　　5.1　不确定性与风险 ………………………………………………………… 93
　　5.2　盈亏平衡分析 …………………………………………………………… 95
　　5.3　敏感性分析 ……………………………………………………………… 102
　　5.4　概率分析 ………………………………………………………………… 109
　　本章小结 …………………………………………………………………………… 117
　　本章习题 …………………………………………………………………………… 117
　　即测即练 …………………………………………………………………………… 118

第6章　价值工程 ……………………………………………………………………… 119
　　6.1　价值工程基本原理 ……………………………………………………… 119
　　6.2　价值工程的工作程序与工作内容 ……………………………………… 122
　　6.3　价值工程分析对象的选择 ……………………………………………… 124
　　6.4　方案评价内容与方法 …………………………………………………… 128
　　6.5　基于价值工程的成本控制 ……………………………………………… 130
　　6.6　价值工程应用案例 ……………………………………………………… 133
　　本章小结 …………………………………………………………………………… 136
　　本章习题 …………………………………………………………………………… 136
　　即测即练 …………………………………………………………………………… 136

第7章　工程项目可行性研究 ……………………………………………………… 137
　　7.1　可行性研究概述 ………………………………………………………… 137

7.2 市场分析和预测 ………………………………………………………………… 140
7.3 投资估算与资金筹措 …………………………………………………………… 146
7.4 建设项目财务评价 ……………………………………………………………… 153
7.5 国民经济评价 …………………………………………………………………… 163
本章小结 ……………………………………………………………………………… 167
本章习题 ……………………………………………………………………………… 167
即测即练 ……………………………………………………………………………… 168

第8章 资产更新、租赁与改扩建项目评价 …………………………………… 169
8.1 资产设备磨损与补偿 …………………………………………………………… 169
8.2 资产更新方案评价 ……………………………………………………………… 172
8.3 资产租赁方案评价 ……………………………………………………………… 178
8.4 改扩建方案评价 ………………………………………………………………… 183
本章小结 ……………………………………………………………………………… 189
本章习题 ……………………………………………………………………………… 189
即测即练 ……………………………………………………………………………… 190

第9章 工程项目后评价 …………………………………………………………… 191
9.1 工程项目后评价概述 …………………………………………………………… 191
9.2 工程项目后评价的基本内容 …………………………………………………… 196
9.3 工程项目后评价的程序和方法 ………………………………………………… 200
9.4 经济效益后评价 ………………………………………………………………… 205
9.5 项目社会及环境影响后评价 …………………………………………………… 207
本章小结 ……………………………………………………………………………… 209
本章习题 ……………………………………………………………………………… 210
即测即练 ……………………………………………………………………………… 210

下篇 工程经济学案例分析

案例一 某新建工业项目财务评价 ………………………………………………… 213

案例二 绿远公司固定资产投资可行性评价 …………………………………… 228

案例三 某造纸厂改、扩建项目技术经济评价 ………………………………… 232

案例四 房地产项目可行性分析报告 …………………………………………… 235

案例五　五粮液国壮酒的可行性分析报告 …………………………………………… 240

案例六　应用价值工程进行建筑产品设计方案优选 ………………………………… 245

案例七　价值工程在工程项目方案评选中应用 ……………………………………… 248

参考文献 …………………………………………………………………………………… 251

附录　复利系数表 ………………………………………………………………………… 253

上篇

工程经济学的理论基础

第 1 章

工程经济学概述

本章关键词

工程(engineering);经济学(economics);工程经济学(engineering economics)。

本章要点

通过本章的学习,了解工程经济学的产生及发展过程,明确工程、经济与工程经济的基本概念及其相互关系,理解工程经济学的基本内涵及其研究对象,掌握工程经济分析及其基本原理与方法,在此基础上把握工程经济分析人员应具备的知识和能力,以达到对工程经济学的总体了解。

随着互联网、5G(第五代移动通信技术)、大数据、人工智能等现代信息技术的发展,以及新一轮产业科技革命和产业变革向纵深演进,数字化、智能化、绿色化已成为工程经济的发展趋势。党的二十大报告指出,坚持把发展经济的着力点放在实体经济上,推进新型工业化,加快建设制造强国、质量强国、航天强国、交通强国、网络强国、数字中国。如今,工程经济已经成为我国制造业经济高质量发展的动力与引擎,也带来了无数的变革与机遇。工程经济具有高附加性、价值增值性、绿色生态性等特点和优势,契合我国经济高质量发展时代的需求,也成为促进区域经济发展的重要支持。经济的发展离不开工程技术的进步,同时经济发展也为工程技术的创新提供了更广阔的市场和更多的资源支持。工程经济学是一门融会工程学和经济学特点的交叉学科。工程经济学的核心是工程经济分析,其任务是对工程项目及其相应环节进行经济效果分析,对各种备选方案进行分析、论证、评价,从而选择技术可行、经济合理的最佳方案。

1.1 工程经济学的产生与发展

工程经济学的产生至今有 100 多年。其标志是 1887 年美国土木工程师亚瑟姆·惠灵顿(Arthur Wellington)出版的著作《铁路布局的经济理论》(*The Economic Theory of the Location of Railways*)。在其著作中,他将工程经济学描述为"一门少花钱多办事的艺术";首次将成本分析方法应用于铁路的最佳长度和路线的曲率选择问题,并提出了工程利息的概念,开创了工程领域中的经济评价工作。因而,他被称作经济评价的先驱、贫民工程师。1920 年,O. B. 哥德曼(O. B. Goldman)研究了工程结构的投资问题,在著作

《财务工程》(Financial Engineering)中提出了用复利法来分析各个方案的比较值,并说:"有一种奇怪而遗憾的现象,就是许多作者在他们的工程学书籍中,没有或很少考虑成本问题。实际上,工程师的最基本的责任,是分析成本,以达到真正的经济性,即赢得最大可能数量的货币,获得最佳财务效率。"

到了1930年,尤金·洛德威克·格兰特(Eugene Lodewick Grant)出版了《工程经济学原理》(Principles of Engineering Economy)教科书。该书历经半个世纪,到1982年已再版6次,是一本公认的学科代表著作,从而奠定了经典工程经济学的基础。在该书中,作者指出了古典工程经济学的局限性,以复利计算为基础,讨论了判别因子和短期投资评价的重要性,以及长期资本投资的一般比较。格兰特的许多贡献获得社会承认,被称为"工程经济学之父"。

之后,乔尔·迪安(Joel Dean)发展了折现现金流量法和资金分配法。1978年,林恩·E.布西(Lynn E. Bussey)出版了《工程项目的经济分析》,全面总结了筹资、评价、优化决策、风险、不确定性。1982年,詹姆斯·L.里格斯(James L. Riggs)出版了《工程经济学》,系统阐述了工程经济学的内容。该书具有观点新颖、内容丰富、论述严谨的特点,把"工程经济学"的学科水平向前推进了一大步。

近代工程经济学的发展侧重于用概率统计进行风险性、不确定性等新方法研究以及非经济因素的研究。

我国对工程经济学的研究和应用历经坎坷,起步于20世纪70年代后期。1950—1965年为开始创立阶段,1966—1976年为全面破坏阶段,1977年至今为重建发展阶段。随着改革开放,传统的计划经济不讲核算、不讲效益的观点被逐渐放弃,在工程项目的成本核算中,开始出现折现现金流量的概念。1984年,交通部组织编制了《运输船舶技术经济论证名词术语》的部颁标准(JT 0013—1985),其中已经出现了工程经济学的若干基本概念。现在,在项目投资决策分析、项目评估和管理中,已经广泛地应用工程经济学的原理和方法。

工程经济学伴随我国经济建设的实践需要而不断发展。随着中国特色社会主义市场经济的发展,工程经济学方法的应用范围将不断扩大,广泛应用于以下方面:各种技术政策、产业政策的论证与评价;生产力布局、转移的论证与评价;经济规模的论证与评价;资源开发利用与有效配置的论证与评价;企业技术改造的论证与评价;技术转移与技术扩散的经济分析与技术引进的论证与评价;企业技术创新、新技术开发、新产品研制的论证与投资项目评价;企业技术经济潜力的分析、论证与评价,技术发展战略的研究、论证与评价等。

1.2 工程经济学的基本概念与关系

1.2.1 工程与经济的一般含义

1. 工程

我国古代《新唐书·魏知古传》中说:"会造金仙、玉真观,虽盛夏,工程严促。"此处

"工程"指土木构筑。元代《来生债》第一折："只怕睡着了误了工程,因此我上唱歌弹曲。"此处"工程"指各项劳作。18世纪,欧洲创造了"工程"一词,其本来含义是兵器制造、军事目的的各项劳作,并扩展到许多领域,如建筑屋宇、制造机器、架桥修路等。一般认为,工程是将自然科学原理应用到工农业生产部门中去而形成的各学科的总称。"工程"是科学的某种应用,通过这一应用,自然界的物质和能源的特性能够通过各种结构、机器、产品、系统和过程,以最短的时间和较少的人力做出高效、可靠且对人类有用的东西。

随着人类文明的发展,人们可以造出比结构或功能单一的产品更大、更复杂的产品,于是工程的概念就产生了,并且逐渐发展为一门独立的学科和技艺。

在现代社会中,"工程"一词有狭义和广义之分。就狭义而言,工程被定义为"以某组设想的目标为依据,应用有关的科学知识和技术手段,通过一群人有组织的活动将某个(或某些)现有实体(自然的或人造的)转化为具有预期使用价值的人造产品过程",如水利工程、化学工程、土木建筑工程、遗传工程、系统工程、生物工程、海洋工程、环境微生物工程。就广义而言,工程则被定义为"由一群人为达到某种目的,在一个较长时间周期内进行协作活动的过程",如城市改建工程、菜篮子工程、南水北调工程等。

近年来,我国重大工程项目创新能力持续提升,实力水平迈上新台阶,港珠澳大桥、复兴号高铁、大飞机 C919 等的建设是"技术与经济相互促进"的体现。中国智造是推进产业技术水平和国际竞争力的重要战略。

2. 经济

"经济"一词,在古汉语中包括"经邦济世""经国济民"的含义,指治理国家、拯救庶民。我国现沿用的"经济"一词,是在19世纪后半期由日本学者从 economy 一词翻译为汉字"经济"的,其含义与上述不同,是个多义词,大致有四方面含义:①指人类历史发展到一定阶段的社会经济制度,是政治和思想等上层建筑赖以存在的基础。恩格斯说:"政治、法律、哲学、宗教、文学、艺术等的发展是以经济发展为基础的。"(《马克思恩格斯选集》第4卷,人民出版社1972年版第50页)②指物质资料的生产,以及与之相适应的交换、分配、消费等活动。③指一个国家国民经济的组成,如工业经济、农业经济、运输经济等名词中的经济概念。④指节约或节省等。由于经济是一个多义词,从不同的角度进行考察,有不同的理解,所以技术与经济的关系表现在多个层次、不同侧面。

1.2.2 工程经济学的概念

在日常生活中,我们对生活中所遇到的事情都要进行选择,譬如采购一样物品,我们总是选择适合自己使用同时价格又便宜的物品,为此,我们可能要多询问几个商品供应者。同样,在工程实践中,工程技术人员将涉及各种设计方案、工艺流程方案、设备方案的选择,工程管理人员会遇到项目投资决策、生产计划安排和人员调配等问题,解决这些问题也有多种方案。由于技术上可行的各种行动方案可能涉及不同的投资、不同的经常性费用和收益,因此就存在这些方案是否划算的问题,即需要与其他可能的方案进行比较,判断一个方案是否在经济上更为合理。这种判断不能是无根据的主观臆断,而是需要作出经济分析和研究,这也就是工程经济学所要解决的问题。

那么,工程经济学的确切含义是什么呢?这个问题至今尚无统一的说法,归纳起来有下面几种观点:①工程经济学研究技术方案、技术政策、技术规划、技术措施等的经济效果,通过计算分析寻找具有最佳经济效果的技术方案;②工程经济学研究技术与经济的关系,它们之间相互促进与协调发展,以达到技术与经济的最佳结合;③工程经济学是研究生产、建设中各种技术经济问题的学科;④工程经济学是研究技术创新、推动技术进步、促进企业发展和国民经济增长的科学。实际上,工程经济学正是解决从经济角度对技术方案的选择问题而被提出的,这正是工程经济学区别于其他经济学的显著标志。本书重点综合借鉴上述第一种观点和第三种观点,将工程经济学的概念界定为:工程经济学是一门研究工程(技术)领域经济问题和经济规律的科学,具体地说,就是研究对为实现一定功能而提出的在技术上可行的技术方案、生产过程、产品或服务,在经济上进行计算、分析、比较和论证的方法的科学。

在工程经济学中,工程与技术的概念不同于我们日常生活中的工程技术的概念,而是属于广义的范畴,指物质形态的技术、社会形态的技术和组织形态的技术;不仅包括相应的生产工具和其他物资设备,还包括生产的工艺过程或作业程序方法,以及在劳动生产及其他操作方面的经验、知识和技巧。归纳起来其主要包括:①劳动技能,包括生产技术、制造技术、管理技术、信息技术和决策技术等;②劳动工具,包括生产设施、生产设备和生产工具等;③劳动对象,包括原材料和产品等。

而工程经济学所研究的经济则不仅包括可以用货币计量的经济效果,还包括不可用货币计量的经济效果;不仅包括工程所直接涉及的经济效果,还包括由此而引起的间接效果。

1.2.3 工程与经济的关系

在现代经济中,工程技术的发展已经成为各种经济活动中不可或缺的一部分。工程科技的发展带动了相关产业的发展,如机械制造、电子信息、材料等,这些产业的发展又带动了整个经济的发展。

第一,任何技术的采用或者工程的建设总是为一定的经济目标服务,经济发展是技术进步的动力和方向。

第二,经济的发展必须依赖于一定的技术手段,世界上不存在没有技术基础的经济发展,技术进步是推动经济发展、提高经济效益的重要条件和手段。

第三,任何新技术的产生与应用又都必须消耗人力、物力和资金等资源,这些都需要经济的支持,同时经济发展又将推动技术的更大进步。

第四,技术具有强烈的应用性和明显的经济目的性,技术生存的必要条件是其先进性和经济合理性的结合,没有应用价值和经济效益的技术是没有生命力的。

1.3 工程经济学的研究对象与出发点

1.3.1 工程经济学的研究对象

工程经济学的研究对象是工程项目的经济性。这里所说的项目(project)是指投入一定资源的计划(plan)、规划(programme)或方案(alternatives)并具有相对独立功能、可以进行分析和评价的单元。因此,工程项目的含义是很广泛的,它可以是一个拟建中的工厂、车间,也可以是一项技术革新或改造的计划;可以是设备甚至设备中某一部件的更换方案,也可以是一项巨大的水利枢纽或交通设施。任何工程项目都可以划分成更小的、便于进行分析和评价的子项目(subproject)。通常,一个项目需要有独立的功能和明确的费用投入者。例如,拟建一个汽车工厂,采用的是通用轮胎,轮胎可以由本厂制造,也可以向其他工厂购进甚至进口,这样轮胎一项可以作为一个独立项目进行专门研究,但是,如某水利工程,其水坝和引水渠道等在规划、设计和效益发挥上密不可分,把它们分成两个项目就不合适了。

1.3.2 工程经济学的出发点

一般认为,工程经济研究可行的出发点是:从企业(或投资者)的角度、以市场价格为基础、以货币量为单位,通过产出的收益和投入费用的计算展开分析与比较,进而得出结论。

(1) 在以市场机制为导向的经济中,可以证明,在满足完全竞争的市场均衡,不存在外部效果和公用物品等一系列前提条件下,从企业角度出发的利润最大化的决策和从社会角度出发的资源配置效率最大化的目标是一致的。尽管这些前提假设很难完全得到满足,但从社会角度的经济分析,还是可以在企业角度分析的基础上进行修正。

(2) 市场经济中,我们还没有办法找到比价格和货币更为一般的度量尺度。

(3) 作为国家和社会的目标,资源配置的效率有时可能不是唯一的,还有诸如公平分配、社会稳定等政治目标。即便如此,也要计算实现这些目标所付出的经济代价。还要问为实现这些目标是否还有更好的方案,为什么要选择这个方案而放弃其他技术上可行的方案等。要回答这些问题,尽可能地用货币度量效益和费用还是必要的。

1.3.3 工程经济学的学习目的

最早讨论工程经济的一本著作是惠灵顿的《铁路布局的经济理论》,很明显,铁路的线路选择是一个包含多条线路的建设方案的选择问题。然而,作为铁路工程师的惠灵顿注意到,许多选线工程师几乎完全忽视了他们所做的决策对铁路未来的运营费用和收益的影响。在这本著作中,他辛辣地写道:"……少数低能之辈(因选线错误)可以使为数众多的镐、铲和机车头干着徒劳无益的活。"提出相对价值的复利模型的哥德曼在他的著作《财务工程》中也提到有一种奇怪而遗憾的现象,就是许多作者在他们的工程学书籍中没有或很少考虑成本问题。曾任世界生产力科学联合会主席的里格斯在他的著作《工程经济学》中写道:"工程师的传统工作是把科学家的发明转变为有用的产品。"而今,工程师不仅要提出新颖的技术发明,还要对其实施的结果进行熟练的财务评价。现在,在密切而复杂地联系着的现代工业、公共部门和政府之中,成本和价值的分析比以往更为细致、广泛(如工人的安全、环境影响、消费者保护等)。

为什么工程专业类的学生要学习工程经济学呢?工程师不同于其他的就业者,他所从事的工作是以技术为手段,把自然资源(如矿物、能源、农作物、信息、资金等)转变为有益于人类的产品或服务,满足人们的物质和文化生活的需要。技术的目的是经济性的,而技术生存的基础又是经济性的(资源的稀缺性),正如前文强调的工程(技术)与经济之间的关系那样。工程师的任何工程技术活动,包括工程管理者的决策和管理的职能等,都离不开经济,任何的计划和生产应被财务化,最终都导向经济目标,并由经济尺度去检查工程技术和工程管理活动的效果。工程师最基本的职责在于成本分析,旨在实现项目的真正经济性,即最大化利润并获取最优的财务效益。缺少这些分析,整个项目往往很容易成为一种负担,而收益不大。显然,工程经济学家们是把工程经济学作为一门为工程师准备的经济学而创立的独立的经济学,要求工程专业类的学生学习工程经济学的目的是帮助他们掌握技术方案的经济分析与决策方法,使他们树立经济意识。因此,工程师必须掌握基本的工程经济学原理并付诸实践。

1.4 工程经济分析的基本原则与基本方法

1.4.1 工程经济分析的基本原则

工程经济学的计算涉及众多的、繁杂的计算,如投资、费用、效益、成本等基本要素的确定,工程建设期及运行期间资金时间价值的折算,项目评价指标的确定,方案的比较,项目不确定性分析及风险分析等。尽管内容繁杂,但这些理论与方法都是基于下面一些具有普遍意义的基本原则。掌握这些基本原则,便可更好地应用工程经济学的理论和方法。

1. 可比性

工程经济研究的内容与方法,都要涉及比较,因而可比性是最基本的原则。在经济分析中,通常要满足以下四个方面的可比。

一是需要的可比。实施任何一个方案,其主要目的就是满足一定的社会需求,不同方案只有在满足相同社会需求的前提下才能进行比较。其次,质量可比,不同方案的产品质量相同时,直接比较各项相关指标;质量不同时,则需经过折算后才能比较。在实际中,由于有些产品的质量很难用数字准确地描述,而有些项目的产品质量会有所不同,这样,在进行比较时就要进行修正或折算。

二是时间的可比。如果两个方案在投资、费用、产品质量、产量相同的条件下,其投入和产出的时间不同,则经济效果显然不同。比较不同方案的经济效果时,时间因素的可比条件应满足:方案经济分析期的一致性、基准年的一致性、规划水平年的一致性、考虑货币的时间价值等。

三是价格的可比。一般主张将投入、产出的相关费用、效益通过统一的价格变换为以货币表示的收益与费用,方能进行比较分析。这个价格一般应是均衡价格,没有价格歪曲,或对被扭曲了的价格进行修正。在市场机制不发达的发展中国家,许多价格是被扭曲了的,为了使经济分析具有可比性,价格的修正将是一项十分复杂的工作。

四是环境保护、生态平衡等要求的可比。无论采取什么方案,都应同等程度满足国民经济对环境保护、生态平衡等方面的要求,如果对生态及环境有某些方面的影响,应采取相应的补偿措施,使各个比选方案都能满足国家的规定和要求。例如,兴建水库枢纽工程时一般均有水库淹没损失或其他方面的影响，此时应考虑这种损失和影响的补偿费用，以便妥善安置库区移民，使他们搬迁后的生产和生活水平不低于原来水平。对淹没对象考虑防护工程费或恢复改建费，满足生态平衡和可持续发展要求。

因此，良好的经济分析需要对许多属于甚至超出计量经济学范畴的问题进行细致的分析研究。只有把握好可比性的要求，才能取得良好的比较方案。

2. 相容性

在经济分析中的理论方法与项目的目标应一致。例如，公共工程与私营企业的经济目标就不同，因而理论方法也有差别，项目的国民经济评价与财务评价的方法、参数都要与评价立场、角度相一致。相容性还指在经济分析中效益与费用的因果关系清晰。工程经济学遵循因果相应的原则，任何效果都与一定投入、费用原因相联系。一般地说，因果关系是在一定时间与空间范围内发展的，项目投入会引起的直接或间接效果，然而这些效果，不论是有益或无益，都应是项目投入的结果。效益或费用有时具有不同承受者，因此在项目经济分析过程中，需进行费用分摊或效益分摊，以使项目的投入与其效益相容，而不致出现不合理的、非客观的和张冠李戴的因果关系。

3. 完备性

工程经济的主要任务是选定方案，因而针对某一目标的备选方案必须完备，以免遗漏真正的最优方案。在经济分析中，正确拟定各种可行方案是至关重要的。特别是对于复杂的、大型的、多目标的项目可行方案，更要详尽、完备。对于特别大型的项目，一般要经过多次遴选、逐次筛选，最后集中到几个较好的可行方案上。随着目标、约束条件的变化，又可能出现新的方案，所以，在方案遴选上，存在巨大的工作量，经常需要使用计算机或借助系统分析的方法。当出现非线性目标与约束条件时，可能出现局部最优解而非全局最优解问题，这也是完备性未满足的问题。

4. 公正性

公正性是一个总的原则，但这里主要指分析、评价人员的客观公正性，反对任何偏见或偏袒、护短的主观性和不做深入研究的主观臆断。要避免把一些其实是不太好的项目，当成自己的宠物；也不要听任某位领导左右，不顾事实与科学根据，主观作出偏好性选择。这些不仅会产生危险的误导，而且与一个工程技术人员的职业道德不相容，会在大众面前留下很不好的印象。学习本门课程的人可能大多是做工程技术的，常常不能正确对待来自社会、环保、法律等方面的意见，过分夸大工程技术的作用，这也是不公正的表现。

只有遵循上述基本原则，才能选择正确的方案，实现资源的最优配置。

1.4.2 工程经济分析的基本方法

一项工程的建设、运行和管理涉及不同的领域，对社会、经济、环境、生态会产生多方面的影响，为了全面、正确评价其效果，在进行工程经济评价时主要采用以下基本方法。

1. 对比法

对比法包括"有无对比"和"前后对比"。经济分析时一般应遵循"有无对比"的原则，正确识别和估算"有项目"和"无项目"状态的效益和费用。

"有无对比"是指"有项目"相对于"无项目"的对比分析。"无项目"状态是指不对该项目进行投资时，在分析期内，与项目有关的资产、费用与收益的预计发展情况；"有项目"状态是指对该项目进行投资后，在计算期内，资产、费用与收益的预期情况。"有无对比"求出项目的增量效益，排除了项目实施以前各种条件的影响，突出项目活动的效果。"有项目"与"无项目"两种情况下，只有当效益和费用的计算范围、计算期保持一致，才具有可比性。

"前后对比"是指项目建设前和建设后对有关的资产、费用与收益的实际发展情况的对比分析。与"有无对比"相比，"前后对比"是基于实际发生的情况，因而更加符合实际。但在资产、费用与收益方面应前后一致，应排除项目以外的影响。例如，在灌溉工程评估中，农作物的增产效益可能也包括农药、化肥、作物品种等投入量的增加所产生的效益，而这些投入并不是灌溉工程的投入。

2. 定性分析和定量分析相结合的方法

定性分析是通过文字、声像等综合描述工程投入、产出和影响及其相互关系的方法，而定量分析则是通过量化的数据及其变化规律反映投入、产出和影响及其相互关系的方法。许多工程尤其是大型建设工程，影响范围大，涉及的问题多且复杂，有许多费用与效益（包括影响）不能用货币表示，甚至不能量化，进行综合经济评价时应采用定性分析与定量分析相结合的方法，以全面反映其费用、效益和影响。

3. 多目标协调与主要目标优化相结合的方法

许多工程具有多种功能与用途，为不同的目的与部门服务。如大型综合利用水利工程具有防洪、灌溉、发电、航运、水产、旅游等综合功能，其综合经济效益由各功能的效益所组成。但大型综合利用工程往往有一两个是其主要目标，它对大型综合利用水利工程的兴建起关键性的作用。例如，长江三峡主要是为解决长江中下游的防洪问题而兴建的，20世纪五六十年代兴建丹江口、三门峡工程，是因为汉江、黄河的防洪问题很突出，防洪也是其主要目标。因此，对大型综合利用水利水电工程的综合经济分析与评价应采取多目标协调和主要目标优化相结合的方法。

4. 总体评价与分项评价相结合的方法

一项工程尤其是大型工程建设往往涉及多个部门和多个地区，为了全面分析和评价国家与各有关部门、有关地区的经济效益，工程的经济评价应采用总体评价与分项评价相结合的方法，首先将工程作为一个系统，计算其总效益和总费用，进行总体评价；然后，将各部门、各地区分摊的费用与效益作为子系统，评价其单目标的经济效果。

5. 多维经济评价方法

工程建设往往涉及技术、经济和社会等多方面的问题，因此，对大型工程应采用多维经济评价方法，要在充分研究工程费用及其效益的基础上，高度重视工程与地区、国家社会经济发展的相互影响，从微观、宏观上分析与评价工程建设对行业、地区甚至全国社会经济发展的作用和影响。

6. 逆向反证法

逆向思维是人们重要的一种思维方式，它是对司空见惯似乎已成定论的事物或观点反过来思考的一种思维方式，让思维向对立面的方向发展，从问题的反面进行更深入的探索。人们习惯于沿着事物发展的正方向去思考问题并寻求解决办法。其实，对于某些问题，尤其是一些特殊问题，从结论往回推，倒过来思考，从求解回到已知条件，可能会使问题简单化，使解决它变得轻而易举，甚至因此而有所发现。而反证法是从反面的角度思考问题的证明方法。它先假设"结论"不成立，然后把"结论"的反面当作已知条件，进行正确的逻辑推理，得出与已知的结论相矛盾的结论，从而说明假设不成立。在工程经济学中，逆向反证法就是从与工程方案的合理性、期望效果相反的观点中思考问题、寻求答案，重新判别方案的合理性，以使选定的方案更加完善，或者放弃已有的方案，寻找新的方案。

工程建设尤其是大型工程建设涉及的技术、经济、社会问题复杂，因此，对工程建设和综合经济评价往往存在不同的观点，有时可能由于有不同的观点而推翻原有的设计方案。例如长江三峡工程，在1960年完成的《三峡水利枢纽初步设计要点报告》中，推荐三峡枢纽水库正常蓄水位200米方案，有人提出这个方案的水库淹没损失太大。为减少水库淹没，在1983年完成的《三峡水利枢纽可行性研究报告》中，又推荐三峡枢纽正常蓄水位150米方案，又有人提出该方案虽然减少了水库淹没，但综合利用效益小，不能满足航运、防洪的基本要求。经过反复论证和比较，最后选用了能兼顾水库淹没和综合利用要求的水库正常蓄水位175米的方案。为了使大型水利工程建设更"稳妥可靠，减少失误，取得更大的综合经济效益"，在进行大型水利工程的综合经济分析与评价时，应重视运用逆向反证法，注意从与正面论证结论不同的意见（包括看法、做法、措施、方案）中吸取"营养"，通过研究相反的意见，或更肯定证明原方案的合理性，或补充和完善原方案，加强原方案的合理性；或修正（修改）原方案，避免决策失误，提高水利工程建设的经济效益。

1.5 工程经济分析的程序

工程经济分析程序是按照分析工作的时间先后依次安排工作步骤的过程，通常从明确目标功能开始，通过收集信息资料，提出各种可行方案，分析方案并选择最优方案，最终实施最优方案。工程经济分析的程序分为五个部分，如图1-1所示。

（1）明确目标功能。这是工程经济分析的第一步。比如，为了解决一批货物从北京到上海的运输问题，那么就要提出方案，可能通过铁路，也可能通过公路，也可能通过航

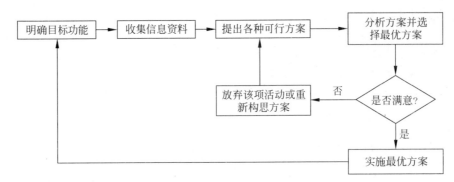

图 1-1 工程经济分析的程序

空,还可能通过水路;可能是单一方案,也可能是复合方案,如公路与铁路、公路与航空、公路与水路等,但必须解决运输问题。有时候,方案没有特定的社会功能。例如,某公司现有 3 000 万元资金寻找投资目标。其目的只有一个——取得较好的回报率。那么,就要提出一系列投资方案,使最终的回报率达到或超过预期回报率。

(2) 收集信息资料。根据需要进行决策的问题和确定的目标,收集与问题有关的资料数据。例如,目前的技术发展水平,各项技术的适用条件,过去与现在达到的各项技术经济指标,在各项资源上的约束条件等。所需资料的内容和范围取决于所需决策问题的性质。

(3) 提出各种可行方案。为了实现一定的目标功能,选择最优的技术方案,就要列出所有可能实行的技术方案。既不能漏掉实际可行的技术方案,也不能把在技术上不能成立或不可能实现或技术尚未过关的方案列出来,避免选出的方案不是最优方案,或虽选出最优方案,但实际上无法实施或无法兑现。

(4) 分析方案并选择最优方案。分析各种可行方案在实现预定目标方面的优缺点,通过比较和衡量,从中选出效果最好的最优方案。对每个方案分析得越细致、越透彻、越全面,对每个方案的评价就越准确。在分析方案时,必须进行充分的调查研究,并且从国民经济的整体利益出发,客观地分析不同的技术方案所引起的内外部各种自然、技术、经济、社会等方面的影响,从而准确地找到在具体条件下的最优方案。如果按主观的好恶、个人的意图而局部、片面地寻找某一方案的优点或另一方案的缺点,那么往往会把本来不是最优的方案选为最优方案,而把真正的最优方案漏掉,促使决策者作出错误的决策,最终带来巨大的损失。在做决策时,工程技术人员、经济分析人员和决策人员要特别注重信息交流与沟通,减少信息的不对称,使各方人员充分了解各种方案的技术经济特点和各方面的效果,以提高决策的科学性和有效性。

(5) 实施最优方案。从中选出符合目标要求、效果最好的最优方案,给予采纳,并最终实施。

这些分析步骤只是工程经济分析的一般程序,而不是唯一的程序。根据问题的性质不同,还可以采用其他研究方法和程序。

1.6 工程经济分析人员应具备的知识和能力

工程经济学的理论和方法具有很强的综合性、系统性和应用性。为有效地对工程项目进行经济分析,工程经济分析人员应主要具备以下知识和能力。

1. 实事求是的作风

工程经济分析人员应实事求是,遵循诚实、信用、客观、公正的原则,保证评价结果经得起时间和实践的检验。

2. 遵守法律的意识

国家的法律、法规和部门规章会对具体工程项目的建设起导向作用,只有正确理解国家的法律、法规和有关政策,才能正确评价技术方案,并不断减小工程项目与投资目标的偏差。

3. 市场调查的方法

在市场经济条件下,产品和服务的价值取决于其效用大小,效用大小往往要用人们愿意为此付出的金钱来衡量,不论技术系统的设计多么精良,如果生产出的产品市场销路不畅,这样的技术系统的经济效果就会很低。因此,作为工程经济分析人员,必须获取国内外市场供需信息,把握市场显在和潜在的需求,了解产品所处的生命周期,清楚现有企业的生产能力和可挖掘的生产潜力。

4. 科学预测的能力

工程经济分析具有很强的预见性,这就要求工程经济分析人员有很强的洞察力,为此,其应掌握科学的预测方法,尽可能对未来的发展情况作出准确的估计和推测,提高决策科学化水平。

本 章 小 结

本章作为全书第一章,对工程、经济、工程经济学的概念、内涵及其关系进行了系统的阐述,是后续了解和学习工程经济学的基础。作为一名工程技术人员,不仅要精通专业技术,具有解决技术问题的实际能力,还应有强烈的经济意识和扎实的基础知识,掌握经济分析和经济决策的本领,培养解决工程经济问题的能力,而经济决策应是一个科学化的过程,工程经济学的设置恰恰就是为科学的经济决策服务的。

本 章 习 题

1. 列举国内外重大工程项目成功或失败的例子并分析原因。
2. 工程经济学的基本方法有哪些?

3. 通过实地考察或网上检索,分析都江堰水利成功原因及经验借鉴。
4. 工程经济分析人员应具备的知识和能力分别有哪些?
5. 如何全面描述一项工程的影响?
6. 工程和经济之间存在什么关系?
7. 试论技术经济学在现代管理中的作用。
8. 工程经济学的主要研究内容有哪些?
9. 工程经济分析的程序有哪些?

即 测 即 练

第 2 章

工程经济分析的基本要素

本章关键词

投资(investment);成本费用(cost);折旧与摊销(depreciation & amortization);收入(income);利润与税金(profits & taxes)。

本章要点

通过本章的学习,了解工程经济学中的投资、成本、折旧、利润与税金等基本要素的概念,理解投资的分类、构成与来源;理解成本的类别与构成,重点掌握经营成本的内涵;了解营业收入和各税种,掌握税金及利润的计算;掌握分析工程经济中各要素之间的关系的方法。

2.1 经济效果

党的二十大报告指出,坚持以推动高质量发展为主题,把实施扩大内需战略同深化供给侧结构性改革有机结合起来,增强国内大循环内生动力和可靠性,提升国际循环质量和水平,加快建设现代化经济体系,着力提高全要素生产率,着力提升产业链供应链韧性和安全水平,着力推进城乡融合和区域协调发展,推动经济实现质的有效提升和量的合理增长。近年来,重大工程项目的实施对国民经济产生了重大的经济效益,促进了我国经济的快速发展。

2.1.1 经济效果的概念

任何经济活动都是为了获得一定的成果,也都需要耗费一定数量的劳动。经济活动过程中取得的劳动成果与劳动耗费的比较称为经济效果。

技术方案的经济效果问题是工程经济学的主要研究内容。因此,有必要正确理解经济效果的含义。

(1) 将技术方案获得的劳动成果与劳动耗费联系起来进行比较是正确理解经济效果的本质所在,仅仅以劳动成果的多少或者劳动耗费的多少来判断经济效果的好坏都是不科学的。

(2) 技术方案实施之后的劳动成果必须是有效的。由于技术方案实施之后的所有产出不一定都是有效的劳动效果,如环境污染。因此,这里"有效的"劳动成果是社会需要的、对社会有益的劳动成果。

(3) 技术方案实施过程中的劳动耗费是指消耗的全部人力、物力和财力,包括生产过程中的直接劳动耗费、劳动占用、间接劳动耗费三部分。

2.1.2 经济效果的分类

1. 企业经济效果和国民经济效果

根据分析的角度不同可以将经济效果分为企业经济效果和国民经济效果。企业经济效果是指从企业的角度,从企业的利益出发,分析技术方案的经济效果。国民经济效果是指从国家的角度,从国民经济以至整个社会出发,分析技术方案的经济效果。

由于分析的角度不同,对同一技术方案的企业经济效果评价的结果与国民经济效果评价的结果可能会不一致。一般情况下,如果技术方案的国民经济效果评价认为可行,企业经济效果评价也认为可行,就可以实施;如果国民经济效果评价认为可行,企业经济效果评价认为不可行,可以通过减税、优惠贷款及实行政策性补贴等经济手段,使企业经济效果变为可行后再实施;如果国民经济效果评价认为不可行,无论企业经济效果评价如何,都必须坚决否决。

2. 直接经济效果和间接经济效果

根据受益者的不同可以将经济效果分为直接经济效果和间接经济效果。直接经济效果是指技术方案直接给实施企业带来的经济效果。间接经济效果是指技术方案对社会其他部门产生的经济效果。例如一个生态旅游项目的实施,既可以获得旅游收益,又可以减少环境污染,保护生态平衡,改善周边的生态环境。一般来说,直接经济效果容易看得见,不易被忽略。但从全社会可持续发展的角度出发,则更应强调间接经济效果。

3. 有形经济效果和无形经济效果

根据能否用货币计量可以将经济效果分为有形经济效果和无形经济效果。有形经济效果是指能用货币计量的经济效果,如技术方案的实施给企业带来的利润。无形经济效果是指难以用货币计量的经济效果,如技术方案采用后,提高劳动力素质、提升企业的知名度等给企业带来的效益。在技术经济分析评价的过程中,不仅要重视有形经济效果的评价,还要重视无形经济效果的评价。

2.1.3 经济效果的表达方式

经济效果是指经济活动过程中取得的劳动成果与劳动耗费的比较,通常有以下三种表达方式。

1. 差额表示法

差额表示法是一种用劳动成果与劳动耗费之差表示经济效果大小的方法。其表达

式为

$$经济效果 = 劳动成果 - 劳动耗费 \qquad (2\text{-}1)$$

用差额表示法计算的经济效果是一个总量指标,这种表示方法要求劳动成果与劳动耗费必须是相同的计量单位,其差额大于零是技术方案可行的经济界限。这种经济效果指标计算简单、概念明确,但对技术水平不同的项目,不能确切比较经济效果的好坏。

2. 比值表示法

比值表示法是一种用劳动成果与劳动耗费之比表示经济效果大小的方法。其表达式为

$$经济效果 = \frac{劳动成果}{劳动耗费} \qquad (2\text{-}2)$$

比值表示法的特点是劳动成果与劳动耗费的计量单位可以相同,也可以不相同。当计量单位相同时,比值大于 1 是技术方案可行的经济界限。

3. 差额比值表示法

差额比值表示法是一种用差额表示法与比值表示法相结合来表示经济效果大小的方法。其表达式为

$$经济效果 = \frac{劳动成果 - 劳动耗费}{劳动耗费} \qquad (2\text{-}3)$$

这种表示法可以兼顾差额表示法和比值表示法的优点,也是工程经济分析中常用的一种经济效果表示法。

2.1.4 提升经济效果的途径

从经济效果的表达式可以看出,经济效果与经济活动所取得的劳动成果成正比、与劳动耗费成反比。因此,提升经济效果的基本途径可以有以下几个方面。

(1) 保持劳动成果不变,降低劳动耗费。企业可通过加强内部费用控制与管理,在保持产出不变的情况下降低成本费用,达到提升经济效果的目的。这是实际工作中提升经济效果最常用的途径。

(2) 保持劳动耗费不变,增加劳动成果。企业在保持劳动耗费不变的情况下,通过合理组织生产经营活动,加快生产和流通的周转速度,增加劳动成果,达到提升经济效果的目的。

(3) 劳动成果与劳动耗费同时增加。在劳动成果与劳动耗费同时增加的情况下,使劳动成果增加的幅度大于劳动耗费增加的幅度,可以达到提升企业经济效果的目的。

(4) 劳动成果与劳动耗费同时降低。在劳动成果与劳动耗费同时降低的情况下,使劳动耗费降低的幅度大于劳动成果降低的幅度,可以达到提升企业经济效果的目的。

(5) 劳动成果增加,劳动耗费降低。在降低劳动耗费的同时增加劳动成果,可以使企业经济效果大幅度提高。但一般仅在技术创新情况下才会出现这种情况,这是提升企业经济效果最理想的途径。

2.2 投　资

2.2.1 投资的概念

投资是指放弃现在的享受,以获得未来更大的收益。工程经济中的投资是指投入的实物或(和)现金,统称资本,且同时具有名词和动词的含义:作为名词指投资者为获得未来期望收益而预先垫付的资本,作为动词则指投资者为获得未来期望收益而预先垫付资本的活动。

经济分析中需明确,投资只是一种经济资源的预先"垫付"(资本与项目共存)。项目终结,项目资本(残值)会被投资者回收。因此,投资是被项目占用的经济资源。与投资相关的还有"建设项目"和"生产经营"两个概念需要了解。建设项目是指投资者通过投资而形成的获得"未来期望收益"的平台。对工程经济评价对象——建设项目而言,投资是其存在的基础。投资活动使项目具备和维持基本的运营条件,以支撑其作为投资者获益方式的存在。在项目存续期间,投资活动维系着投资者的这种获益方式。从经济效益的意义来讲,投资是反映劳动占用的耗费类指标。生产经营则是指对该平台进行经济性运营,以实现投资者获益的期望。

2.2.2 投资的分类

1. 直接投资和间接投资

直接投资是指用于经营性资产的投资,以期通过资产运营获取利润。通过直接投资,投资者可以拥有全部或一定数量的企业股权或所有权,直接进行或参与投资的经营管理,即资金所有者和资金使用者合一,资产所有权和资产经营权统一。直接投资通常形成实物资产,投资者或其他利益相关者在趋利原则下,具有资产合理配置、有效利用和保值增值的强烈愿望,并通过决策权和经营权直接推进其实现。直接投资可以直接形成生产经营能力。一般情况下,直接投资的回收期较长,变现速度较慢。在投资形成的资产存续期间,还需投入相应的人力、财力、物力,对其进行组织与管理。

间接投资又称证券投资,主要是债券性投资、权益性证券投资,是指用于证券等金融资产的投资,以期取得股利、利息等金融收入。与直接投资相比,间接投资的投资者除股票投资外,一般只享有定期获得一定收益的债权,而无权干预投资对象对该部分投资的具体运用及其经营管理决策,即资金所有者和资金使用者分离,资产所有权和资产经营权分离。投资者对企业资产及其经营没有直接的决策权和控制权,只能将取得资本收益或保值增值的愿望寄托于经营者。间接投资易变现,资本运用灵活,其中债券投资风险较小。

2. 短期投资和长期投资

短期投资是指能够随时变现、持有时间不超过一年的投资,主要包括对现金、应收账款、存货、短期有价证券等投资。长期有价证券如能随时变现亦可用于短期投资。短期投资的变现能力非常强,因此常被人们称为"准现金"。其性质与目的主要是利用正常经营中暂时多余的资金,购入一些不是本身业务需要、但能随时变现的财物,以供经营周转之用,同时达到谋取一定利益的目的。

长期投资是指不可能或不准备在一年内变现的投资,主要包括厂房、机器设备等固定资产和专利权、商标权等无形资产的投资,也包括股权投资、债券投资和其他投资。其性质与目的不是利用正常经营中暂时闲置的资金以谋求一定的投资收益,也不是作为调节工具在面临运营资金需要时成为随时补充的资金来源,而是投资者在财务上合理调度和筹划资金,参与并控制其他企业的经营决策,实现某些经营目的的重要手段。

3. 初创投资和后续投资

初创投资是在建立新企业时所进行的各种投资。其特点是投入的资金通过建设形成企业的原始资产,为企业的生产、经营创造必要的条件。初创投资是设立运营项目的必要条件,通过初创投资的构建可以赢得未来期望收益的生产经营条件。

后续投资是指再生产所进行的各种投资,主要包括为维持企业简单再生产所进行的更新性投资、为实现扩大再生产所进行的追加性投资、为调整生产经营方向所进行的转移性投资等。

2.2.3 建设项目总投资的构成

建设项目总投资是指投资主体为获取预期收益,在选定的建设项目上所需投入的全部资金,即从项目规划到项目运营,整个寿命期内所发生的投资总和。

建设项目总投资含固定资产投资和流动资产投资两部分。

1. 固定资产投资

固定资产是指使用期限超过一年、单位价值量在规定标准以上、在使用过程中物质形态不发生变化的资产。固定资产构成了项目生产经营的基本条件。

固定资产在使用过程中因磨损其性能不断劣化,价值量逐渐贬损。为维持项目的基本生产运营条件,保证项目作为生产经营活动以及实现投资目的的场所存在,在项目投产运营后采用折旧方式对其贬值的价值量予以弥补。在项目终了时,固定资产的残值被回收。因此,静态考察固定资产价值在项目存续期间的变化,有如下基本等式:

$$\text{固定资产原值} = \text{固定资产净值} + \text{累计计提的固定资产折旧} \quad (2\text{-}4)$$

式(2-4)中的固定资产净值随固定资产使用量的增加而逐年减少,而作为补偿其价值贬损的折旧却逐年增加。折旧是补偿资产价值贬损的一种财务手段,其实质是投资在项目系统内的转移。利用折旧可以保持固定资产净值与累计计提的固定资产折旧之和,即固定资产原值维持不变。

正确确定固定资产实现所需资金投放量是进行固定资产投资经济评价和资金筹措的重要依据。在形成固定资产实物形态的投资工程中,大型的或综合的固定资产投资项目往往由包含若干单项投资项目在内的主体工程投资和附属工程投资、相关工程投资以及配套工程投资几大部分组成。关键是单项投资项目固定资产投资的构成。

固定资产投资一般包括:建筑安装工程费,设备、工具、器具购置费,工程建设其他费及不可预见费(预留费)等。

（1）建筑安装工程费。建筑安装工程费是建筑工程费和安装工程费的总称。

建筑工程费指各种建筑物形态固定资产投资开支，如各种建筑物、构筑物和各种管道、照明、通信、电气线路的敷设工程等投资。

安装工程费是指用于设备安装工程方面的费用，包括工艺、计量、仪表、电力、通信、化验、机械、维修等设备的安装费用，以及设备内部充填、保温、防腐工程、附属设备的装配等安装费用。

（2）设备、工具、器具购置费。其包括购置各种机器设备、工具、仪器等费用，如按市场价格支付的价款、运输费和装卸、保险、包装、仓储等各项支出。

（3）工程建设其他费。工程建设其他费是指不属于建筑安装工程费和设备、工具、器具购置费的其他费用，如土地征用、青苗补偿、勘测设计、建设期利息、固定资产投资方向调节税等费用。

（4）不可预见费(预留费)。在公路工程中，预留费包括预备费和工程造价增长预留费。

2．流动资产投资

流动资金是指项目投产运营后，为维持项目正常生产运营所占用的全部周转资金。流动资金是在生产期内为保持生产经营的永续性和连续状态而垫付的资金，是伴随固定资产投资而发生的永久性流动资产投资，主要包括：用于购买原材料、燃料、动力的费用，支付工资以及相关开支的费用，其他经营费用等。

流动资金是流动资产与流动负债的差额。流动资产是指在一年或超过一年的一个营业周期内变现或耗用的资产，包括现金、应收款、预付款、存货等。流动负债是指将在一年或超过一年的一个营业周期内偿还的债务，包括短期借款、应付账款、预收账款、应付工资、应交税金、应付利润、其他应付款、预提费用等，即

$$流动资金 = 流动资产 - 流动负债$$
$$流动资产 = 现金 + 应收款 + 预付款 + 存货$$
$$流动负债 = 短期借款 + 应付账款 + 预收账款 + 应付工资 + 应交税金 +$$
$$应付利润 + 其他应付款 + 预提费用$$

在建设项目评价实务中，流动资金是指建设项目必须准备的基本运营资金，不包括运营中需要的临时性运营资金；流动负债一般只考虑应付账款和预收账款。流动资金在生产经营期间被项目长期占用，在项目终了时被全额回收。

2.2.4　固定资产投资的来源

我国现行固定资产投资的来源主要有以下几方面。

1．国家投资渠道

国家投资渠道是指国家利用财政预算收入直接安排的投资，也是国家预算支出第一大类。其资金主要是通过国家财政直接参与国民收入和一部分社会产品的分配、再分配

所形成的。根据国家投资使用的有偿与否,又分为以下两种。

(1) 国家预算内拨款投资。这是由国家预算内安排的非营利性的科教文卫等事业和行政单位及营利性公益项目的建设投资,由国家预算支出,无偿使用,无须归还。其具体又分为中央财政预算拨款和地方财政预算拨款。

(2) 国家预算内贷款投资。这起始于 1985 年,国家预算内安排的项目,除按规定仍实行拨款建设的项目外,一律改财政拨款为银行贷款,其资金分别由中央财政和地方财政预算拨给。建设单位应向当地银行申请贷款,有偿使用,届时归还本金和利息。

2. 银行贷款渠道

银行贷款渠道是指由专业银行或商业银行以贷款方式提供建设资金,已成为企业固定资产投资的主要来源。

3. 地方自筹渠道

地方自筹渠道是指各地方政府将通过中央财政划拨、上年财政预算结余、当年财政超收入分成、各种地方税收、地方行政与事业单位收入结余等集聚的地方财政用于地方建设事业的投资。

4. 企业自筹渠道

企业自筹渠道是指各生产经营企业从其税后净利的企业发展基金中筹建并用于企业各类生产性与非生产性固定资产购建的投资。

5. 合营投资渠道

合营投资渠道是指企业之间合营、地方之间合营、中央与地方之间合营、国内与国外之间合营等方式筹建的资金中用于固定资产的投资。

2.3 成 本 费 用

2.3.1 成本费用的概念

成本费用是指项目生产运营支出的各种费用。企业进行生产经营必须具备各种基本要素,包括劳动资料、劳动对象和劳动力等。企业在一定时期内的生产经营过程中所耗费的物化劳动价值和劳动者为自己劳动所创造价值的货币表现,就是企业的成本费用。按照《企业会计制度》(财会〔2000〕25 号)对成本与费用的定义:费用是指企业为销售商品、提供劳务等日常活动所发生的经济利益的流出;成本则是指企业为生产产品、提供劳务而发生的各种耗费。

成本和费用是两个并行使用的概念,两者既有联系又有区别。成本是指以货币形式表现的消耗在产品或服务中的物化劳动价值和活劳动价值之和。概括地说,成本是使产品(服务)得以实现,使项目得以运转而消耗的生产力要素。其消耗性体现在生产力要素的原材料、燃料动力、设备、技术、人力等形态转变为特定功能价值的产品形态上。成本是按一定对象所归集的费用,如生产成本是相对于一定的产品而言所发生的费用,成本与一定数量的产品或商品相联系,不论发生在哪个会计期间;费用则是资产的耗费,它与一定会计期间相联系,与生产哪种产品无关。工程经济分析中不严格区分费用与成本,而将它们均视为现金流出(cash outflows,CO)。

2.3.2 成本类别

成本的含义非常广,不同情况需要不同的概念。在技术经济分析过程中,经常会用到以下七种成本。

1. 经营成本

为了计算方便,工程经济分析中通常将经营成本单独作为现金流量表中的一项现金流出。经营成本是从投资方案本身考察的,是在一定期间(通常为一年)内由于生产和销售产品及提供劳务而实际发生的现金支出。经营成本是总成本费用的一部分,但不包括虽计入总成本费用中而实际没发生现金支出的费用项目。经营成本一般按式(2-5)进行计算:

$$经营成本 = 总成本费用 - 折旧费 - 摊销费 - 利息支出 \qquad (2\text{-}5)$$

经营成本计算公式中之所以扣除折旧费、摊销费,是因为它们不属于现金流量,而是过去的投资在项目使用期的分摊;投资已在期初作为一次性支出计入现金流出,所以不能再以折旧和摊销的方式计入现金流出,否则会重复计算。利息支出对于企业来说虽然是实际的现金流出,但在全部投资现金流量表中,利息支出不作为现金流出,而自有资金现金流量表中已将利息支出单列,因此经营成本不包括利息支出。

2. 总成本

总成本是指企业(或项目)在一定时期内(财务、经济评价中按年计算)为生产和销售所有产品而花费全部费用。

3. 边际成本

边际成本是指在原生产量的基础上,每增加(或减少)一个单位产量(或劳务)所增加(或减少)的成本额。也可以说,它是指在任一产量水平上,再多生产一件产品所要增加的成本,用以判断增(减)产量在经济上是否合算。例如,生产某种产品100个单位时,总成本为1 000元,单位产品成本为10元。若生产101个单位时其总成本是1 008元,则这时增加一个产品的边际成本为8元。当产品达到一定数量之前,边际成本随产量的增加而递减,超过一定数量后为递增。因此,当增加一个单位产量所增加的收入(称作边际收益)高于边际成本时,是合算的;反之,则是不合算的。产量增加至边际成本等于边际收益时,即为厂商获得最大利润的产量点(最佳生产规模)。所以,计算边际成本对制定产品决策有重要作用。

4．机会成本

机会成本又称经济成本或选择成本，是指利用一定资源获取收益时所放弃的其他可能的最大收益。当一种有限的资源具有多种用途时，可能有多种投入这种资源获取相应收益的机会，如果将这种资源置于某种特定用途，必然要放弃其他投资机会，同时也放弃了相应的收益，在所放弃的机会中，最佳的机会可能带来的收益，就是将这种资源置于特定用途的机会成本。机会成本这个概念的产生来源于这样一个现实：资源是稀缺的。资源的稀缺性决定了人类只有充分考虑某种资源用于其他用途的潜在收益后，才能作出正确的决策，使有限资源得到有效的利用。

机会成本并不是实际发生的成本，而是由于方案决策时所产生的观念上的成本。因此，它在会计账簿上是找不到的，但对决策却非常重要。例如某企业有一台多用机床，可以自用，也可以出租。出租可以获得 7 000 元的年净收益，自用可产生 6 000 元的年净收益。当舍弃出租方案而采用自用方案时，其机会成本为 7 000 元，其利益为 1 000 元；当舍去自用方案而采用出租方案时，其机会成本为 6 000 元，利益为 1 000 元。很显然，应采用出租方案。

5．经济成本

我们一旦认识到存在机会成本，就可以清楚地看到企业除发生看得见的实际成本——显性成本（诸如企业购买原材料、设备、劳动力、支付借款利息等）外，还存在隐性成本，它是指企业自有的资源，即实际上已经投入，但在形式上没有支付报酬的那部分成本。

例如，某人利用自己的地产和建筑物办了一家企业，那么此人放弃了向别的厂商出租土地和房子的租金收入，也放弃了受雇于别的企业而可赚得的工资。这些隐性成本并没有列入企业的账册，导致经营利润偏高。而事实上，这种以自己拥有资源的投入方式，存在着自有要素的机会成本，应该被看作实际生产成本的一部分，因此在经营决策时应用经济成本概念。经济成本是显性成本和隐性成本之和。

6．沉没成本

沉没成本是指过去已经支出而现在已无法得到补偿的成本。它对企业决策不起作用，主要表现为过去发生的事情，费用已经支付，事后尽管可能认识到这项决策是不明智的，但木已成舟，今后的任何决策都不能取消这项支出。例如某企业一个月前以 3 300 元/吨的价格购入钢材 500 吨（这是不能改变的事实，3 300 元/吨是沉没成本），现该规格的钢材市场价格仅为 3 000 元/吨，该企业在决策是否出售这批钢材时不应受 3 300 元/吨购入价格这一沉没成本的影响，而应分析钢材价格的趋势。若预计价格上涨，则继续持有，如有剩余资金还可逢低吸纳；若预计价格继续下跌，则应果断出货。

7．环境成本

大多数产品的生产对环境都有副作用，如工厂排放的污水废气、机器开动时的噪声等。任何生产项目都会对环境造成程度不同的污染，它们对环境产生的副作用以及人们为消除这些副作用所做的投入就成为环境成本。

随着人们对环保的重视程度不断提高,人们愿意看到环境成本小的项目上马,也愿意使用环境成本低的产品。

2.3.3 总成本费用的构成

总成本费用是企业花费在生产和销售活动上所支付的生产资料费用、工资和其他费用的总和。

工程项目建成投入使用后,即进入运营期。在运营期内,各年的成本费用由生产成本和期间费用两部分构成。

1. 生产成本

生产成本也称制造成本,是企业生产产品和提供劳务而发生的费用支出,包括企业在实际生产过程中消耗的直接材料费、直接工资、其他直接支出和制造费用。生产成本直接从企业所取得的营业收入中得到补偿。

(1) 直接材料费。直接材料费是指企业在生产中用以形成产品的各种材料支出,一般包括企业在生产经营过程中实际消耗的原材料、辅助材料、备品配件、外购半成品、燃料、动力、包装物以及其他直接材料的费用。

(2) 直接工资。直接工资是指企业直接从事产品生产的人员工资,一般包括工资、奖金、津贴和补贴。

(3) 其他直接支出。其他直接支出是指在产品生产过程中直接支出的其他费用,如生产人员的职工福利费。

(4) 制造费用。制造费用是指企业的各基层生产单位(分厂、车间)为组织和管理生产所发生的各种费用,主要包括生产单位管理人员工资及职工福利费、生产用房屋建筑物和机器设备等的折旧费、修理费、物料消耗、办公费、差旅费、运输费、保险费、设计制图费、试验检验费、劳动保护费、季节性或修理期间的停工损失以及其他费用。

制造费用由于其直接服务于产品的生产过程却不直接构成某类产品的实体,因此只能通过采用一定的分配办法,分配计入各类受益产品的成本。

2. 期间费用

期间费用是指在一定会计期间发生的,用于企业行政管理、财务管理和产品销售等方面的费用,包括管理费用、财务费用和营业费用三个部分。期间费用从企业当期的主营业务利润中得到补偿。

(1) 管理费用。管理费用是指企业行政管理部门为组织和管理生产经营活动而发生的各项费用,主要包括公司经费、工会经费、职工教育经费、劳动保险费、土地使用费、土地损失补偿费、技术转让费、技术开发费、无形资产摊销、开办费摊销、业务招待费、坏账损失、存货盘亏等费用。

(2) 财务费用。财务费用是指企业为筹集资金而发生的各种费用,主要包括企业在生产经营期间发生的利息净支出、汇兑净损失、金融机构手续费、调剂外汇手续费,以及因筹集资金发生的其他财务费用。

(3) 营业费用。营业费用是指企业在销售产成品、自制半成品和提供劳务等过程中发生的各项费用,以及专设销售机构的各项费用,主要包括应由企业负担的运输费、装卸费、包装费、保险费、委托代销手续费、广告费、展览费、租赁费(不含融资租赁费)、销售服务费以及专设销售机构人员的工资、职工福利费、差旅费、办公费、折旧费、修理费、物料消耗、低值易耗品摊销及其他费用。

2.3.4 经营成本的概念

经营成本是工程经济学特有的概念,被用于现金流量分析(详见本书第3章)。经营成本是指项目从总成本费用中扣除折旧费、维简费、摊销费和利息支出以后的费用,即

$$\text{经营成本} = \text{总成本费用} - \text{折旧费} - \text{维简费} - \text{摊销费} - \text{利息支出} \quad (2\text{-}6)$$

计算经营成本之所以要扣除折旧费、维简费、摊销费和利息支出,其原因有以下两个方面。

第一,现金流量只反映在计算期内逐年发生的现金流入(cash inflows,CI)和现金流出,现金的收支按其发生的时间点计算,不做分摊。由于投资已经按其发生的时间作为一次性支出被计入现金流出,因此,作为投资额中固定资产及无形资产价值摊销的折旧费和摊销费,如果以经常性支出的形式计入经营成本而在现金流出中再计算一次,则会造成费用的重复计算。所以经营成本中不包括折旧费和摊销费,同理也不包括维简费。

第二,全部投资的现金流量分析不区分资金来源,因而不包括利息;而项目资本金现金流量分析中将利息单独列出,计入现金流出。所以,经营成本中不应包含利息支出。

2.3.5 成本费用的计算

在工程经济中,生产经营期各年成本费用通常按式(2-7)计算,即

$$\text{总成本费用} = \text{外购原材料、燃料和动力费} + \text{工资及福利费} + \text{修理费} + \text{折旧费} +$$
$$\text{维简费} + \text{摊销费} + \text{财务费用(利息支出)} + \text{其他费用} \quad (2\text{-}7)$$

式中,其他费用是指制造费用、管理费用和营业费用中扣除工资及福利费、修理费、折旧费、维简费、摊销费以后的费用。这是工程经济中为便于计算,对总成本费用所做的归类处理。式中各项计算说明如下。

1. 外购原材料、燃料和动力费

外购原材料、燃料和动力费可按式(2-8)计算,即

年外购原材料、燃料和动力费年产量×单位产品外购原材料、燃料和动力成本 (2-8)

式中,年产量可根据测定的设计生产能力和投产期各年的生产负荷加以确定;单位产品外购原材料、燃料和动力成本可依据原材料消耗定额和单价确定。

2. 工资及福利费

工资及福利费的内容包括职工工资、奖金、津贴、补贴和职工福利费。工资的计算方法有两种。

一是按全部人员年工资平均数值计算,其计算公式为

$$年工资及福利费 = 企业职工定员数 \times 人均年工资额 \tag{2-9}$$

二是按照人员类型和层次分别设定不同档次的工资进行计算,即按工资级别对职工进行划分,分别估算同一级别职工的工资,然后再加以汇总。

福利费的计算方法为:福利费实际发生额不超过应付职工工资薪金总额的14%,可以税前扣除。超过部分,本期和以后年度都不得税前扣除。

3. 修理费

修理费是为保持固定资产的正常运转和使用,充分发挥使用效能,对其进行必要修理所发生的费用。固定资产修理费用包括大修理费用和中小修理费用。

修理费一般可按固定资产原值(扣除所含建设期利息)或折旧费的一定百分比计算。

4. 折旧费

固定资产在使用期限内要不断发生损耗,它的价值逐渐转移到所生产的产品上去,以折旧费的形式构成产品成本费用的一部分,然后通过产品的销售,从企业营业收入中逐步收回。固定资产因损耗而转移到产品上的那部分价值,称为固定资产的折旧。

我国现行固定资产折旧的方法,一般有年限平均法、工作量法和加速折旧法,详见2.4节所述。

5. 维简费

维简费是指采掘、采伐工业按照生产产品数量提取的固定资产更新和技术改造资金,即维持简单再生产的资金。维简费的计算方法和折旧费类似。计提维简费的企业不再计提固定资产折旧费。

6. 摊销费

摊销费是指无形资产和其他资产在一定期限内分期摊销的费用。摊销一般采用年限平均法,不计残值。

7. 利息支出

利息支出属于财务费用。财务费用是企业为筹集所需资金而发生的费用,包括利息支出、汇兑损失及相关手续费等。在工程经济分析中,通常只考虑利息支出。

利息支出指运营期间发生的利息净支出,包括在运营期内发生的建设投资借款利息、流动资金借款利息和其他短期借款利息。建设投资借款在运营期内发生的利息可按式(2-10)计算,即

$$各年支付的利息 = 年初本金累计额 \times 年利率 \tag{2-10}$$

流动资金借款属于短期借款,利率较长期借款利率低,且一般为季度利率,每季度计息一次。为简化计算,工程经济分析中一般采用年利率,每年计息一次,计算公式为

$$流动资金利息 = 流动资金借款累计金额 \times 年利率 \tag{2-11}$$

8. 其他费用

如前所述，其他费用是指制造费用、管理费用和营业费用中扣除工资及福利费、修理费、折旧费、维简费、摊销费以后的费用，包括其他制造费用、其他管理费用和其他营业费用。

其他制造费用可按固定资产原值（扣除所含建设期利息）的一定百分比计算，也可按人员定额估算。

其他管理费用一般按人员定额估算，也可按工资及福利费总额乘以一定倍数计算。

其他营业费用可按营业收入的一定百分比计算。

2.4 折旧与摊销

2.4.1 折旧

折旧是指固定资产由于使用磨损或陈旧等因素的价值降低，是固定资产投资回收的方式，属于产品成本的一部分。

固定资产是资本性支出，固定资产通常有一定的使用年限，其价值要在预定的使用期内逐步地、全额地摊销到产品成本中去，在产品的销售或服务收费（或国家补贴）的收入中得到相应的货币补偿，这种价值的转移过程为折旧。从企业角度看，折旧的多少与快慢并不代表企业这项费用的实际支出的多少与快慢，因为它们本身就不是实际的支出，而只是一种会计手段，是把以前发生的一次性支出在各计算期内进行分摊，以核算当期所缴付的所得税和可以分配的利润。

1. 影响固定资产折旧的因素

影响固定资产折旧的因素主要有以下几个方面。

（1）固定资产原价，指固定资产的成本。

（2）预计净残值，指假定固定资产预计使用寿命已满并处于使用寿命终了时的预期状态，企业目前从该项资产处置中获得的扣除预计处置费用后的金额。

（3）固定资产的使用寿命，指企业使用固定资产的预期期间，或者该固定资产所能生产产品或提供劳务的数量。它的确定与工程（设备）的实际寿命、经济使用年限、技术进步等因素有关。

另外，在总的投资中，还有一部分计入其他摊销的资产或有其他方式已计入其价值的转移，为了规范折旧计算，有一部分固定资产按照会计规定是不能计提折旧的，即未使用、不需要的机器设备，融资租出和以经营租赁方式租入的固定资产，建设项目交付使用前的固定资产，已提足折旧仍继续使用的固定资产等均不计提折旧，提前报废的固定资产也不再补提折旧。

2. 固定资产折旧方法

不同的固定资产折旧方法将影响固定资产使用寿命期间内不同时期的折旧费用，可选用的折旧方法包括年限平均法、工作量法和加速折旧法等。

1) 年限平均法

年限平均法是按照固定资产的预计使用年限平均分摊固定资产折旧额的方法。采用年限平均法计算的每期折旧额均相等,其计算公式为

$$年折旧额 = \frac{固定资产原值 - 预计净残值}{折旧年限} = \frac{固定资产原值 \times (1 - 预计净残值率)}{折旧年限} \quad (2-12)$$

式中,预计净残值为固定资产在折旧寿命期末的残值扣除预计清理费用后的余额;预计净残值率为固定资产净残值与固定资产原值的比率,通常取3%~5%。

采用年限平均法计算固定资产折旧虽然比较简单,但它也存在一些局限。当固定资产各期负荷程度相同时,各期应当分摊相同的折旧费,这时采用年限平均法计算折旧是合理的。但是,如果固定资产各期负荷程度不同,采用年限平均法计算折旧时,则不能反映固定资产的实际使用情况,计提的折旧额与固定资产的损耗程度也不相符。

【例 2-1】 某台机械设备原值为 50 000 元,预计使用年限为 10 年,该设备寿命终了时预计残值为 3 000 元。试用年限平均法计算设备年折旧额。

【解】 年折旧额=(固定资产原值-预计净残值)/折旧年限=(50 000-3 000)/10
=4 700(元)

2) 工作量法

工作量法是一种按固定资产在生产经营过程中所完成工作量计提折旧的方法。该方法折旧又分以下做法。

(1) 行驶里程法。行驶里程法是以固定资产单位里程折旧额为基础求年折旧额的方法。其计算公式为

$$单位里程折旧额 = \frac{(原值 - 预计净残值)}{预计总里程} = \frac{原值 \times (1 - 预计净残值率)}{预计总里程} \quad (2-13)$$

$$年折旧额 = 单位里程折旧额 \times 年总里程 \quad (2-14)$$

(2) 工作小时法。工作小时法是以固定资产每工作小时折旧额为基础求年折旧额的方法。其计算公式为

$$每工作小时折旧额 = \frac{(原值 - 预计净残值)}{总工作小时} = \frac{原值 \times (1 - 预计净残值率)}{总工作小时} \quad (2-15)$$

$$年折旧额 = 每工作小时折旧额 \times 年工作小时 \quad (2-16)$$

3) 加速折旧法

加速折旧法是在固定资产使用初期提取折旧额较多,在后期提取较少,其递减的速度逐年加快,从而相对加快折旧的速度,使固定资产价值在估计使用寿命内加快得到补偿的折旧方法。常用的加速折旧法有双倍余额递减法和年数总和法。

(1) 双倍余额递减法。双倍余额递减法是指在不考虑固定资产预计净残值的情况下,根据固定资产净值和双倍的年限平均法折旧率来计算固定资产折旧的方法。双倍余额递减法的年折旧率不变,而折旧基数逐年减小。其计算公式为

$$年折旧率 = 2 \div 折旧年限 \times 100\% \quad (2-17)$$

$$年折旧额 = 固定资产净值 \times 年折旧率 \tag{2-18}$$

式中,固定资产净值为每期期初固定资产原价减去上期累计折旧后的金额。由于每年年初固定资产净值没有扣除预计净残值,因此,在应用这种方法计算折旧额时必须注意不能使固定资产的净值降低到其预计净残值以下,即采用双倍余额递减法计提折旧的固定资产,通常在其折旧年限到期前两年内,将固定资产净值扣除预计净残值后的月平均摊销。

【例 2-2】 甲公司某项设备原价为 120 万元,预计使用寿命为 5 年,预计净残值率为 4%。试用双倍余额递减法计算其各年的折旧额。

【解】 年折旧率 = 2÷折旧年限×100% = 2÷5×100% = 40%

第 1 年应提的折旧额 = 120×40% = 48(万元)

第 2 年应提的折旧额 = (120−48)×40% = 28.8(万元)

第 3 年应提的折旧额 = (120−48−28.8)×40% = 17.28(万元)

从第 4 年起改按年限平均法计提折旧:

第 4 年、第 5 年均应提折旧额:

应提折旧额 = (120−48−28.8−17.28−120×4%)÷2 = 10.56(万元)

(2) 年数总和法。年数总和法又称年限合计法,是以固定资产的原值减去预计净残值的余额作为折旧基数,按照逐年减小的折旧率计提折旧的一种方法。年数总和法的折旧基数不变,而年折旧率逐年减小。其计算公式为

$$年折旧率 = \frac{(折旧年限 - 已使用年限)}{预计使用寿命的年数总和} \times 100\% \tag{2-19}$$

$$年折旧额 = (固定资产原值 - 预计净残值) \times 年折旧率 \tag{2-20}$$

【例 2-3】 某台设备的原始价值为 60 000 元,预计净残值为 2 500 元,折旧年限为 4 年。试用年数总和法计算各年的折旧额。

【解】 根据公式计算各年折旧率:

第 1 年折旧率为 4/(4+3+2+1)×100% = 40%

第 2 年折旧率为 (4−1)/(4+3+2+1)×100% = 30%

同理,第 3 年、第 4 年的折旧率为 20%、10%。

各年折旧额计算见表 2-1。

表 2-1 年数总和法折旧额计算　　　　　　　　　　　　　元

折旧年份	原值−预计净残值	年折旧率	应提折旧额	折余价值
1	57 500	4/10	23 000	37 000
2	57 500	3/10	17 250	19 750
3	57 500	2/10	11 500	8 250
4	57 500	1/10	5 750	2 500

2.4.2 摊销

摊销费是指无形资产和递延资产等一次性投入费用的分摊。它们的性质和固定资产

折旧费相同。无形资产从开始之日起,在有效使用期限内平均计算摊销费。有效使用期限按以下原则确定:法律或合同或者企业申请书分别规定有法定有效期限和收益年限的,取两者较短者为有效使用年限;法律没有规定有效期限的,按照合同或者企业申请书规定的收益年限确定为有效使用年限;法律或合同或者企业申请书均未规定有效期或者受益年限的,按照不少于10年确定有效使用期限。

无形资产的摊销方法与固定资产的折旧方法相同,对于与知识、技术、产品更新联系比较紧密的知识产权类无形资产,如专利权、非专利技术,采用加速摊销法较之采用直线摊销法有更多的优点。其具体表现在:首先,加速摊销法更符合配比原则,这类无形资产使用前期,由于明显处于垄断和独占地位,可以给企业带来较高的收益。但是随着新技术的不断出现以及模拟、仿制技术水平的提高,垄断地位会逐渐丧失,所带来的收益也会逐年减少。根据配比原则,对此类无形资产宜采用加速摊销方法。其次,加速摊销法更符合稳健性原则。采用加速摊销法,无形资产的前期摊销得多、后期摊销得少,如果无形资产被提前淘汰,剩余无形资产的成本也较少,因而风险较小。

递延资产是指本身没有交换价值,不可转让,一经发生就已消耗,但能为企业创造未来收益,并能从未来收益的会计期间抵补的各项支出。递延资产又指不能全部计入当年损益,应在以后年度内较长时期摊销的除固定资产和无形资产以外的其他费用支出,包括开办费和以经营租赁方式租入的固定资产改良支出等。

开办费是企业在筹建期间实际发生的各项费用。其包括筹建期间人员的工资、差旅费、办公费、职工培训费、印刷费、注册登记费、调研费、法律咨询费及其他开办费等。但是,在筹建期间为取得流动资产、无形资产或购进固定资产所发生的费用不能作为开办费,而应相应确认各项资产。开办费应当自公司开始生产经营当月起,分期摊销,摊销期不得少于5年。

企业从其他单位或个人租入的固定资产,所有权属于出租人,但企业依合同享有使用权。通常双方在协议中规定,租入企业应按照规定的用途使用,并承担对租入固定资产进行修理和改良的责任,即发生的修理和改良支出全部由承租方负担。对租入固定资产的大修理支出,不构成固定资产价值,其会计处理与自有固定资产的大修理支出无区别。对租入固定资产实施改良,因有助于提高固定资产的效用和功能,应当另外确认为一项资产。由于租入固定资产的所有权不属于租入企业,不宜增加租入固定资产的价值而作为递延资产处理。租入固定资产改良及大修理支出应当在租赁期内分期平均摊销。

长期待摊费用是指开办费和租入固定资产改良支出以外的其他递延资产,包括一次性预付的经营租赁款、向金融机构一次性支付的债券发行费用及摊销期在一年以上的固定资产大修理支出等。长期待摊费用的摊销期限均在一年以上。

2.5 营业收入、税金与利润

2.5.1 营业收入

营业收入(销售收入)是项目在生产经营阶段的主要收入来源,是指销售产品或者提供服务等所取得的收入。营业收入是反映工程项目真实收益的参数,是工程经济分析中现金流入的重要项目,直接影响着项目的经济效益。营业收入包括主营业务收入、其他业务收入和补贴收入。主营业务收入是指企业经常性的、主要业务所产生的收入。如制造业的销售产品、半成品和提供工业性劳务作业的收入,商品流通企业的销售商品收入,旅游服务业的门票收入、客户收入、营业收入、餐饮收入等。主营业务收入在企业收入中所占的比重较大,它对企业的经济效益有着举足轻重的影响。其他业务收入,是指除上述各项主营业务收入之外的业务收入,包括材料销售、外购商品销售、废旧物资销售、下脚料销售,提供劳务性作业收入、房地产开发收入、咨询收入、担保收入等其他业务收入。其他业务收入在企业收入中所占的比重较小。

1. 营业收入的计算

企业营业收入的取得,表明商品或劳务的价值得以实现,为成本费用补偿和利润的取得提供了前提,是企业再生产不断进行和经济效益得以实现的根本保证。营业收入扣除总成本费用后的余额即为企业的纯收入,它代表了劳动者或职工新创造的价值。

营业收入可按式(2-21)计算:

$$营业收入 = 产品销售量(或服务量) \times 产品单价(或服务单价) \quad (2-21)$$

工程经济分析中,产品年销量应根据市场行情,采用科学的预测方法确定。产品(或服务)的单价应为以市场价格为基础的预测价格,一般采用出厂价格,也可根据需要选用送达用户的价格。

工业项目评价中营业收入的估算基于一项重要假定,即当期的产出(扣除自用量后)当期全部售出,也就是说当期产品产量等于当期销售量。主副产品(或不同等级产品)的销售收入全部计入营业收入,其中某些行业的产品成品率按行业习惯或规定;其他行业提供的不同类型服务收入也应同时计入营业收入。

2. 销售价格的确定

工程项目的经济效益对产品销售价格十分敏感,价格是估算营业收入的一个重要因素。因此,一定要谨慎选择销售价格,一般来说,主要在以下三种价格中进行选择。

1) 口岸价格

如果项目产品是出口产品,或者是替代进口产品,或者是间接出口产品,可以以口岸价格为基础确定销售价格。出口产品和间接出口产品可选择离岸价格(FOB),替代进口产品可选择到岸价格(CIF)。或者直接以口岸价格定价,或者以口岸价格为基础,参考其他有关因素确定销售价格。

2) 市场价格

如果同类产品或类似产品已在市场上销售,并且这种产品既与外贸无关,也不是计划控制的范围,则可选择现行市场价格作为项目产品的销售价格。当然,也可以以现行市场价格为基础,根据市场供求关系上下浮动作为项目产品的销售价格。

3) 根据预计成本、利润和税金确定价格

如果拟建项目的产品属于新产品,则其出厂价格的计算公式为

出厂价格＝产品计划成本＋产品计划利润＋产品计划税金　　　(2-22)

其中，

产品计划利润＝产品计划成本×产品成本利润率　　　(2-23)

产品计划税金＝(产品计划成本＋产品计划利润)÷(1－税率)×税率　　　(2-24)

以上几种情况，当难以确定采用哪一种价格时，可考虑选择可供选择方案中价格最低的一种作为项目产品的销售价格。

3. 产品年销售量的确定

在工程经济分析中，应首先根据市场需求预测确定项目产品的市场份额，进而合理确定企业的生产规模，再根据企业的设计生产能力确定年产量。在现实经济生活中，产品年销售量不一定等于年产量，这主要是因市场波动而引起库存变化导致产量和销售量的差别。但在工程项目经济分析中，难以准确地估算由于市场波动引起的库存量变化。因此在估算营业收入时，不考虑项目的库存情况，而假设当年生产出来的产品当年全部售出。这样，就可以根据项目投产后各年的生产负荷确定各年的销售量。如果项目的产品比较单一，用产品单价乘以产量即可得到每年的营业收入；如果项目的产品种类比较多，要根据营业收入和营业税金及附加估算表进行估算，即应首先计算每一种产品的年营业收入，然后汇总在一起，求出项目运营期各年的营业收入；如果产品部分销往国外，还应计算外汇收入，并按外汇牌价折算成人民币，然后再计入项目的年营业收入总额中。

4. 应注意的几个问题

(1) 营业收入确定的基础数据，包括产品或服务的数量和价格，都与市场预测 (marketing forecast) 密切相关。在估算营业收入时，应对市场预测的相关结果以及建设规模、产品或服务方案进行概括或确认，特别应对采用价格的合理性进行说明。

一般来说，在进行财务评价时，通常应采用财务价格(出厂价格)，即以现行市场价格体系为基础的预测价格。对于预测价格，要根据建设项目的实际情况，通过实事求是的分析、论证后加以确定；在进行项目的国民经济评价时，通常应采用影子价格，即依据一定原则确定更为合理的价格。

(2) 工程项目评价中，营业收入的确定基于以下假设：当期产量等于销售量，无库存积压，所有主副产品及服务收入均计入营业收入，部分行业还需根据规定确定成品率。

(3) 分年运营量可根据经验确定负荷率后计算或通过制订销售(运营)计划确定。

按照市场预测的结果和项目具体情况，根据经验直接判定分年的负荷率。一般来说，项目投产后不可能立刻达到设计生产能力，而是要经过试生产逐渐达到设计生产能力。判定时应考虑项目性质、技术掌握难易程度、产出的成熟度及市场的开发程度等诸多因素。

根据市场预测的结果，结合项目性质、产出特性和市场的开发程度制订分年运营计划，进而确定各年产出数量。相对而言，这种做法更具合理性，为国际上普遍采用的做法。运营计划或分年负荷的确定不应是固定的模式，而应强调具体项目具体分析。一般开始投产时负荷较低，以后各年逐步提高。提高的幅度取决于上述因素的分析结果。有些项目的产出寿命期较短,更新快,达到一定负荷后,在适当的年份可以开始减少产量,甚至适时终止生产。

(4) 某些项目还应按有关规定估算企业可能得到的补贴收入(仅包括与收益相关的政府补助,与资产相关的政府补助不在此处核算,与资产相关的政府补助是指企业取得的、用于购建或以其他方式形成长期资产的政府补助),包括先征后返的增值税、国家按销量或工作量等依据计算并按期给予的定额补贴,以及属于财政扶持给予的其他形式的补贴等。补贴收入同营业收入一样,应列入利润与利润分配表、财务计划现金流量表、项目投资现金流量表与项目资本金现金流量表。以上几类补贴收入,应根据财政、税务部门的规定,分别计入或不计入营业收入。

(5) 注意确定回收固定资产余值和流动资金。回收固定资产余值是指建设项目计算期末,对残余的固定资产进行处理所得的现金净收入。在资本金现金流量分析中,回收固定资产余值的数额应是建设项目形成的全部固定资产原值减去计算期内累计折旧额的余额。在项目投资现金流量分析中,回收固定资产余值的数额应以不含建设期利息的固定资产原值为基数进行计算,因为项目投资现金流量分析是融资前分析,而资本金现金流量分析是融资后分析。回收流动资金是指建设项目计算期末可以收回的原先投入周转的运营资金。

2.5.2 税金

税金是国家依据法律对有纳税义务的单位和个人征收的财政资金。合理计算各种税费是进行工程经济分析的重要基础。

1. 税收的基础知识

税收是国家依据法律向有纳税义务的单位或个人征收的财政资金。税收是国家筹集财政资金的手段,又是国家凭借政治权利参与国民收入再分配的一种形式。税收是调整国民经济收入的主要杠杆,其突出特征表现在以下几个方面。

(1) 强制性。税收是国家依据税法的规定强制征收的,缴纳税金是纳税人的法定义务,如有违反,就要受到国家法律的制裁。

(2) 无偿性。国家征税后,税款成为国家的财政收入,为国家所有,不再归还纳税人,也不付给其任何对价或报酬。

(3) 固定性。国家依照法律预先规定的范围、标准和环节征税。税法的规定具有相对稳定性。

在社会主义市场经济条件下,税收既是国家参与社会产品分配、组织财政收入的手段,又是国家直接掌握的调剂社会再生产各个环节的重要经济杠杆。在社会主义市场经济条件下,国民经济运行中一些带有根本性的重大问题,不能全靠市场机制的作用去完成,而要依赖国家的宏观调控。因此,市场经济下税收的职能主要体现在以下几方面。

(1) 财政职能。其亦称"收入手段职能"。国家为了实现其职能,需要大量的财政资金。税收作为国家依照法律规定参与剩余产品分配的活动,承担起筹集财政收入的重要任务。税收自产生之日起,就具备筹集财政收入的职能,并且是最基本的职能。

(2) 经济职能。其亦称"调节手段职能"。国家为了执行其管理社会和干预经济的职能,除需筹集必要的财政资金作为其物质基础外,还要制定一系列正确的经济政策,以及体现并执行诸政策的各种有效手段,才能得以实现。税收作为国家强制参与社会产品分配的主要形式,在筹集财政收入的同时,也改变了各阶级、阶层、社会成员及各经济组织的经济利益。物质利益的多寡,诱导着他们的社会经济行为。因此,国家有目的地利用税收体现其有关的社会经济政策,通过对各种经济组织和社会成员的经济利益的调节,使他们的微观经济行为尽可能符合国家预期的社会经济发展方向,以有助于社会经济的顺利发展,从而使税收成为国家调节社会经济活动的重要经济杠杆。税收自产生之日起,就存在调节社会经济杠杆的功能。但它的实现却受到一定社会形态下国家政治经济状况及国家任务的影响。社会主义市场经济体制下国家宏观调控体系的建立,对实现税收调节社会经济活动的职能,既提出了强烈要求,也提供了可能的条件。

(3) 监督职能。税收政策体现出国家的意志,税收制度是纳税人必须遵守的法律准绳,它约束纳税人的经济行为,使之符合国家的政治要求。因此,税收成为国家监督社会经济活动的强有力工具。税收监督社会经济活动的广泛性与深入性,是随商品经济发展和国家干预社会经济生活的程度而发展的。一般地说,商品经济越发达,经济生活越复杂,国家干预或调节社会经济生活的必要性就越强烈,税收监督也就越广泛而深入。

2. 税收的种类

1) 增值税

增值税是对在我国境内销售或提供加工、修理修配劳务,以及进口货物的单位和个人,就其取得货物的销售额、进口货物金额、应税劳务销售额计算税款,并实施税额抵扣制的一种流转税。增值税是一种价外税,是对购买者征收的,销售价格中不含增值税款。

增值税的征收范围主要包括销售或进口的货物、提供加工及修理修配劳务、销售服务、销售无形资产以及销售不动产。2019 年增值税改革后,将纳税人发生增值税应税销售行为或者进口货物,原适用 16% 的税率调整为 13%,原适用 10% 的税率调整为 9%。6% 税率主要适用于生活服务、销售无形资产等。当前,一般纳税人适用的税率有 13%、9%、6%、0%。

一般纳税人的应纳税额为当期销项税额抵扣当期进项税额后的余额,其计算公式为

$$应纳税额 = 当期销项税额 - 当期进项税额 \tag{2-25}$$

式中,销项税额是指纳税人销售货物或者提供应税劳务,按照销售额和增值税率计算并向买方收取的增值税额。销项税额的计算公式为

$$销项税额 = 销售额 \times 税率 \tag{2-26}$$

进项税额是指纳税人购进货物或接受应税劳务所支付或负担的增值税额。进项税额是由销售方向购买方在销售价格以外收取的税费。其计算公式为

$$进项税额 = 进货额 \times 税率 \tag{2-27}$$

对于应从销项税额中抵扣的进项税额,应根据从销售方取得的增值税专用发票上注明的增值税额计列。

对于小规模纳税人销售货物或者应税劳务,实行简易办法计算应纳税额,即按照销售

额和规定的征收率计算应纳税额,不得抵扣进项税额。其计算公式为

$$应纳税额 = 销售额 \times 征收率(6\%) \tag{2-28}$$

【例 2-4】 某企业营业收入为 45 000 万元,本年度购买原材料及燃料等支出 30 000 万元,试计算该企业全年应纳增值税额。增值税适用税率为 13%。

【解】 应纳税额(当期销项税额 − 当期进项税额)× 适用税率
= (45 000 − 30 000)× 13% = 1 950(万元)

销项税款是纳税人向购买方收取的税款,由购买方负担。而进项税款虽然是纳税人在进货时向销货方支付的税款,但由于进项税款可以从销项税款中扣除,即纳税人在向税务部门缴纳增值税时,只需缴纳销项税款减去进项税款的余额税款,此时纳税人在进货时支付的税款就得到了补偿。因此,从这个过程来看,增值税最终由消费者来负担,纳税企业只是为国家履行收取税款的义务。

由于增值税是价外税,销售价格和进货价格中都不包含增值税款,增值税既不进入销售税的征收收入,也不计入成本费用。因此,从企业角度进行投资项目现金流量分析时,可以不考虑增值税。

2)消费税

消费税是对一些特定消费品和消费行为征收的一种税。目前,我国征收消费税的消费品主要有烟、酒、高档化妆品、贵重首饰及珠宝玉石、鞭炮焰火、成品油、小汽车、摩托车、高尔夫球及球具、高档手表、游艇、木制一次性筷子等 15 种商品。消费税的税率为 1%~56%,有的实行从价定率,有的实行从量定额。消费税是一种价内税,与增值税交叉征收,即对应消费品既要征收增值税,又要征收消费税。

实行从价定率计征的消费税应纳税额公式为

$$应纳税额 = 销售额 \times 适用税率 \tag{2-29}$$

实行从量定额计征的消费税应纳税额公式为

$$应纳税额 = 销售数量 \times 单位税额 \tag{2-30}$$

3)城市维护建设税及教育费附加

城市维护建设税及教育费附加均是以纳税人实际缴纳的增值税和消费税为计税依据的。所有缴纳增值税、消费税的单位和个人均应缴纳城市维护建设税。城市维护建设税按纳税人所在地区实行差别税率,项目所在地为市区的,税率为 7%;项目所在地为县城镇的,税率为 5%;项目所在地为乡村的,税率为 1%。

城市维护建设税的计算公式为

$$城市维护建设税 = (增值税 + 消费税) \times 税率 \tag{2-31}$$

教育费附加是国家为扶持教育事业发展,计征用于教育的政府性基金,具有专款专用的性质。教育费附加按应缴纳的增值税和消费税税款的 3% 征收。

教育费附加计算公式为

$$应纳税额 = (增值税 + 消费税) \times 3\% \tag{2-32}$$

4)资源税

资源税是指国家为了调节资源级差收入,对因开发和利用自然资源而征收的一种税。资源税的纳税义务人是指在我国境内开采应税资源的矿产品或生产盐的单位和个人。目

前我国资源税的税目有七类,分别是原油、天然气、煤炭、其他非金属矿原矿、黑色矿原矿、有色金属矿原矿和盐。

资源税应纳税额的计算公式为

$$应纳税额 = 课税数量 \times 税率 \tag{2-33}$$

资源税实行差别税率。对资源条件和开采条件好、收入多的,多征税;对资源条件和开采条件差、收入少的,少征税。

5) 企业所得税

企业所得税的征税对象是企业的经营所得和其他所得,包括来源于境内和境外的所得。经营所得是指从事商品生产、交通运输、商品流通、提供服务等取得的收入,其他所得是指股息、利息、租金、转让各类资产收益、特许权使用费以及营业外收益所得等。

企业所得税实行比例税率,一般企业法定税率为 25%,国家需要重点扶持的高新技术企业为 15%,小型微利企业和非居民企业为 20%。

企业应纳所得税额的计算公式为

$$应纳所得税额 = 应纳税所得额 \times 税率 \tag{2-34}$$

式中,应纳税所得额为企业每一纳税年度的收入总额,减除不征税收入、免税收入、各项扣除以及允许弥补的以前年度亏损后的余额。

6) 个人所得税

个人所得税是国家对本国公民、居住在本国境内的个人所得和境外个人来源于本国的所得征收的一种所得税。个人所得税的纳税义务人,既包括居民纳税义务人,也包括非居民纳税义务人。居民纳税义务人负有完全纳税的义务,必须就其来源于中国境内、境外的全部所得缴纳个人所得税;而非居民纳税义务人仅就其来源于中国境内的所得缴纳个人所得税。

个人所得主要包括:工资、薪金所得,个体工商户的生产、经营所得,对企事业单位的承包经营、承租经营所得,劳务报酬所得,稿酬所得,特许权使用费所得,利息、股息红利所得,财产租赁所得,财产转让所得,偶然所得,经国务院财政部门确定征税的其他所得。

【例 2-5】 某企业某年生产 A 产品 1 万件,生产成本 150 万元,当年销售 8 000 件,销售单价 220 元,全年发生管理费用 10 万元,财务费用 6 万元,销售费用为销售收入的 3%,若销售税金及附加相当于销售收入的 5%,所得税税率为 33%,企业无其他收入,求该企业当年的利润总额、税后利润。

【解】

利润总额 $= 0.8 \times 220 - 0.8 \times (150 \div 1) - 10 - 6 - 0.8 \times 220 \times 3\% - 0.8 \times 220 \times 5\% = 25.92$(万元)

所得税 $= 25.92 \times 33\% \approx 8.55$(万元)

税后利润 $= 25.92 - 8.55 = 17.37$(万元)

2.5.3 利润

1. 利润总额指标

利润总额是企业在一定时期内生产经营活动的最终财务成果,集中反映了企业生产经营各方面的效益。在项目方案评价中经常以利润指标,即纯收益的多少来考核项目的盈利能力和清偿能力,并进而对方案作出决策选择。

现行会计制度规定,利润总额等于营业利润和投资净收益、补贴收入及营业外收支净额的代数和。其中,营业利润等于主营业务收入减去主营业务成本和主营业务税金及附加,加上其他业务利润,再减去销售费用、管理费用和财务费用后的净额。在对工程项目进行经济分析时,为简化计算,在估算利润总额时,假定不发生其他业务利润,也不考虑投资净收益、补贴收入和营业外收支净额,本期发生的总成本等于主营业务成本、销售费用、管理费用和财务费用之和,并且视项目的主营业务收入为本期的销售(营业)收入,主营业务税金及附加为本期的营业税金及附加。利润总额的估算公式为

$$利润总额 = 产品销售(营业)收入 - 营业税金及附加 - 总成本费用 \quad (2-35)$$

根据利润总额可计算所得税和净利润,在此基础上可进行净利润的分配。在工程项目的经济分析中,利润总额是计算一些静态指标的基础数据。

2. 利润率指标

1) 资本金利润率

资本金利润率是企业的利润总额与资本金总额的比率。资本金是企业吸收投资者投入企业经营活动的各种财产物质的货币表现。资本金利润率的计算公式为

$$资本金利润率 = 利润总额 / 资本金总额 \times 100\% \quad (2-36)$$

资本金利润率是衡量投资者投入企业资本金的获利能力。在市场经济条件下,投资者不仅关心企业全部资金所提供的利润,更关心投资者投入的资本金所创造的利润。资本金利润率指标越高,企业资本的获利能力越大。

2) 销售收入利润率

销售收入利润率是企业的利润总额与销售净收入的比率。销售收入利润率反映企业每百元销售收入所创造的利润。一般情况下,销售收入利润率越高越好。其计算公式为

$$销售收入利润率 = \frac{利润总额}{销售净收入} \times 100\% \quad (2-37)$$

3) 成本费用利润率

成本费用利润率是企业的利润总额与成本费用总额的比率,反映了投入与产出之间的比例关系。一般情况下,企业在一定时期内的成本费用水平越低、利润总额越高,则企业的投入产出效果越好。成本费用利润率的计算公式为

$$成本费用利润率 = \frac{利润总额}{成本费用总额} \times 100\% \quad (2-38)$$

3. 净利润分配

净利润分配是指利润总额扣除所得税后的差额,计算公式为

$$净利润 = 利润总额 - 所得税 \quad (2-39)$$

在工程项目的经济分析中,一般将净利润视为可供分配的净利润,可按照下列顺序分配。

一是弥补公司以前年度亏损。公司的法定公积金不足以弥补以前年度亏损的,在依照规定提取法定公积金之前,应当先用当年利润弥补亏损。

二是提取盈余公积金。企业当期实现的净利润,加上年初未分配利润(或减去年初另弥补的亏损)和其他转入的余额,为可供分配的利润。从可供分配的利润中提取的盈余公积金分为两种:一是法定盈余公积金,一般按当期实现净利润的10%提取,累计金额达到注册资本的50%后,可以不再提取;二是法定公益金,按当期实现净利润的5%～10%提取。提取的法定公积金用于弥补亏损、扩大公司经营(公积金追加投资)、增加公司注册资本(公积金追加注册资本,但留存的该项公积金不得少于转增前公司注册资本的25%)。

三是向投资者分配利润或股利。可供分配的利润减去应提取的法定盈余公积金、法定公益金等后,即为可供投资者分配的利润。此时,企业应首先支付优先股股利,然后提取任意盈余公积金(比例由企业自主决定)。最后支付各投资方利润。

四是未分配利润。可供投资者分配利润减去优先股股利、任意盈余公积金和各投资方利润后,所余部分为未分配利润。企业未分配的利润(或未弥补的亏损)可留待以后年度进行分配,在资产负债表的所有者权益项目中单独反映。

2.6 工程经济分析要素间的关系

建设项目投资、成本费用、营业收入、税金和利润是项目各阶段经济活动的体现,是工程经济分析的基本要素。

项目投资者首先投入资金,通过建造(或购置)建设项目形成资产(包括固定资产、无形资产、流动资产和其他资产)。资产用于生产(或服务)经营,生产产品(或提供劳务)产生营业收入。营业收入取得后应首先向国家缴纳营业税金及附加。然后扣除总成本,得到利润总额。企业在取得利润后,须向税务部门申报缴纳所得税,缴纳所得税的税后利润即企业净利润,可用于弥补以前年度亏损、提取盈余公积金、向投资者分配利润等。

项目从每次营业收入中扣除总成本,总成本中的折旧与摊销用于补偿固定资产、无形资产和其他资产的磨损或耗损,回收项目投资,总成本中的经营成本所含原材料费、燃料动力费用于补偿当期产品生产中原材料、燃料动力等流动资金投入。

本 章 小 结

建设项目的正确决策基于多方案比较和各方案的经济分析结果。而分析结果的优劣来源于根据项目现金流量计算的经济评价指标,现金流量的确定源于各工程经济要素的构成及其关系。就建设项目而言,其现金流量主要表现为投资、成本费用、折旧与摊销、营业收入、税金与利润等经济要素。

这些经济要素是构成项目现金流的基本单元,是进行建设项目费用效益度量和经济评价的基本单位。所以准确界定经济要素内涵,把握各经济要素的特征和探讨各经济要素之间的关系,是建设项目经济评价的基础和前提。

本章习题

1. 工程经济活动的要素有哪些？
2. 经济效果的类别有哪些？
3. 什么是成本费用？什么是经营成本？
4. 固定资产折旧的计算方法有哪些？工作量法的适用范围是什么？
5. 销售税金及附加中包括哪些税种？
6. 试述利润总额、净利润及未分配利润的关系。

即测即练

第 3 章

资金的时间价值

本章关键词

资金时间价值(time-value of fund);名义利率(nominal interest rate);实际利率(real interest rate);等值计算(equivalent calculation)。

本章要点

通过本章学习,理解资金时间价值的概念;掌握资金的等值计算;理解资金等值计算的应用,了解项目经济评价或决策的理论依据。在学习资金时间价值知识要点和经济分析方法的同时,引领学生树立正确的世界观、人生观和价值观,深化学生对资金时间价值的理解,培养学生科学理财的思维模式,增强学生践行中国特色社会主义经济建设的必备技能。

3.1 资金的时间价值含义

党的二十大报告提出,加快发展数字经济,促进数字经济和实体经济深度融合,打造具有国际竞争力的数字产业集群。近几年,银行及非金融机构如保险公司、证券交易所等纷纷推行数字化产品建设。通过数字化技术推行的理财产品从收益预估演算表看收益很高,很有诱惑力,运用资金时间价值,可以精确地计算出不同类型、持有不同时间理财产品的实际收益率,从而帮助居民及投资者作出正确的投资理财决策。

关于资金时间价值的概念,西方经济学的传统解释是:即使是在没有风险和通货膨胀的情况下,今天1元钱的价值也会大于一年后1元钱的价值。为什么今天1元钱的价值会大于一年后1元钱的价值呢?对此西方经济学进一步的解释是:投资者进行投资就必须推迟消费,对投资者推迟消费的耐心应给予报酬,这种报酬的量应该与推迟消费的时间成正比。因此,单位时间(一般指一年)的这种报酬对投资额的百分率就称为资金的时间价值。

西方经济学者对资金时间价值的上述解释,只是说明了资金时间价值的表面现象,并没有揭示资金时间价值的本质,那么资金的时间价值到底是从哪里来的呢?

(1) 资金的时间价值是在企业的生产经营和流通过程中产生的。西方学者把资金的时间价值解释为"是对投资者推迟消费的耐心的一种报酬",这既不科学,也不全面。如果说"耐心"也能产生价值,那么,将资金闲置不用或埋到地下保存起来也应产生价值,而事实上这是不可能的。只有把资金投入生产和流通过程,使劳动者借助生产资料生产出新的产品、创造出新的价值,才能实现其价值的增值。由此可见,资金的时间价值只能是在社会生产经营和流通过程中产生。

(2) 资金时间价值的真正来源是劳动者创造的剩余价值。资金只有投入生产和流通过程才能实现其价值的增值。根据马克思的劳动价值学说,这部分价值增值来源于劳动者在生产过程中创造的成果,是资金作为生产资料与劳动力相结合的结果。任何资金如果不投入生产过程、不同劳动力相结合,都不能自行增值,更不会具有时间价值。因此,资金时间价值的真正来源是劳动者在生产中创造的剩余价值。

(3) 资金时间价值的确定是以社会平均资金利润率或平均投资报酬率为基础的。资金的时间价值一般用单位时间(通常为一年)的报酬与投资额的百分率表示,即用利息率表示。但表示资金时间价值的利息率是不同于一般的利息率的。一般的利息率如存款利率、贷款利率、债券利率等都是投资报酬率的表现形式,这些投资报酬率除了包括资金时间价值因素外,还包括风险价值和通货膨胀因素。作为资金时间价值表现形态的利息率,应以社会平均资金利润率或平均投资报酬率为基础。

综上所述,资金的时间价值是在不考虑风险和通货膨胀条件下的社会平均资金利润率或平均投资报酬率;它是在生产经营和流通过程中产生的,其真正的来源是劳动者创造的剩余价值。

3.2 相关概念

3.2.1 利息与利率、单利计算与复利计算、名义利率与实际利率、离散复利与连续复利

1. 利息与利率

1) 利息

利息是资金时间价值的一种重要表现形式,通常用利息额的多少作为衡量资金时间价值的绝对尺度,用利率作为衡量资金时间价值的相对尺度。

在借贷过程中,债务人支付给债权人超过原来借款金额(原借款额常称作本金)的部分,就是利息,即

$$I = F - P \tag{3-1}$$

式中:I——利息;

F——目前债务人应付(或债权人应收)的本利和;

P——借款金额,即本金。

从本质上看,利息是由于贷款所产生的利润的一种再分配。在工程经济分析中,利息常常被看作资金的一种机会成本。这是因为如果放弃了资金的使用权力,相当于失去了收益的机会,也就相当于付出了一定的代价。比如,一笔资金一旦用于某项投资,它就不能用于现期消费,而牺牲现期消费又是为了在将来得到更多的消费,从投资角度来看,利

息体现为对放弃现期消费的损失所做的必要的补偿。从另一方面来看,即使使用自有资金,无须向别人支付利息,但失去了将这笔资金存入银行而获得利息的机会,所以,占用资金是要付出代价的。由此可见,利息是指占用资金所付出的代价或者是放弃现期消费所得到的补偿。显然,利息是衡量资金时间价值的绝对尺度。

2) 利率

国家为了保证经济正常运作,调整利率,稳定市场的货币投放,促进经济稳定增长。国家对经济的调控、对利率的调节有助于稳定市场经济发展。

利率是指在单位时间内(如年、半年、季、月、周、日等)所得利息额与原来本金之比。它反映了资金随时间变化的增值率,通常用百分数表示为

$$i = \frac{I}{P} \times 100\% \tag{3-2}$$

式中:I——一个计息周期的利息;

P——期初本金;

i——利率。

相对于利息而言,利率是衡量资金时间价值的相对尺度。利率是各国国民经济的杠杆之一,利率的高低一般由以下几个因素决定。

(1) 社会平均利润率。通常情况下,平均利润率是利率的最高界限。因为如果利率高于平均利润率,借款人投资无利可图,也就不会去借款。

(2) 金融市场上借贷资本的供求关系。在平均利润率不变的情况下,借贷资本供过于求,利率便会下降;反之,利率就会升高。

(3) 银行所承担的贷款风险。银行借出资本是要承担风险的,显然风险的大小也会影响利率的高低,风险越大,利率越高。

(4) 通货膨胀率。通货膨胀对利率的波动有直接影响,资金贬值往往会使实际利率无形中成为负值。

(5) 借出资本的期限长短。借款期限长,不可预见因素多、风险大,利率就高;反之,利率就低。

【例 3-1】 现借得一笔资金 10 000 元,一年后利息为 800 元,则年利率为多少?

【解】 $800 \div 10\,000 = 8\%$

2. 单利计算与复利计算

利息计算分为单利计算和复利计算两种。

1) 单利计算

单利计算的主要特点是仅用本金计算利息,而不计算利息所生的利息。例如在个人多年定期存款中,银行不将第 1 年所获利息转入后一年的本金中去。

利息发生在计息周期末。如果有 n 个计息周期,则利息的计算公式为

$$I = P \cdot i \cdot n \tag{3-3}$$

到投资期末,本金与利息之和(本利和)为

$$F = P(1 + i \cdot n) \tag{3-4}$$

式中：n——计息周期数；
F——投资期末本利和；
I、P、i 的含义同式(3-2)。

【例 3-2】 某人现存入银行 10 万元，定期 3 年，年利率 5.4%，3 年后本利和为多少？

【解】 $F=P(1+i \cdot n)=10\times(1+0.054\times3)=11.62$（万元）

2) 复利计算

复利计算是指不仅对本金计算利息，而且将所获得的利息也纳入本金来计算下期利息，也就是通常所说的"利滚利"。如借方不能按期付息，就等于增加了债务本金。

复利的表述仍采用单利的符号及含义。按照复利计算，n 期内每期的利息及本利和计算见表 3-1。

表 3-1 复利本利和计算表

计息周期	期初本金	本期利息	期末本利和
1	P	Pi	$F=P+Pi=P(1+i)$
2	$P(1+i)$	$P(1+i)i$	$F=P(1+i)+P(1+i)i=P(1+i)^2$
3	$P(1+i)^2$	$P(1+i)^2 i$	$F=P(1+i)^2+P(1+i)^2 i=P(1+i)^3$
⋮	⋮	⋮	⋮
n	$P(1+i)^{n-1}$	$P(1+i)^{n-1}i$	$F=P(1+i)^n$

其复利计算公式如下：

$$F=P(1+i)^n \tag{3-5}$$

按照复利计算，n 期末的利息为

$$I=F-P=P[(1+i)^n-1]$$

根据复利计算推算的这两个式子，可以绘出复利利息 I 和计息周期 n 的关系以及复利未来值 F 和计息周期 n 的关系，如图 3-1 和图 3-2 所示。

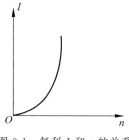
图 3-1 复利 I 和 n 的关系

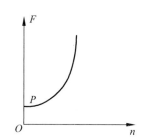
图 3-2 复利 F 和 n 的关系

复利法是国内外工程建设投资中广泛应用的方法。在现代经济管理中，投资决策、资金回收计算、通货膨胀分析等都离不开复利计算。采用这种方法，企业能在使用贷款时更加小心谨慎。因此复利制对合理利用资金、加快资金周转及加快工程建设都起到了积极的作用。

【例 3-3】 在例 3-2 中，若采用复利法计算，3 年后的本利和是多少？

【解】 第 1 年年末本利和：
$$F_1 = 10 \times (1 + 1 \times 0.054) = 10.54(万元)$$
第 2 年年末本利和：
$$F_2 = F_1(1 + 1 \times 0.054) = 10 \times (1 + 1 \times 0.054)^2 \approx 11.11(万元)$$
第 3 年年末本利和：
$$F_3 = F_2(1 + 1 \times 0.054) = 10 \times (1 + 1 \times 0.054)^3 \approx 11.71(万元)$$

与例 3-2 相比，第 3 年年末采用复利计算比采用单利计算的利息多了 900 元。可见，对于利率高、周期长的项目，采用复利计息能反映资金的时间价值。复利法的思想符合社会再生产过程中资金运动的规律，完全体现了资金的时间价值。在工程经济分析中，一般都是采用复利法。

3. 名义利率与实际利率

在工程经济分析中，复利计算通常以年为计息周期，但实际上计息周期也有比一年短的，如半年、季度、月、周、日等。当给定利率的时间单位与计息周期不一致时，在同样的年利率下，不同的计息周期所得的利率不同，这就引出了名义利率与实际利率这样一对概念。

1) 名义利率

名义利率 r 是计息周期的利率 i 与名义利率包含的单位时间内计息周期数 m 的乘积，即

$$r = i \cdot m \tag{3-6}$$

例如，按季计算利息，季利率为 3%，即年利率为 12%，每年计息 4 次。这里年利率 12% 称为名义利率。很显然，计算名义利率时忽略了前面各期利息再生的因素，这与单利的计算相同。通常所说的利率周期利率都是名义利率。

2) 实际利率

实际利率 i 是在名义利率包含的单位时间内，按计息周期利率复利计息形成的总利率。下面我们来推导名义利率与实际利率的换算关系。

设名义利率为 r，年计息次数为 n，则一个计息周期的利率为 r/n，一年后的本利和为

$$F = P\left(1 + \frac{r}{n}\right)^n$$

利息为

$$I = F - P = P\left(1 + \frac{r}{n}\right)^n - P = P\left[\left(1 + \frac{r}{n}\right)^n - 1\right]$$

实际利率为

$$i = \frac{I}{P} = \frac{P\left[\left(1 + \frac{r}{n}\right)^n - 1\right]}{P} = \left(1 + \frac{r}{n}\right)^n - 1$$

即名义利率与实际利率的换算关系为

$$i = \left(1 + \frac{r}{n}\right)^n - 1 \tag{3-7}$$

对式(3-7)进行讨论：

(1) 当 $n=1$ 时，$i=r$；

(2) 当 $n>1$、$i>r$，且 n 越大，则一年内计息次数越多，年实际利率相对于名义利率越高。

一般来说，在通常计算中所给定的利率，如果没有特别指出，都是名义利率，而且多数情况下都是年名义利率，即当计息周期的时间单位与所给定（设定）的利率的时间单位相同，此时给定的利率就是该时间单位的名义利率，而且此时名义利率与计算求出的实际利率相等。

当计息周期的时间单位小于所给定利率的时间单位时，则由复利计算而确定的利率，就是该给定利率时间单位的实际利率，并且实际利率要大于所给定的利率，即大于该时间单位的名义利率。

【例 3-4】 已知年利率为 12%，每半年计息一次，求年实际利率。

【解】 已知 $r_{年}=12\%$，$n=2$，则

$$i_{年} = \left(1 + \frac{12\%}{2}\right)^2 - 1 = 12.36\%$$

4. 离散复利与连续复利

若一年中计息次数是有限，称为离散复利。例如，按季度、月、日等计息的方法都是离散复利。若一年中计息次数是无限，称为连续复利。

一般情况下，现金交易活动总是倾向于平均分布，用连续复利计算更接近于实际情况。但在目前的会计制度下，通常都是在年底结算一年的进出款，财务上也是按年支付税金、保险金和抵押费用等。因此，在一般的工程经济计算中，通常采用离散复利计算，而且以年作为计算周期。

3.2.2 资金等值

资金等值是指不同时点的不同金额可以具有相等的价值。例如：1 000 元的资金额在年利率为 10% 的条件下，当计息期数 n 分别为 1、2、3、4、5 年时，本利之和 F 分别为

$n=1 \quad F_1 = 1\,000(1+10\%) = 1\,100(元)$

$n=2 \quad F_2 = 1\,000(1+10\%)^2 = 1\,210(元)$

$n=3 \quad F_3 = 1\,000(1+10\%)^3 = 1\,331(元)$

$n=4 \quad F_4 = 1\,000(1+10\%)^4 \approx 1\,464(元)$

$n=5 \quad F_5 = 1\,000(1+10\%)^5 \approx 1\,611(元)$

我们说不同时点上，这笔资金绝对值不等，但从资金的时间价值上分析，现在 1 000 元与 1 年后的 1 100 元、2 年后的 1 210 元、5 年后的 1 611 元等值。

资金等值的特点是：两笔资金的数值相等，发生的时间不同，其价值肯定不等；两笔

资金数值不等,发生的时间也不同,其价值却可能相等。

在方案的比较中,由于资金的时间价值作用,各方案在不同的时间点上发生的现金流量无法直接比较。因此,必须把在不同时间点上的现金按某一利率折算到相同的时点,使之等值后方可比较。利用资金等值的概念,把不同时间点上发生的金额换算成同一时点上的等值金额的计算过程,称为资金等值计算。

在进行资金等值计算过程中,通常会涉及以下几个概念。

(1) 折现。其又称贴现,是指把将来某一时间的资金金额换算为现在时点(基准时间)的等值金额的过程。折现是评价投资项目经济效果时经常采用的一种基本方法。

(2) 现值。折算到计算基准时点(通常为计算期期初)的资金金额称为现值,一般用符号 P 表示。

(3) 终值。与现值等值的将来某一时点上的资金金额称为终值,一般用符号 F 表示。现值和终值是一对相对的概念。两时点上的等值资金,前一时刻相对于后一时刻为现值,后一时刻相对于前一时刻为终值。

(4) 年值。其又称年金,狭义的年值表示连续地发生在每年年末,且数值相等的现金流序列;广义的年值是指连续地发生在每期期末,且数值相等的现金流序列。其通常用符号 A 表示。

(5) 折现率。此即资金等值计算的利率,是反映资金时间价值的参数。工程经济学中利率不是专指银行贷款利率,主要指项目的收益率。

3.3 现金流量

3.3.1 现金流量的概念

工程项目一般经历建设期、投产期、稳产期和回收处理期等若干个阶段,这些阶段构成项目的整个计算分析期。建设期是指项目开始投资至项目开始投产获得收益的一段时间;投产期是指项目投产开始至项目达到预定的生产能力的时间;稳产期是指项目达到生产能力后持续发挥生产能力的阶段;回收处理期是指项目完成预计的寿命周期后停产并进行善后处理的时期。

从工程经济分析的角度看,现金流量(CF)是指把评价方案作为一个独立的系统,在一定时间内流入、流出系统的现金活动。它包括现金流入量(CI)、现金流出量(CO)以及两者的差额——净现金流量(net cash flow,NCF)。

(1) 现金流入量。工程经济分析中,现金流入量主要有产品销售收入、回收固定资产残值、回收流动资金。现金流入用正数表示。

(2) 现金流出量。工程经济分析中,现金流出量主要有固定资产投资、投资利息、流动资金、经营成本、销售税金及附加、所得税、借款本金偿还。现金流出用负数表示。

(3) 净现金流量。项目同一年份的现金流入量减去现金流出量即为该年份净现金流量。

为了分析方便,通常以一年作为一个投入或收益期,并将一年中的现金流入或流出一律视其为发生在该年的年末,称为"年末习惯法",便于计算机的应用,也符合国家的规范要求。

3.3.2 现金流量图

对于一个项目而言,其各种现金流量的流入与流出、数额和发生的时间都不尽相同,为了正确地、更加直观地进行工程经济分析计算,有必要借助现金流量图(CFD)来进行分析。现金流量图就是一种反映资金运动状态的图,即把现金流量绘制在一个时间坐标图中,表示出项目中各现金流入、现金流出与相应时间的对应关系,如图 3-3 所示。运用现金流量图可以全面、形象、直观地反映不同时点上的资金运动情况。

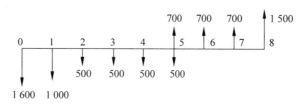

图 3-3 现金流量图

现以图 3-3 为例说明现金流量图的做法及其规则。

(1) 水平轴表示时间坐标,时间从左向右推移。轴上每一刻度表示一个时间单位,可以是年、半年、季度、月、周、日等;零点表示时间序列的开始。

(2) 垂直于水平轴的箭线表示现金流量,箭头向上表示现金流入,即表示效益;箭头向下表示现金流出,即表示费用。

现金流量的性质,即现金的流入与流出,是相对而言的。如贷款人的流入就是借款人的流出;反之亦然。因此,绘制现金流量图时,应首先弄清楚是站在什么立场来绘制的,立场不同,绘制出的现金流量图也不同。

(3) 在现金流量图中,箭线的长短与流量的大小应该成比例,即流量大,箭线长;流量小,箭线短。但由于经济系统中各时间点的现金流量常常数额悬殊而无法成比例绘制,因此,在绘制现金流量图时,箭线的长短只要能适当体现各时间点现金流量数额的差异,并在箭线上方或下方注明现金流量的数额即可。

(4) 水平轴与垂直短线的交点即为现金流量发生的时间点。为了计算方便和统一起见,一般均假定现金流量的发生集中发生在每期的期末。

由以上可知,现金流量的大小(资金数额)、方向(流入或流出)及作用点(资金发生的时间点)是正确绘制现金流量图的三个关键要素。现金流量图是进行经济分析的有效工具,是正确进行经济分析的基础,因此,应熟练掌握。

3.3.3 现金流量与财务收支的区别

应当指出,工程经济学中研究的现金流量和会计学中研究的财务收支有着重要的区别。

(1) 工程经济学研究的是拟建项目未来将发生的现金流量,系统的现金流出量或现金流入量是预测的,因此,预测的精确性非常重要。而会计学研究的则是已经发生的财务收支的实际数据,因此,统计记录的完整性和真实性非常重要。

(2) 工程经济学中的现金流量计算是以特定的经济系统为研究对象的。凡是已流入或流出系统的资金,都视为现金流量而计入发生的时点。例如,固定资产投资和无形资产发生在建设期,已作为一次性支出而计入现金流出,因此,就不能在生产经营期以产品成本费用中的折旧、摊销费的形式再计入现金流出,以免重复计算。但是在会计核算中,却以产品成本费用要素的形式逐期计提和摊销。

(3) 在工程经济学研究中,由于考查的角度和范围不同,现金流量包括的内容不同。例如企业上缴给国家的税金,从企业角度看是现金流出量,但从整个国民经济角度看则既不是现金流出,也不是现金流入,因为社会资源量没有变化,国民收入也没有变化,只是在国家范围内资金分配权与使用权的一种转移。而在会计学中,税金则视为企业财务支出。

(4) 在工程经济学研究中的现金流量的现金,不仅指现钞,而且包括转账支票等结算凭证。而会计学中的现金,则仅指现钞,即资金现金。

【例 3-5】 某公司有两个投资方案甲和乙。甲方案的寿命周期为 5 年,乙方案的寿命周期为 6 年。甲方案的初期投资为 100 万元,每年的收益为 60 万元,每年的运营成本为 20 万元。乙方案的初期投资为 150 万元,每年的收益为 100 万元,每年的运营成本为 20 万元,最后回收资产残值为 40 万元。试绘制两个方案的现金流量图。

【解】 两个方案的现金流量图如图 3-4 和图 3-5 所示。

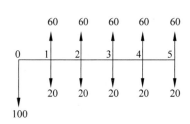

图 3-4 甲方案的现金流量图

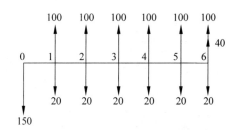

图 3-5 乙方案的现金流量图

3.4 资金时间价值的计算

每个投资项目的现金流量的发生是不尽相同的,有的项目一次投资、多次收益;有的项目多次投资、多次收益;有的项目多次投资、一次收益;也有的项目一次投资、一次收益。因此,为了解决以上各种问题的投资项目经济分析计算,可以推导几种统一的计算公式。

3.4.1 一次支付终值和现值的计算

1. 一次支付终值的计算

一次支付终值是计算现在时点发生的一笔资金的将来值。例如,现有一笔资金 P,按

年利率 i 进行投资,n 年以后的本利和 F 为多少？这项活动可用现金流量图 3-6 表示,其计算公式是 $F=P(1+i)^n$。其中,P 为现值,F 为终值,i 为利率,n 为计息周期数,表示在利率为 i、计息周期数为 n 的条件下,终值 F 和现值 P 之间的关系。$(1+i)^n$ 称为一次支付终值系数,记为 $(F/P,i,n)$,因此,一次支付终值的计算公式可以表示为

$$F=P(F/P,i,n) \tag{3-8}$$

【例 3-6】 某企业为开发新产品,向银行贷款 100 万元,年利率为 10%,借期为 5 年,5 年后一次归还银行的本利和是多少？

【解】 $F=P(1+i)^n=100\times(1+0.1)^5\approx161.1$(万元)

也可以查复利系数表进行计算。当折现率为 10%、$n=5$ 时,$(F/P,i,n)=1.610\,5$,故

$$F=P(F/P,i,n)=100\times1.610\,5=161.05(万元)$$

2. 一次支付现值的计算

由一次支付终值式(3-8)可直接导出一次支付现值计算公式为：$P=F(1+i)^{-n}$。式中,系数 $(1+i)^{-n}$ 称为一次支付现值系数,记为 $(P/F,i,n)$,因此,一次支付现值也可表示为

$$P=F(P/F,i,n) \tag{3-9}$$

一次支付现值的现金流量图如图 3-7 所示。

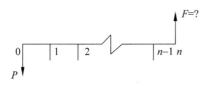

图 3-6 一次支付终值的现金流量图

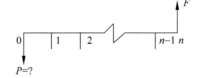

图 3-7 一次支付现值的现金流量图

【例 3-7】 如果银行年利率为 12%,假定按复利计算,为在 5 年后获得 10 000 元款项,现在应存入银行多少钱？

【解】 $P=F(1+i)^{-n}=10\,000\times(1+0.12)^{-5}\approx5\,647$(元)

或先查表求出一次支付现值系数,再做计算：

$$P=F(P/F,i,n)=10\,000\times0.564\,7=5\,647(元)$$

3.4.2 年金终值和现值的计算

1. 普通年金终值和现值的计算

1) 普通年金终值计算

普通年金终值也称等额分付终值,是计算每年末等额发生的系列年金在 n 期末的本利和。其现金流量图如图 3-8 所示。

把每期末的等额分付分别看成一次支付的现值,利用一次支付终值公式可以得到求 n 次

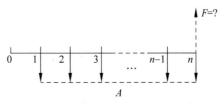

图 3-8 普通年金终值的现金流量图

等额分付的终值之和的计算式。

$$F = A(1+i)^{n-1} + A(1+i)^{n-2} + \cdots + A(1+i)^1 + A(1+i)^0 \quad (3\text{-}10)$$

将式(3-10)两边同时乘以$(1+i)$,得

$$F(1+i) = A(1+i)^n + A(1+i)^{n-1} + \cdots + A(1+i)^2 + A(1+i) \quad (3\text{-}11)$$

用式(3-11)减去式(3-10),并整理,得 $F = A\dfrac{(1+i)^n - 1}{i}$。式中,$\dfrac{(1+i)^n - 1}{i}$ 称为年金终值系数,记为$(F/A, i, n)$。因此,普通年金终值也可表示为

$$F = A(F/A, i, n) \quad (3\text{-}12)$$

【例 3-8】 某人每年将 1 000 元存入银行,若年利率为 10%,5 年后可获得多少资金?

【解】 将题中相应已知条件代入式(3-12),可得

$$F = 1\,000 \times \frac{(1+10\%)^5 - 1}{10\%} = 1\,000 \times 6.105\,1 = 6\,105.1(元)$$

即该人 5 年后可获得 6 105.1 元。

2) 普通年金现值计算

普通年金现值的计算是指在利率为 i 的情况下,为了在未来 n 年每年年末提取相等金额 A,计算现在必须投资多少。这项活动可用图 3-9 表示。

普通年金现值的计算公式如下:

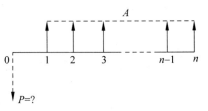

图 3-9 普通年金现值的现金流量图

$$P = A\frac{1}{(1+i)} + A\frac{1}{(1+i)^2} + A\frac{1}{(1+i)^3} + \cdots + A\frac{1}{(1+i)^{n-2}} + A\frac{1}{(1+i)^{n-1}} + A\frac{1}{(1+i)^n}$$

$$= A\sum_{t=1}^{n} \frac{1}{(1+i)^t}$$

为了简化计算,普通年金现值的计算公式经过推导,也可用下面公式表示:$P = A \cdot \dfrac{1-(1+i)^{-n}}{i}$。其中,$\sum\limits_{t=1}^{n}\dfrac{1}{(1+i)^t}$ 或 $\dfrac{1-(1+i)^{-n}}{i}$ 称为普通年金现值系数,可记作 $(P/A, i, n)$,该系数可通过查普通年金现值表求得。因此,普通年金现值的计算公式可表示为

$$P = A \cdot (P/A, i, n) \quad (3\text{-}13)$$

【例 3-9】 某工程项目每年获净收益 80 万元,利率为 12%,项目可用每年所获得净收益在 6 年内回收初始投资,初始投资为多少?

【解】 将相应的已知数值代入式(3-13)得

$$P = 80 \times \frac{(1+12\%)^6 - 1}{12\% \times (1+12\%)^6} \approx 80 \times 4.111\,4 = 328.912(万元)$$

即该工程项目初始投资为 328.912 万元。

2. 预付年金终值和现值的计算

预付年金是指在一定时期内,每期期初收入或支出相等金额的款项,也称先付年金。预付年金与普通年金的区别仅在于付款时间的不同,即一个是在每期期初支付,另一个是在每期期末支付。由于普通年金是最常见的年金形式,一般的年金系数表也常常是按普通年金的终值和现值编制的。因此,在计算预付年金时,可先将预付年金调整为普通年金的形式,然后利用普通年金的系数表计算有关预付年金。

1) 预付年金终值计算

预付年金终值是每期期初收入或支出等额款项的复利终值之和。预付年金终值的计算可用图 3-10 说明。

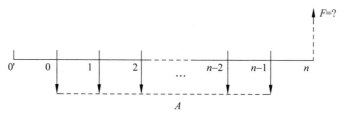

图 3-10 预付年金终值的现金流量图

由预付年金终值的计算过程图可以看出,预付年金终值的计算公式为

$$F = A(F/A, i, n)(1+i) \tag{3-14}$$

可见,可按照同样的 i, n 在普通年金终值系数表中找出普通年金终值系数,在此基础上乘以 $(1+i)$,可计算出预付年金终值的系数,再乘以 A,即为预付年金终值。

此外,预付年金终值还有另外一个计算公式,即在最后一期期末补上一个 A,使期数增加为 $(n+1)$,计算 $(n+1)$ 期的普通年金终值,然后再减去 A,其结果就是 n 期预付年金终值的计算公式:

$$F = A \cdot (F/A, i, n+1) - A = A \cdot [(F/A, i, n+1) - 1] \tag{3-15}$$

【例 3-10】 某企业于每年年初支付房屋租金 1 000 元,年利率为 10%,计算 8 年后共支付房屋租金的本利和。

【解】 将相应的已知数据代入式(3-14)得

$$F = 1\,000 \times \left[\sum_{t=0}^{n-1}(1+10\%)^t\right] \cdot (1+10\%)$$
$$= 1\,000 \times (F/A, 10\%, 8) \cdot (1+10\%)$$

则
$$F = 1\,000 \times (F/A, 10\%, 8) \times (1+10\%)$$
$$= 1\,000 \times 11.435 \times (1+10\%)$$
$$\approx 12\,579(元)$$

2) 预付年金现值计算

预付年金现值是每期期初收入或支出等额款项的复利现值之和。预付年金现值的计算可用图 3-11 说明。

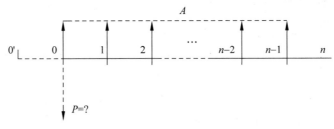

图 3-11 预付年金现值的现金流量图

由预付年金现值的计算过程图可以看出,预付年金现值的计算公式为

$$P = A \cdot (P/A, i, n) \cdot (1+i) \tag{3-16}$$

可见,可按照同样的 i, n 在普通年金现值系数表中找出普通年金现值系数,在此基础上乘以 $(1+i)$,可计算出预付年金现值的系数,再乘以 A,即为预付年金现值。

此外,预付年金现值还可以有一个计算公式,即先不考虑第一期期初的 A(去掉期初的 A),使期数变为 $(n-1)$ 期,计算 $(n-1)$ 期的普通年金现值,然后再加上期初的 A,其结果就是 n 期预付年金现值的计算公式:

$$P = A \cdot (P/A, i, n-1) + A = A \cdot [(P/A, i, n-1) + 1] \tag{3-17}$$

【例 3-11】 某企业租入一套生产线,预计在未来 10 年内每年年初需要支付的租金为 50 000 元,假如银行年复利率为 12%,这笔租金相当于现在的多少钱?

【解】 将已知数值代入式(3-16)得

$$P = 50\,000 \times \sum_{t=1}^{10} \frac{1}{(1+12\%)^t} \times (1+12\%)$$
$$= 50\,000 \times (P/A, 12\%, 10) \times (1+12\%)$$

查现值系数表可得

$$(P/A, 12\%, 10) = 5.650$$

则
$$P = 50\,000 \times (P/A, 12\%, 10) \times (1+12\%)$$
$$= 50\,000 \times 5.65 \times (1+12\%)$$
$$= 316\,400(元)$$

3. 递延年金的计算

递延年金是在一定期间内,从期初开始,隔若干期后才发生等额系列收付款的年金。递延年金终值的计算,与普通年金终值和先付年金终值的计算方法基本一致。递延年金现值的现金流量图如图 3-12 所示。

图 3-12 表明,在 8 期内,前 3 期没有收付的款项,第 4 期期末至第 8 期期末才发生 5 期等额收付项 A。对此,可将这 5 期等额的收付款项 A 按普通年金现值的计算方法折算到第 4 期期初,这是一个普通年金现值的计算过程。再将这一普通年金现值从第 4 期期初(第 3 期期末)按复利现值折算到期初,即计算的递延年金现值。

现假设发生等额收付款项的期数为 n,未发生等额收付款项的期数为 m,则递延年金

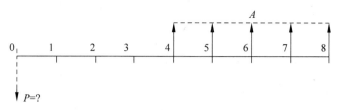

图 3-12　递延年金现值的现金流量图

现值的计算公式为

$$P = A(P/A, i, n)(P/F, i, m) \tag{3-18}$$

【例 3-12】 假设某企业目前开始一项建设项目,施工期为 3 年,从第 4 年开始生产,第 4 年至第 8 年每年年末的收益为 200 000 元,假设复利率为 10%,要求计算该项目未来收益的现值。

【解】 将相应的已知数值代入式(3-18)中可得

$$P = 200\,000 \times \sum_{t=1}^{5} \frac{1}{(1+10\%)^t} \times \frac{1}{(1+10\%)^3}$$

$$= 200\,000 \times 3.791 \times 0.751$$

$$\approx 569\,408(元)$$

4. 永续年金的计算

永续年金是指无限期等额收付的特种年金,可视为普通年金的特殊形式,即期限趋于无穷的普通年金。存本取息可视为永续年金的例子。此外,也可将利率较高、持续期限较长的年金视同永续年金计算。永续年金示意图如图 3-13 所示。

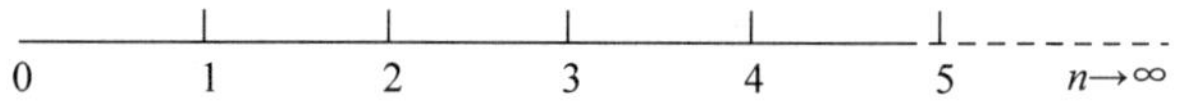

图 3-13　永续年金示意图

由于永续年金持续期无限,没有终止的时间,因此没有终值,只有现值。永续年金现值的计算公式,可根据普通年金现值的计算公式推导如下。

因为,普通年金现值的计算公式为

$$P = A \cdot \frac{1-(1+i)^{-n}}{i}$$

当 $n \to \infty$ 时,$(1+i)^{-n} \to 0$,所以,

$$P = \frac{A}{i} \tag{3-19}$$

式(3-19)即为永续年金现值的计算公式。

【例 3-13】 某建筑企业与某建筑院校长期进行校企合作,该企业欲资助一笔奖学金项目,如果该院校预期以后每年年末需支付年度奖学金 15 000 元,若存款利息率为 8%,则该企业现在需投资多少予以支持?

【解】 $P = \dfrac{A}{i} = 15\,000/8\% = 187\,500(元)$

3.4.3 等差序列的计算

等差序列是指各期发生的现金流量成等差序列。在许多工程经济问题中,现金流量每年均有一定数量的增加或减少,如房屋随着其使用时间的延长,维修费将逐年有所增加,物业的租金收入往往随着房地产市场的发展逐年增加等。如果逐年增加或减少是等额的,则称之为等差(G)系列现金流量。

假定第 1 个计息期末的现金流量为 A_1,以后每期递增 G,即第 2 个计息期末的现金流量为 A_1+G,第 3 个计息期末的现金流量为 A_1+2G……第 n 个计息期末的现金流量为 $A_1+(n-1)G$。等差序列的现金流量图如图 3-14 所示。图 3-14 中的现金流量 A_1、$A_1+(n-1)G$、时间轴和连接各现金流量的箭头的虚线正好组成一个梯形。因此,等差序列的等值计算在一些书上称为均匀梯度系列公式。

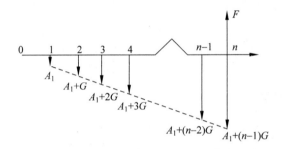

图 3-14 等差序列的现金流量图

如果能把图 3-14 中的现金流量转换成等额交付系列形式,那么根据等额支付的终值公式和等额支付现值公式,很容易求得第 n 年末的将来值和第 0 年的现值。现在,对图 3-14 进行分解,从现金流量箭头处画一条平行于时间轴的直线,这样图 3-14 就由两部分现金流序列组成:等额支付和等差支付。等差支付现金流量图变成图 3-15 的形式。计算时分别对等额支付和等差支付进行计算,然后加总。

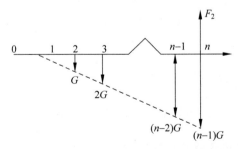

图 3-15 不含等额支付的等差序列现金流量图

1. 等差终值计算

假设等额支付系列现金流量的终值为 F_1,递增系列现金流量的终值为 F_G。根据图 3-15,可列出递增系列现金流量的终值计算式为

$$F_G = G(1+i)^{n-2} + 2G(1+i)^{n-3} + \cdots + (n-2)G(1+i) + (n-1)G \tag{3-20}$$

式(3-20)两边同时乘以$(1+i)$得

$$F_G(1+i) = G(1+i)^{n-1} + 2G(1+i)^{n-2} + \cdots + (n-2)G(1+i)^2 + (n-1)G(1+i) \tag{3-21}$$

由式(3-20)和式(3-21)整理得

$$F_G = G\left[\frac{(1+i)^n - 1}{i^2} - \frac{n}{i}\right] = G(F/G, i, n) \tag{3-22}$$

则图 3-14 的终值 F 为

$$F = F_1 + F_G = A_1(F/A, i, n) + G(F/G, i, n) \tag{3-23}$$

2. 等差年金计算

由 A 与 F 的关系得

$$A_G = F_G(A/F, i, n) = G\left[\frac{(1+i)^n - 1}{i^2} - \frac{n}{i}\right]\left[\frac{i}{(1+i)^n - 1}\right] \tag{3-24}$$

图 3-14 的年金 A 为

$$A = A_1 + A_G = A_1 + G(A/G, i, n) \tag{3-25}$$

式(3-24)中,$\left[\frac{1}{i} - \frac{n}{(1+i)^n - 1}\right]$ 或 $(A/G, i, n)$ 为等差年金系数,可从复利系数表中查得。

对于递减支付系列(即第 1 年支付系列 A_1,第 2 年支付系列 $A_1 - G$ 等),只需改变相应项的计算符号,即把其视为每年增加一个负的数值,仍可用上述公式进行计算。

$$A = A_1 - A_G = A_1 - G(A/G, i, n)$$

式(3-25)可写成

$$A = A_1 \pm A_G = A_1 \pm G(A/G, i, n) \tag{3-26}$$

注意:F、P 可用 A 求,也可由公式导出:

$$F = A(F/A, i, n) \quad P = A(P/A, i, n) \tag{3-27}$$

【**例 3-14**】 赵勇同学 2024 年 7 月参加工作,为了攒钱,从当年 8 月 1 日开始每月存入银行 1 000 元,以后每月递增存款 50 元,连续存 5 年。若存款月利率为 0.15%,问:

(1) 赵勇同学 2029 年 8 月 1 日可以从银行取出多少钱?

(2) 他每月平均存入银行多少钱?

(3) 所有这些存款相当于赵勇 2029 年 8 月 1 日一次性存入银行多少钱?

【**解**】 把 2024 年 8 月 1 日看作第 1 个计息期末,那么 5 年内的计息期为 $n = 12 \times 5 = 60$,每月等差额 $G = 50$ 元,等差序列的固定基数 $A_1 = 1 000$ 元。

2024 年 7 月 1 日就是第 0 月,即时间轴的 0 点。因此,现金流量图如图 3-16 所示。

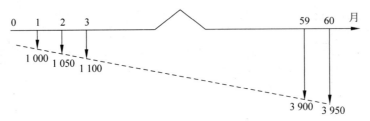

图 3-16 现金流量图(例 3-14)

(1) 赵勇同学 2024 年 8 月 1 日从银行取出的钱就是所有存款的未来值,即

$$F = A_1 \frac{(1+i)^n - 1}{i} + \frac{G}{i}\left[\frac{(1+i)^n - 1}{i} - n\right]$$

$$= 1\,000 \times \frac{(1+0.15\%)^{60} - 1}{0.15\%} + \frac{50}{0.15\%}\left[\frac{(1+0.15\%)^{60} - 1}{0.15\%} - 60\right]$$

$$\approx 153\,855.96(元)$$

(2) 他每月平均存入银行的钱为

$$A = A_1 + G\left[\frac{1}{i} - \frac{n}{(1+i)^n - 1}\right]$$

$$= 1\,000 + 20 \times \left[\frac{1}{0.15\%} - \frac{60}{(1+0.15\%)^{60} - 1}\right]$$

$$\approx 1\,581.01(元)$$

(3) 所有这些存款相当于赵勇 2024 年 8 月 1 日一次性存入银行的钱为

$$P = A\left(\frac{P}{A}, i, n\right) = F\left(\frac{P}{F}, i, n\right) = \frac{153\,855.96}{(1+0.15\%)^{60}} \approx 140\,623.24(元)$$

3.4.4 等比现金流量序列的计算

等比现金流量序列是指每期期末发生的现金流量成等比 q 变化,其现金流量图如图 3-17 所示。

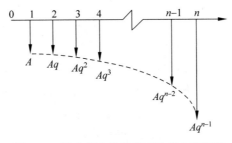

图 3-17 等比现金流量序列的现金流量图

此现金流量序列的复利终值 F 可表示为

$$F = A(1+i)^{n-1} + Aq(1+i)^{n-2} + Aq^2(1+i)^{n-3} + \cdots + Aq^{n-2}(1+i) + Aq^{n-1}$$

$$= A \sum_{k=1}^{n} (1+i)^{n-1} \left(\frac{q}{1+i}\right)^{n-1} = A(1+i)^{n-1} \cdot \frac{1-\left(\frac{q}{1+i}\right)^n}{1-\frac{q}{1+i}}$$

$$= A(1+i)^n \cdot \frac{1-\left(\frac{q}{1+i}\right)^n}{1+i-q} \tag{3-28}$$

令 $q=1+s$，则式(3-28)可变为

$$F = A \frac{1}{i-s}(1+i)^n \left[1-\left(\frac{1+s}{1+i}\right)^n\right] \tag{3-29}$$

同理可求得 P 和 A。

【例 3-15】 某项目第 1 年年初投资 800 万元，第 2 年年初又投资 100 万元，第 2 年年末获净收益 400 万元，从第 2 年开始到第 6 年年末，每年净收益逐年增加 6%，第 7 年至第 9 年每年末获净收益 750 万元。若年利率为 10%，求与该项目现金流量等值的现值和终值。

【解】 按题意，在 1~9 年内现金流量如图 3-18 所示。

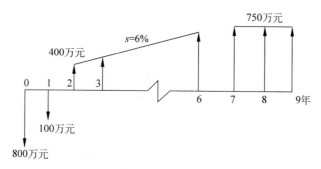

图 3-18 现金流量

$$P = -800 - 100(P/F, 10\%, 1) + 400 \times \frac{1}{10\% - 6\%} \times (1+10\%)^5 \times$$

$$\left[1 - \left(\frac{1+6\%}{1+10\%}\right)^5\right](P/F, 10\%, 6) + 750\left(\frac{P}{F}, 10\%, 3\right)\left(\frac{P}{F}, 10\%, 6\right)$$

$$= -800 - 100 \times 0.9091 + 400 \times 25 \times 1.6105 \times 0.1691 \times 0.5645 +$$

$$750 \times 2.4869 \times 0.5645 \approx 1699.31(万元)$$

$$F = P(P/F, i, n) = 1699.31(P/F, 10\%, 9) = 1699.31 \times 2.3579 \approx 4006.80(万元)$$

本 章 小 结

在所研究的经济系统中各个时点上实际所发生的资金流出或资金流入称为现金流量，其中流出系统的资金称为现金流出，通常用 CO 表示，流入系统的资金称为现金流入，通常用 CI 表示，现金流入与现金流出之差称为净现金流量，通常用(CI−CO)来表示。

对于一个经济系统而言,为了考察其在整个寿命期或计算期内的现金流入和现金流出情况,我们可以用现金流量图来进行经济效果分析。要正确绘制现金流量图,必须把握好现金流量的三要素,即现金流量的大小(资金数额)、方向(资金流入或流出)和时间点(资金发生的时间点)。现金流量图是用横线表示时间,在上面标出现金流入(朝上的箭线)和现金流出(朝下的箭线)以及现金发生相对应的时间点。

资金的时间价值有两种理解:其一,资金随着时间的推移,其价值会增值,这就是资金的时间价值;其二,资金的时间价值体现为对放弃现期消费的损失所应做的必要补偿。

资金等值是指在考虑资金时间价值因素后,不同时点上数额不等的资金在一定利率条件下可能具有相等的价值。资金等值的计算常分为三大类型:一次支付、年金支付和等差序列支付。其中,一次支付有两种类型:一次支付终值和一次支付现值。年金支付有普通年金终值、普通年金现值、预付年金终值、预付年金现值、递延年金和永续年金。等差序列支付分为等差终值和等差年金。通常在等值计算时,公式中所用的利率为实际利率,但是实际中会出现计息周期和利率周期不等的情况,这样就出现了名义利率和实际利率的区别,此时需要将名义利率转化为实际利率。

本 章 习 题

一、简答题

1. 简述现金流量的概念。
2. 什么是资金时间价值?
3. 什么是终值和现值?
4. 单利和复利的区别是什么?
5. 什么是名义利率和实际利率?二者有何关系?
6. 如何理解等值?

二、计算题

1. 某公司从银行贷款 1 000 万元,年利率为 4%,按单利法和复利法分别计算第 10 年末需一次偿还多少本息。

2. 某人借款 10 000 元,偿还期为 5 年,年利率为 4%,试就下面四种还款方式,分别计算 5 年还款总额和利息各是多少:
   (1) 每年末等额偿还本息;
   (2) 每年末支付当年利息,偿还 2 000 元本金;
   (3) 每年末支付当年利息,第 5 年末一次偿还本金;
   (4) 第 5 年末一次偿还本息。

3. 某钢铁厂计划从现在算起,第 6 年末和第 10 年末分别需从银行提取现金 80 万元和 100 万元。若年利率为 4%,从现在起每年年末等额存款,连存 5 年。求:
   (1) 每年需要存多少?

(2) 存款所得利息多少?

4. 每年年末等额存入 1 500 元,连续 10 年,准备在第 6 年、第 10 年、第 15 年末支取三次,每次支取金额相等,若年利率为 12%,支取金额为多少?

5. 某企业预计 3 年以后需要 10 万元作为技术改造经费。为筹集该项经费,该企业在今后 3 年内,每年将存入银行等额的资金,年利率为 4%,当企业在年末存款时,每次应存入多少资金? 若改为年初存款,每次应存入多少?

6. 某公司拟购买一台新计算机,价值 10 万元,可一次性付清,也可分期支付,先付 2.5 万元,余款每年年末支付 1 万元,连续支付 10 年,若公司投资年收益率为 4%,哪种方案更合适?

7. 某工程计划 3 年建成,各年分别投资 400 万元、300 万元、300 万元,若贷款年利率为 8%,问:
(1) 相当于期初投资为多少?
(2) 到建成时的实际投资为多少?

8. 某工程一年建成并投产,寿命 10 年(投产后),每年净收益为 10 万元,按 10% 的折现计算,恰好能在寿命期内将期初投资全部收回,该工程期初所投入的资金为多少?

9. 有一使用年限为 20 年的建筑物,每隔 5 年需大修一次,每次费用 200 万元,若年利为 15%,在 20 年期间其大修的现值是多少?

10. 在孩子第 4 个生日存入一笔钱,以便孩子从第 18 个生日到第 22 个生日每个生日都可提取 2 000 元。假设年(包括这两个生日在内)利率为 8%,应存入多少?

三、案例分析

东升公司拟购置一处房产,房主提出两种付款方案。
(1) 从现在起,每年年初支付 20 万元,连续支付 10 次,共 200 万元。
(2) 从第 5 年开始,每年年初支付 25 万元,连续支付 10 次,共 250 万元。
假设该公司的资金成本率(即最低报酬率)为 10%。
分析要求:你认为该公司应选择哪个方案?

四、思考题

拿破仑 1797 年 3 月在卢森堡第一国立小学演讲时说了这样一番话:"为了答谢贵校对我,尤其是对我夫人约瑟芬的盛情款待,我不仅今天呈上一束玫瑰花,并且在未来的日子里,只要我们法兰西存在一天,每年的今天我将亲自派人送给贵校一束价值相等的玫瑰花,作为法兰西与卢森堡友谊的象征。"时过境迁,拿破仑穷于应付连绵的战争和此起彼伏的政治事件,最终惨败而流放到圣赫勒拿岛,把卢森堡的诺言忘得一干二净。

可卢森堡这个小国的人们对这位"欧洲巨人与卢森堡孩子亲切、和谐相处的一刻"念念不忘,并载入他们的史册。1984 年年底,卢森堡旧事重提,向法国提出违背"赠送玫瑰花"诺言的索赔:要么从 1797 年起,用 3 路易作为一束玫瑰花的本金,以 5 厘复利(即利滚利)计息清偿这笔"玫瑰花"债;要么法国政府在法国各大报刊上公开承认拿破仑是个言而无信的小人。

起初,法国政府准备不惜重金赎回拿破仑的声誉,但却又被电脑算出的数字惊呆了:原本3路易的许诺,本息竟高达1 375 596法郎。经苦思冥想,法国政府斟词酌句的答复是:"以后,无论在精神上还是在物质上,法国将始终不渝地对卢森堡大公国的中小学教育事业予以支持与赞助,来兑现我们的拿破仑将军那一诺千金的玫瑰花信誉。"这一措辞最终得到了卢森堡人民的谅解。

请思考:为何本案例中每年赠送价值3路易的玫瑰花相当于在187年后一次性支付1 375 596法郎?

即 测 即 练

第 4 章

工程项目的确定性评价方法

本章关键词

净现值(net present value);内部收益率(internal rate of return);投资回收期(payback period of investment);基准收益率(basic yield)。

本章要点

掌握工程项目的确定性评价方法,对工程项目方案计算期内各种有关技术经济因素和方案投入与产出的财务、经济资料数据进行调查、分析、预测,对工程项目方案的经济效果进行计算、评价,推荐最佳方案,作为项目决策的重要依据。通过对经济性评价指标(投资回收期、投资收益率、净现值、净年值、内部收益率)的学习,培养学生正确的价值观,更好地为国家经济建设服务,强化学生科学、合理选择最优方案的能力,培养学生重大工程项目可行性方案选择的行为准则。

4.1 经济评价指标

4.1.1 经济评价指标体系

评价工程项目方案经济效果的好坏,一方面取决于基础数据的完整性和可靠性,另一方面则取决于选取的评价指标体系的合理性。只有选取正确的评价指标体系,经济评价的结果能与客观实际情况相吻合,才具有实际意义。在工程项目评价中,按计算评价指标时是否考虑资金的时间价值,将评价指标分为静态评价指标和动态评价指标,如图 4-1 所示。

静态评价指标是在不考虑时间因素对货币价值影响的情况下直接通过现金流量计算出来的经济评价指标,其最大特点是计算简便。它适于评价短期投资项目和逐年收益大致相等的项目,另外对方案进行概略评价时也常采用静态评价指标。

动态评价指标是在分析项目或方案的经济效益时,要对发生在不同时间的效益、费用计算资金的时间价值,对现金流量进行等值化处理后计算评价指标。动态评价指标能较全面地反映投资方案整个计算期的经济效果,适用于对项目整体效益评价的融资前分析或对计算期较长以及处在终评阶段的技术方案进行评价。

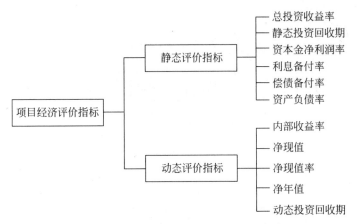

图 4-1 项目经济评价指标体系

在工程项目评价中,按评价指标的性质,也可将评价指标分为盈利能力分析指标、清偿能力分析指标和财务生存能力分析指标,如图 4-2 所示。

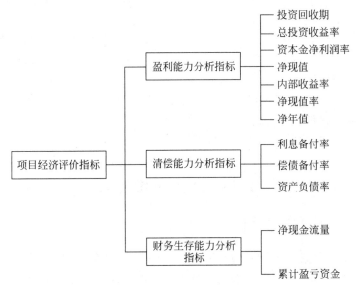

图 4-2 按项目经济评价的性质划分的指标体系

在工程项目方案经济评价时,应根据评价深度要求、可获得资料的多少以及工程项目方案本身所具有的条件,选用多个指标,从不同侧面反映工程项目的经济效果。

4.1.2 经济评价指标的原则

对于任何一项工程,投资决策的重要依据就是项目投产后能否获得预期的经济效果、是否可以取得满意的投资效果。为全面分析评价项目的经济效果,保证投资的科学、正确、合理,避免投资决策的盲目性,必须建立具有统一标准的经济效果评价指标,作为判断方案优劣和比选的依据。

所谓指标,就是指人们根据事先设定的目标,采用可以量化的数值或者定性的描述以评价目标实现程度的一种度量标准。为了使经济效果评价指标更具科学性和合理性,在设定评价指标时应遵循下列原则。

(1) 与经济学原理相一致:所设定的指标应符合工程经济学的基本原理,力求做到经济效果与生态及环境效益相统一。

(2) 方案的可鉴别性:所设定的指标能够检验和区别各项目的经济效果与费用的差异,便于分析比较。

(3) 方案的可比性:所设定的指标必须满足共同的比较基础和前提条件。

(4) 评价工作的实用性:所设定的指标要简便易行而且确有实效。

由于客观事物的错综复杂性,任何一种具体的评价指标都只能反映事物的某一方面或某些方面,因此,仅凭单个指标很难达到全面评价事物的目的。为了对项目进行系统而全面的评价,往往需要采用多个评价指标,从多个方面对项目的经济性进行分析和考察。这些相互联系又相对独立的评价指标构成了项目经济评价的指标体系。所谓经济评价指标体系,就是指从不同角度、不同方面评价项目经济效果的一系列相互联系、相互补充的评价指标的集合。

正确选择经济评价指标与指标体系,是项目经济评价成功与否的关键因素之一。因此,进行经济评价必须了解各种经济评价指标的经济含义、特点、计算公式以及它们之间的相互关系,以便恰当地选择经济评价指标,作出全面、科学、客观的经济结果评价。

4.1.3 盈利能力分析指标

1. 静态投资回收期

投资回收期也称返本期,是反映投资方案盈利能力的指标。

静态投资回收期(P_t)是在不考虑资金时间价值的条件下,以方案的净收益回收项目全部投入资金所需要的时间。静态投资回收期可以自项目建设开始年算起,也可以自项目投产年算起,但应予注明。自建设开始年算起,静态投资回收期 P_t(以年表示)的计算公式如下:

$$\sum_{t=0}^{P_t}(CI-CO)_t \qquad (4-1)$$

式中:P_t——静态投资回收期;
  CI——现金流入量;
  CO——现金流出量;
  $(CI-CO)_t$——第 t 年净现金流量。

静态投资回收期可根据项目现金流量表计算,其具体又分以下两种情况。

(1) 项目建成投产后各年的净现金流量均相同,则静态投资回收期的计算公式为

$$P_t = \frac{I}{A} \qquad (4-2)$$

式中:I——项目投入的全部资金;
  A——每年的净现金流量,即 $A=(CI-CO)_t$。

(2) 项目建成投产后各年的净收益不相同,则静态投资回收期可根据累计净现金流量求得(图 4-3),也就是在现金流量表中累计净现金流量由负值转向正值之间的年份。其计算公式为

$$P_t = (累计现金流量出现正值的年份数 - 1) + \frac{上一年累计净现金流量的绝对值}{出现正值年份的净现金流量}$$

(4-3)

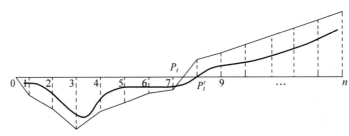

图 4-3 投资回收期示意图

将计算出的静态投资回收期 P_t 与所确定的基准投资回收期 P_c 进行比较。若 $P_t \leqslant P_c$,表明项目投入的总资金能在规定的时间内收回,则方案可以考虑接受;若 $P_t > P_c$,则方案不可行。

静态投资回收期的优缺点如下。

(1) 优点。

① 经济含义直观、明确,计算方法简单易行。

② 明确地反映了资金的盈利能力。

(2) 缺点。

① 没有考虑资金的时间价值,且舍弃了项目建设期、寿命期等众多经济数据,故一般仅用于技术经济数据尚不完整的项目初步研究阶段。

② 没有反映投资所承担的风险性。

2. 动态投资回收期

动态投资回收期(P_t')是在计算回收期时考虑了资金的时间价值,其表达式为

$$\sum_{t=0}^{P_t'} (CI - CO)_t (1 + i_c)^{-t}$$

(4-4)

式中:P_t'——动态投资回收期/年;

i_c——基准收益率。

判别准则:设基准动态投资回收期为 P_c',若 $P_t' < P_c'$ 项目可行,否则应予拒绝。

动态投资回收期更为适用的计算公式为

$$P_t' = (累计折现值出现正值的年份数 - 1) + \frac{上一年累计折现值的绝对值}{出现正值年份的折现值}$$

(4-5)

【例 4-1】 对于表 4-1 中的净现金流量系列求静态投资回收期和动态投资回收期,

$i_c = 10\%, P_c = 12$ 年。

表 4-1 净现金流量表 万元

年份	净现金流量	累计净现金流量	折现系数	折现值	累计折现值
1	−180	−180	0.909 1	163.64	−163.64
2	−250	−430	0.826 5	−206.63	−370.27
3	−150	−580	0.751 3	−112.70	−482.94
4	84	−496	0.683 0	57.37	−425.57
5	112	−384	0.620 9	69.54	−356.03
6	150	−234	0.564 5	84.68	−271.35
7	150	−84	0.513 2	76.98	−194.37
8	150	66	0.466 5	69.98	−124.39
9	150	216	0.424 1	63.62	−60.77
10	150	366	0.385 5	57.83	−2.94
11	150	516	0.350 5	52.57	+49.63
12～20	150	1 866	2.018	302.78	352.41

【解】 各年累计净现金流量和累计折现值列于表 4-1 中,根据式(4-3)和式(4-5)计算得:静态投资回收期 $P_t = 8 - 1 + (84 \div 150) = 7.56$(年)

动态投资回收期 $P_t' = 11 - 1 + (2.94 \div 52.57) \approx 10.06$(年)

由于静态投资回收期和动态投资回收期均小于 12 年,故方案可行。容易推断一般技术方案的动态投资回收期大于静态投资回收期,如图 4-3 所示。

静态投资回收期和动态投资回收期适用于项目融资前的盈利能力分析。

动态投资回收期的优缺点如下。

(1) 优点。

① 经济含义直观、明确。

② 考虑了资金的时间价值,更科学、合理地反映了资金的盈利能力。

(2) 缺点。

① 计算较为复杂。

② 没有反映出投资收回后,项目的收益、项目使用年限以及项目的期末残值等,不能全面反映项目的经济效益。

3. 总投资收益率

总投资收益率(ROI)是指工程项目达到设计生产能力后正常年份的年息税前利润或运营期内年平均息税前利润与项目总投资的比率,其计算公式为

$$\text{ROI} = \frac{\text{EBIT}}{\text{TI}} \times 100\% \tag{4-6}$$

式中:ROI——总投资收益率;

EBIT——项目达到设计能力后正常年份的年息税前利润或运营期内年平均息税前利润;(其中:年息税前利润=年产品营业收入−年产品销售税金及

附加－年总成本费用＋利息支出；年销售税金及附加＝年增值税＋年消费税＋年资源税＋年城市维护建设税＋教育费附加；项目总投资＝建设投资＋建设期利息＋流动资金）

　　　TI——项目总投资。

当计算出的总投资收益率高于行业收益率参考值时，认为该项目盈利能力满足要求。

4. 项目资本金净利润率

项目资本金净利润率（ROE）表示项目资本金的盈利水平，系指项目达到设计能力后正常年份的年净利润或运营期内年平均净利润与项目资本金的比率。其计算公式为

$$\text{ROE} = \frac{\text{NP}}{\text{EC}} \times 100\% \tag{4-7}$$

式中：ROE——项目资本金净利润率；

　　　NP——项目达到设计能力后正常年份的年净利润或运营期内年平均净利润；

　　　EC——项目资本金。

当计算出的资本金净利润率高于行业净利润率参考值时，表明用项目资本金净利润率表示的盈利能力满足要求。

总投资收益率和资本金净利润率指标常用于项目融资后盈利能力分析。

视频 4-1　净现值

5. 净现值

净现值（NPV）是反映投资方案在计算期内获利能力的动态评价指标。投资方案的净现值是指用一个预定的基准收益率 i_c，分别把整个计算期间内各年所发生的净现金流量都折现到建设期初的现值之和。净现值计算公式为

$$\text{NPV} = \sum_{t=0}^{n} (\text{CI} - \text{CO})_t (1 + i_c)^{-t} \tag{4-8}$$

式中：NPV——净现值；

　　　$(\text{CI} - \text{CO})_t$——第 t 年的净现金流量（应注意"＋""－"号）；

　　　i_c——基准收益率；

　　　n——方案计算期。

净现值是评价项目盈利能力的绝对指标。当 NPV＞0 时，说明该方案除了满足基准收益率要求的盈利之外，还能得到超额收益，故该方案可行；当 NPV＝0 时，说明该方案基本能满足基准收益率要求的盈利水平，方案勉强可行或有待改进；当 NPV＜0 时，说明该方案不能满足基准收益率要求的盈利水平，该方案不可行。

对具有常规现金流量（即在计算期内，开始时有支出而后才有收益，且方案的净现金流量序列 A 的符号只改变一次的现金流量）的投资方案，其净现值的大小与折现率的高低有直接的关系。若已知某投资方案各年的净现金流量，则该方案的净现值就完全取决于我们所选用的折现率，即净现值是折现率的函数，其表达式如下：

$$\text{NPV}(i) = \sum_{t=0}^{n} (\text{CI} - \text{CO})_t (1 + i_c)^{-t} \tag{4-9}$$

工程经济中常规投资项目的净现值函数曲线在$-l<i<\infty$内(对大多数工程经济实际问题来说是$0\leqslant i<\infty$)。设A_t表示第t年的净现金流量,考虑常规投资项目的简单情形为:$A_0<0$,而其他$A_t>0$,则当$-l<i<\infty$时,有

$$NPV(i) = -A_0 + \frac{A_1}{1+i} + \frac{A_2}{(1+i)^2} + \cdots + \frac{A_n}{(1+i)^n}$$

若i在区间$-l<i<\infty$内是连续的,则$NPV(i)$是i的连续函数,可以求导。$NPV(i)$的一阶导数与二阶导数分别为

$$\frac{dNPV(i)}{di} = -\left[\frac{A_1}{(1+i)^2} + \frac{2A_2}{(1+i)^3} + \cdots + \frac{nA_n}{(1+i)^{n+1}}\right] \leqslant 0$$

$$\frac{d^2NPV(i)}{di^2} = -\left[\frac{2A_1}{(1+i)^3} + \frac{2\times 3A_2}{(1+i)^4} + \cdots + \frac{n(n+1)A_n}{(1+i)^{n+2}}\right] \geqslant 0$$

因此可知,这个简单的常规投资项目的净现值函数曲线是单调下降的,且递减率逐渐减小,即随着折现率的逐渐增大,净现值将由大变小、由正变负。

NPV与i之间的关系一般如图4-4所示。

图4-4所示的$NPV(i)$曲线是在$A_0<0$且其他$A_0>0$的条件下得出的,是净现值函数的典型图形。实际上,$NPV(i)$并不总是i的单调递减函数,而是要根据A_t的大小和符号及项目寿命n来定。不过,对常规投资项目而言,$NPV(i)$的总趋势是随着i的增大而减小。

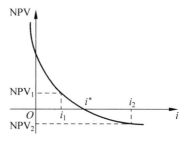

图4-4 净现值函数曲线

按照净现值的评价准则,只要$NPV(i)\geqslant 0$,方案或项目就可接受。但由于$NPV(i)$是i的递减函数,故基准收益率定得越高,方案被接受的可能性越小。很明显,i可以大到使$NPV(i)=0$。这时$NPV(i)$曲线与横轴相交,i达到了其临界值i^*。可以说,i^*是净现值评价准则的一个分水岭,将i^*称为内部收益率。由此可见,基准收益率确定得合理与否,对投资方案经济效果的评价结论有直接的影响,定得过高或过低都会导致投资决策的失误。

净现值的优缺点如下。

(1) 优点。

① 考虑了投资项目在整个寿命期内的现金流量。

② 经济意义明确,直接以货币额表示项目的盈利水平。

③ 评价标准容易确定,判断直观。

(2) 缺点。

① 必须使用基准折现率。

② 进行方案间比选时没有考虑投资额的大小即资金的利用效率(例如:$K_A=1\,000$万元,$NPV_A=10$万元;$K_B=50$万元,$NPV_B=5$万元。由$NPV_A>NPV_B$,所以有"A优于B"的结论。但$K_A=20\,K_B$,而$NPV_A=2NPV_B$,试想$20\,NPV_B=100$万元)。

③ 不能对寿命期不同的方案进行直接比较,因为不满足时间上的可比性原则。

6. 内部收益率

由图 4-4 可知，内部收益率(IRR)的实质就是使投资方案在计算期内各年净现金流量的现值累计等于零时的折现率。也就是说，在这个折现率下，项目的现金流入的现值和等于其现金流出的现值和。

内部收益率容易被人误解为项目初期投资的收益率。事实上，内部收益率的经济含义是投资方案占用的尚未回收资金的获利能力，它取决于项目内部。举例说明如下。

【例 4-2】 某投资方案的现金流量如表 4-2 所示，其内部收益率 IRR＝20％，试分析内部收益率的经济含义。

表 4-2　某投资方案的现金流量　　　　　万元

第 t 期末	0	1	2	3	4	5	6
现金流量 A_t	−1 000	300	300	300	300	300	307

【解】 由于已提走的资金是不能再生息的，因此，设 F_t 为第 t 期末尚未回收的投资余额。特殊地，F_0 即项目计算期初的投资额 A_0。从而第 t 期末的未回收投资余额为

$$F_t = F_{t-1}(1+i) + A_t \tag{4-10}$$

将 i＝IRR＝20％代入式(4-10)，计算出表 4-3 所示项目的未回收投资在计算期内的恢复过程。与表 4-3 相应的现金流量图如图 4-5 所示。

表 4-3　未回收投资在计算期内的恢复过程表　　　　　万元

第 t 期末	0	1	2	3	4	5	6
现金流量 A_t	−1 000	300	300	300	300	300	307
第 t 期期初末回收投资 F_{t-1}	—	−1 000	−900	−780	−636	−463.20	−255.84
第 t 期期末的利息 $i \cdot F_{t-1}$	—	−200	−180	−156	−127.2	−92.64	−51.168
第 t 期期末回收投资 F_t	−1 000	−900	−780	−636	−463.2	−255.84	0

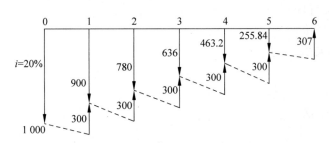

图 4-5　未回收投资现金流量示意图

由此可见，项目的内部收益率是项目到计算期末正好将未收回的资金全部收回来的折现率，也可以理解为项目对贷款利率的最大承担能力。

由上述项目现金流量在计算期内的演变过程可发现，在整个计算期内，未回收投资 F_t 始终为负，只有计算期末的未回收投资 F_n＝0。因此可将内部收益率定义为：在项目整个计算期内，如果按利率 $i=i^*$ 计算，始终存在未回收投资，且仅在计算期终时，投资才

恰被完全收回,那么 i^* 便是项目的内部收益率。这样,内部收益率的经济含义就是使未回收投资余额及其利息恰好在项目计算期末完全收回的一种利率。

在项目计算期内,项目始终处于"偿付"未被收回投资的情况,内部收益率指标正是项目占用的尚未回收资金的获利能力,能反映项目自身的盈利能力,其值越高,方案的经济性越好。因此,在工程经济分析中,内部收益率是考察项目盈利能力的主要动态评价指标。

由于内部收益率不是初始投资在整个计算期内的盈利率,因而它不仅受项目初始投资规模的影响,而且受项目计算期内各年净收益大小的影响。对常规投资项目,内部收益率就是净现值为零时的收益率,其数学表达式为

$$\text{NPV}(\text{IRR}) = \sum_{t=0}^{n} (\text{CI} - \text{CO})_t (1 + \text{IRR})^{-t} = 0 \qquad (4\text{-}11)$$

内部收益率是一个未知的折现率,由式(4-11)可知,求方程式中的折现率需解高次方程,不易求解。在实际工作中,一般是用试算法确定内部收益率 IRR(也可通过计算机直接计算)。试算法的基本原理如下:首先,试用 i_1 计算 NPV_1(实际工作中 i_1 的确定,往往是根据给出的基准收益率 i_c,作为第一步试算依据)。若 $\text{NPV}_1 > 0$,再试用 $i_2(i_2 > i_1)$ 计算 NPV_2;如果 $\text{NPV}_1 > 0$,再用 i_3 来计算,直到 $\text{NPV}_3 < 0$;若 $\text{NPV}_1 < 0$,则 NPV=0 时的 IRR 一定在 i_2 至 i_1 之间,如图 4-6 所示。

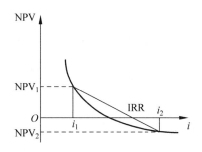

图 4-6 内部收益率线性内插法示意图

此时,即可用线性内插式(4-12)求出 IRR 的近似值。

$$\text{IRR} = i_1 + \frac{\text{NPV}_1}{\text{NPV}_1 + |\text{NPV}_2|}(i_2 - i_1) \qquad (4\text{-}12)$$

式中:NPV_1——折现率 i_1 时的财务净现值(正);

NPV_2——折现率 i_2 时的财务净现值(负)。

采用线性内插法计算 IRR 时,其计算精度与 $(i_2 - i_1)$ 的差值大小有关,因为折现率与净现值不是线性关系,如图 4-6 所示,i_2 与 i_1 之间的差距越小,则计算结果就越精确;反之,结果误差就越大。故为保证 IRR 的精度,i_2 与 i_1 之间的差距一般以不超过 2% 为宜,最大不宜超过 5%。

采用线性内插法计算 IRR 只适用于具有常规现金流量的投资方案,而对于具有非常规现金流量的方案,由于其内部收益率的存在可能不是唯一的,因此线性内插法就不太适用。为了解决这个问题,需要对投资项目按投资的净现金流量分布特点进行分类。

(1) 常规投资项目:指计算期内净现金流量的正负号只变化一次,即所有负现金流量都出现在正现金流量之前,且现金流量系列$\{A_t | t=0,1,2,\cdots,n\}$满足条件式(4-13)的投资项目。

$$A_t(i^*) < 0 \quad (t = 1, 2, \cdots, k) \qquad (4\text{-}13\text{a})$$

$$A_t(i^*) > 0 \quad (t = k+1, k+2, \cdots, n) \qquad (4\text{-}13\text{b})$$

(2) 非常规投资项目:指项目在计算期内,带负号的净现金流量不仅发生在建设期

(或生产初期),而且分散在带正号的净现金流量之中,即在计算期内净现金流量 A_t 变更多次正负号。在此情况下式(4-11)的解 i^* 是否就是内部收益率?弄清这个问题对于正确运用内部收益率是非常重要的。

内部收益率的定义可严格地表述为:当 $i=i^*$ 同时满足式(4-14a)和式(4-14b)条件时,则 $i^*=\text{IRR}$,即 i^* 是项目的内部收益率。

$$F_t(i^*) < 0 \quad (t=0,1,2,\cdots,n-1) \tag{4-14a}$$

$$F_t(i^*) = 0 \quad (t=n) \tag{4-14b}$$

式中:F_t——第 t 期尚未回收的投资余额。

式(4-14b)只是 $i^*=\text{IRR}$ 的必要条件,还不充分。也就是说,仅仅使净现值为零的利率不一定是内部收益率,只有加上式(4-14a)条件,才能保证 i^* 是内部收益率。

我们把具有满足条件式(4-14a)和式(4-14b)的内部收益率的投资项目称为纯投资项目;把仅满足式(4-14b)的内部收益率的项目称为混合投资项目,即在项目计算期内,有可能某一年或某几年出现 $F_t(\text{IRR})>0$,即这时项目投资不仅全部回收,而且有余额。

仅满足条件式(4-14b),不满足条件式(4-14a),意味着计算期内有如 $F_t(i^*)>0$ 的情形,它表示项目回收完投资支出,而且有盈余供给项目外部,从项目外部获取收益。因此,即使有 $i=i^*$ 为式(4-14b)的解,项目也无内部收益率。换言之,混合投资项目不能使用内部收益率指标考察其经济效果,即内部收益率法失效。

通过分析不难得出,常规投资项目都是纯投资项目,式(4-11)有唯一的正数解 i^*,且 $i^*=\text{IRR}$;而对于非常规投资项目,由式(4-11)得出的解可能不止一个,如果其中有解 i^* 满足条件式(4-14a)和式(4-14b),则该解是内部收益率,否则该项目无内部收益率。所以非常规投资项目既可能是纯投资项目,也可能是混合投资项目。其间关系如图 4-7 所示。

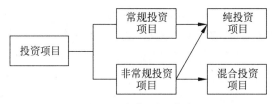

图 4-7 投资项目分类

内部收益率计算出来后,与基准收益率进行比较。若 $\text{IRR}>i_c$,则项目或方案在经济上可以接受;若 $\text{IRR}=i_c$,项目或方案在经济上勉强可行;若 $\text{IRR}<i_c$,则项目或方案在经济上应予拒绝。

内部收益率(IRR)的优缺点如下。

(1) 优点。

① 反映项目投资的使用效率,概念清晰明确。

② 完全由项目内部的现金流量所确定,无须事先知道基准折现率。

(2) 缺点。

① 多方案比较时,内部收益率最大的准则不总是成立。

② 可能存在多个解或无解的情况。

7. 净现值率

净现值率（NPVR）是在 NPV 的基础上发展起来的，可作为 NPV 的一种补充。净现值率是项目净现值与项目全部投资现值之比。其经济含义是单位投资现值所能带来的净现值，是一个考察项目单位投资盈利能力的指标。由于净现值不直接考察项目投资额的大小，故为考察投资的利用效率，常用净现值率作为净现值的辅助评价指标。净现值率计算式为

$$\text{NPVR} = \frac{\text{NPV}}{I_P} \tag{4-15}$$

$$I_P = \sum_{t=0}^{m} I_t (P/F, i_c, t) \tag{4-16}$$

式中：I_P——投入资金现值；

I_t——第 t 年投资额；

m——建设期年数。

应用 NPVR 评价方案时，应使 NPVR≥0，方案才能接受，而且在评价时应注意两点。

（1）投资现值与净现值的研究期应一致，即净现值的研究期是 n 期，则投资现值也是研究期为 n 期的投资。

（2）计算投资现值与净现值的折现率应一致。

8. 净年值

净年值（NAV）又叫等额年值、等额年金，是由基准收益率将项目计算期内净现金流量等值换算而成的等额年值。它与净现值的相同之处是：两者都要在给出的基准收益率的基础上进行计算；不同之处是：净现值把投资过程的现金流量折算为基准期的现值，而净年值则是把该现金流量折算为等额年值。净年值的计算公式为

视频 4-2　净年值

$$\text{NAV} = \left[\sum_{t=0}^{n} (\text{CI} - \text{CO})_t (1 + i_c)^{-t} \right] (A/P, i_c, t) \tag{4-17a}$$

或

$$\text{NAV} = \text{NPV}(A/P, i_c, t) \tag{4-17b}$$

式中：$(A/P, i_c, t)$——资本回收系数。

由于净现值是项目在计算期内获得的超过基准收益率水平的收益现值，而净年值则是项目在计算期内每期的等额超额收益；净年值与净现值仅差一个资本回收系数，而且 $(A/P, i_c, t) > 0$，依式（4-17b），NAV 与 NPV 总是同为正或负，故 NAV 与 NPV 在评价同一个项目时的结论总是一致的。其评价准则是：若 NAV≥0，则项目在经济上可以接受；若 NAV<0，则项目在经济上应予拒绝。

4.1.4　清偿能力分析指标

工程项目清偿能力分析是项目融资后分析的重要内容，是项目融资主体和债权人共

同关心的指标。

1. 利息备付率

利息备付率(ICR)也称已获利息倍数,指项目在借款偿还期内各年可用于支付利息的息税前利润与当期应付利息费用的比值。其表达式为

$$ICR = \frac{EBIT}{PI} \tag{4-18}$$

式中：ICR——利息备付率；
　　　EBIT——息税前利润；
　　　PI——计入总成本费用的应付利息。

$$税息前利润 = 利润总额 + 计入总成本费用的利息费用 \tag{4-19}$$

当期应付利息是指计入总成本费用的全部利息。利息备付率分年计算。利息备付率越高,表明利息偿付的保障程度越高。利息备付率表示使用项目利润偿付利息的保证倍率。参考国际经验和国内行业的具体情况,根据我国企业历史数据统计分析,一般情况下,利息备付率不宜低于2,并满足债权人的要求。

2. 偿债备付率

偿债备付率(DSCR)指项目在借款偿还期内,各年可用于还本付息的资金与当期应还本付息金额的比值,其计算公式为

$$DSCR = \frac{EBITDA - TAX}{FD} \tag{4-20}$$

式中：DSCR——偿债备付率；
　　　EBITDA——息税前利润加折旧和摊销；
　　　TAX——企业所得税；
　　　EBITDA-TAX——可用于还本付息资金；
　　　FD——应还本付息金额。

可用于还本付息的资金包括：可用于还款的折旧和摊销,成本中列支的利息费用,可用于还款的所得税后利润等；当期应还本付息金额包括当期应还贷款本金额及计入成本的全部利息。融资租赁的本息和运营期内的短期借款本息也应纳入还本付息金额。

偿债备付率分年计算。偿债备付率高,表明可用于还本付息的资金保障程度高。偿债备付率表示可用于还本付息的资金偿还借款本息的保证倍率,正常情况应当不低于1.3,并满足债权人的要求。

3. 资产负债率

资产负债率(LOAR)指各期末负债总额同资产总额的比率。其计算公式为

$$LOAR = \frac{TL}{TA} \times 100\% \tag{4-21}$$

式中：LOAR——资产负债率；

TL——期末负债总额；

TA——期末资产总额。

适度的资产负债率,表明企业经营安全、稳健,具有较强的筹资能力,也表明企业和债权人的风险较小。对该指标的分析,应结合国家宏观经济状况、行业发展趋势、企业所处竞争环境等具体条件判定。项目财务分析中,在长期债务还清后,可不再计算资产负债率。

4.2 基准收益率的确定方法

4.2.1 基准收益率的影响因素

基准收益率,是企业或行业或投资者以动态的观点所确定的投资方案最低标准收益水平。它表明投资决策者对项目资金时间价值的估价,是投资资金应当获得的最低盈利率水平,是评价和判断投资方案在经济上是否可行的依据,是一个重要的经济参数。基准收益率的确定一般以行业的平均收益率为基础,同时综合考虑资金成本、投资风险、通货膨胀以及资金限制等影响因素。对于国家投资项目,进行经济评价时使用的基准收益率是由国家组织测定并发布的行业基准收益率;非国家投资项目,由投资者自行确定,但应考虑以下因素。

1. 资金成本和机会成本

资金成本是为取得资金使用权所支付的费用。项目投资后所获利润额必须能够补偿资金成本,然后才能有利可言。因此,基准收益率最低限度不应小于资金成本,否则便无利可图。投资的机会成本(i_1)是指投资者将有限的资金用于除拟建项目以外的其他投资机会所能获得的最好收益。换言之,由于资金有限,当把资金投入拟建项目时,将失去从其他最好的投资机会中获得收益的机会。显然,基准收益率应不低于单位资金成本和单位投资的机会成本,这样才能使资金得到最有效的利用。这一要求可用式(4-22)表达:

$$i_0 \geqslant i_1 = \max\{\text{单位资金成本},\text{单位投资机会成本}\} \quad (4-22)$$

如工程项目完全由企业自有资金投资建设,可参考行业基准收益率确定项目基准收益率,这时可将机会成本等同于行业基准收益率;假如投资项目资金来源包括自有资金和贷款,最低收益率不应低于行业基准收益率与贷款利率的加权平均收益率。如果有好几种贷款,贷款利率应为加权平均贷款利率。

2. 风险贴补率

在整个项目计算期内,存在着发生不利于项目的环境变化的可能性,这种变化难以预料,即投资者要冒着一定风险做决策。所以在确定基准收益率时,仅考虑资金成本、机会成本因素是不够的,还应考虑风险因素。通常,以一个适当的风险贴补率(i_2)来提高 i_c 值。就是说,以一个收益水平增量补偿投资者所承担的风险,风险越大,贴补率越高。为此,投资者自然就要求获得较高的利润,否则他是不愿去冒风险的。为了限制对风险大、盈利低的项目进行投资,可以采取提高基准收益率的办法来进行项目经济评价。

一般说来,从客观上看,资金密集项目的风险高于劳动密集项目的风险;资产专用性强的高于资产通用性强的;以降低生产成本为目的的低于以扩大产量、扩大市场份额为目的的。从主观上看,资金雄厚的投资主体的风险低于资金拮据者。

3. 通货膨胀率

在通货膨胀影响下,各种材料、设备、房屋、土地的价格以及人工费都会上升。为反映和评价出拟建项目在未来的真实经济效果,在确定基准收益率时,应考虑通货膨胀因素。通货膨胀以通货膨胀率(i_3)来表示,通货膨胀率主要表现为物价指数的变化,即通货膨胀率约等于物价指数变化率。由于通货膨胀年年存在,因此,通货膨胀的影响具有复利性质。一般每年的通货膨胀率是不同的,但为了便于研究,常取一段时间的平均通货膨胀率,即在所研究的计算期内,通货膨胀率可以视为固定的。

4. 资金限制

资金越少,越需要精打细算,使之利用得更加有效。为此,在资金短缺时,应通过提高基准收益率的办法进行项目经济评价,以便筛选掉盈利能力较低的项目。

4.2.2 基准收益率的测定方法

基准收益率的测定可采用代数和法、资本资产定价模型法(CAPM)、加权平均资金成本法、典型项目模拟法、德尔菲(Delphi)专家调查法等方法,也可同时采用多种方法进行测算,将不同方法测算的结果互相验证,经协调后确定。

1. 代数和法

若项目现金流量是按当年价格预测估算的,则应以年通货膨胀率 i_3 修正 i_c 值。这时,基准收益率可近似地用单位投资机会成本、风险贴补率、通货膨胀率之代数和表示,即

$$i_c = (1+i_1)(1+i_2)(1+i_3) - 1 \approx i_1 + i_2 + i_3 \tag{4-23}$$

若项目的现金流量是按基年不变价格预测估算的,预测结果已排除通货膨胀因素的影响,就不再重复考虑通货膨胀的影响,即

$$i_c = (1+i_1)(1+i_2)(1+i_3) - 1 \approx i_1 + i_2 \tag{4-24}$$

上述近似计算的前提条件是 i_1, i_2, i_3 都为较小的数。

2. 资本资产定价模型法

采用资本资产定价模型法测算行业财务基准收益率的公式为

$$k = K_1 + \beta(K_m - K_r) \tag{4-25}$$

式中:k——权益资金成本;

K_1——市场无风险收益率;

β——风险系数;

K_m——市场平均风险投资收益率。

式(4-25)中的风险系数,是反映行业特点与风险的重要数值,也是测算工作的重点和基础。应在行业内抽取有代表性的企业样本,以若干年企业财务报表数据为基础数据,进行行业风险系数测算。

式(4-25)中的市场无风险收益率,一般可采用政府发行的相应期限的国债利率;市场平均风险投资收益率可依据国家有关统计数据测定。

由式(4-25)测算出的权益资金成本,可作为确定财务基准收益率的下限,再综合考虑采用其他方法测算得出的行业财务基准收益率并进行协调后,确定基准收益率的取值。

3. 加权平均资金成本法

采用加权平均资金成本法测算基准收益率的公式为

$$\text{WACC} = K_c \frac{E}{E+D} + K_d \frac{E}{E+D} \tag{4-26}$$

式中:WACC——加权平均资金成本;
　　　K_c——权益资金成本;
　　　K_d——债务资金成本;
　　　E——股东权益;
　　　D——企业负债。

权益资金与负债的比例可采用行业统计平均值,或者由投资者进行合理设定。债务资金成本为公司所得税后债务资金成本。权益资金成本可采用式(4-25)资本资产定价模型确定。根据式(4-26)测算出的行业加权平均资金成本,可作为全部投资行业财务基准收益率的下限,再综合考虑其他方法得出的基准收益率进行调整后,确定全部投资行业财务基准收益率的取值。

4. 典型项目模拟法

采用典型项目模拟法测算基准收益率,应在合理时间区段内选择一定数量具有行业代表性的已进入正常生产运营状态的项目,采集实际数据,计算项目的财务内部收益率,对结果进行必要的分析,并综合各种因素后确定基准收益率。

5. 德尔菲专家调查法

采用德尔菲专家调查法测算行业财务基准收益率,应统一设计调查问卷,征求一定数量的熟悉本行业情况的专家,依据系统的程序,采用匿名发表意见的方式,通过多轮次调查专家对本行业建设项目财务基准收益率取值的意见,逐步形成专家的集中意见,对调查结果进行必要的分析,并综合各种因素后确定基准收益率。

通过上述讨论,可进一步认识到,要正确确定基准收益率,其基础是资金成本、机会成本,而投资风险、通货膨胀和资金限制也是必须考虑的影响因素。

4.3 工程项目方案经济评价

4.3.1 评价方案类型

前面我们列出了经济评价指标。但是,要想正确评价工程项目方案的经济性,仅凭对评价指标的计算及判别是不够的,还必须了解工程项目方案所属的类型,从而按照方案的类型确定适息备付率负债率的评价指标,最终为作出正确的投资决策提供科学依据。所谓工程项目方案类型是指一组备选方案之间所具有的相互关系。这种关系一般有单一方案(独立方案)和多方案两类,而多方案又分为互斥型、互补型、现金流量相关型、组合-互斥型和混合相关型五种类型(图4-8)。

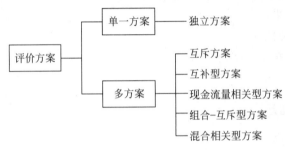

图 4-8 评价方案的分类

1. 独立方案

独立方案指方案间互不干扰、在经济上互不相关的方案,即这些方案是彼此独立的,选择或放弃其中一个方案,并不影响对其他方案的选择。显然,单一方案是独立方案的特例。

2. 互斥方案

在若干备选方案中,各个方案彼此可以相互代替,因此方案具有排他性,选择其中任何一个方案,则其他方案必然被排斥。这种择此就不能择彼的若干方案,就叫互斥方案或排他型方案。在工程建设中,互斥方案还可按以下因素进行分类。

(1) 按服务寿命长短不同,投资方案可分为:相同服务寿命的方案,即参与对比或评价方案的服务寿命均相同;不同服务寿命的方案,即参与对比或评价方案的服务寿命均不相同;无限寿命的方案,在工程建设中永久性工程即可视为无限寿命的工程,如大型水坝、运河工程等。

(2) 按规模不同,投资方案可分为:相同规模的方案,即参与对比或评价的方案具有相同的产出量或容量,在满足相同功能的数量方面具有一致性和可比性;不同规模的方案,参与评价的方案具有不同的产出量或容量,在满足相同功能的数量方面不具有一致性和可比性。

3. 互补型方案

在多方案中，出现技术经济互补的方案称为互补型方案。根据互补型方案之间相互依存的关系，互补型方案可能是对称的，如建设一个大型非坑口电站，必须同时建设铁路、电厂，它们无论是在建成时间上还是在建设规模上都要彼此适应，缺少其中任何一个项目，其他项目就不能正常运行，它们之间是互补的，又是对称的。此外还存在大量不对称的经济互补，如建造一座建筑物（方案 A）和增加一个空调系统（方案 B），建筑物本身是有用的，增加空调系统后使建筑物更有用，但不能说采用方案 A 的同时一定要采用方案 B。

4. 现金流量相关型方案

现金流量相关是指各方案的现金流量之间存在着相互影响，即使方案间不完全互斥，也不完全互补，但如果若干方案中任一方案的取舍会导致其他方案现金流量的变化，这些方案之间也具有相关性。例如一过江项目，有两个考虑方案，一个是建桥方案 A，另一个是轮渡方案 B，两个方案都是收费的。此时任一方案的实施或放弃都会影响另一方案的现金流量。

5. 组合-互斥型方案

在若干可采用的独立方案中，如果有资源约束条件，如受资金、劳动力、材料、设备及其他资源拥有量限制，则只能从中选择一部分方案实施。例如，现有独立方案 A、B、C、D，它们所需的投资分别为 10 000 元、6 000 元、4 000 元、3 000 元。若资金总额限量为 10 000 元，除 A 方案具有完全的排他性，其他方案由于所需金额不大，可以互相组合。这样，可能选择的方案共有 A、B、C、D、B+C、B+D、C+D 七个方案。因此，当受某种资源约束时，独立方案可以组成多种组合方案，这些组合方案之间是互斥或排他的。本例在资金总额为 10 000 元的条件下，七个方案就变为互斥方案了。

6. 混合相关型方案

在方案众多的情况下，方案间的相关关系可能包括多种类型，称为混合相关型方案。

在经济效果评价前，分清工程项目方案属于何种类型是非常重要的，因为方案类型不同，其评价方法、选择和判断的尺度不同，否则会带来错误的评价结果。

4.3.2 单一方案（独立方案）经济评价

独立方案评价选择的实质是在"做"与"不做"之间进行选择。因此，独立方案在经济上是否可接受，取决于方案自身的经济性，即方案的经济效果是否达到或超过了预定的评价标准或水平。欲知这一点，只需通过计算方案的经济效果指标，并按照指标的判别准则加以检验就可做到。这种对方案自身经济性的检验叫作"绝对经济效果检验"。若方案通过绝对经济效果检验，就认为方案在经济上是可行的；否则应予拒绝。

1. 静态评价

对单一方案进行经济效果静态评价,主要是对投资方案的投资收益率或静态投资回收期 P_t 指标进行计算,并与确定的行业平均投资收益率或基准投资回收期 P_c 进行比较,以此判断方案经济效果的优劣。若方案的投资收益率大于行业平均投资收益率,则方案是可行的;若投资方案的投资回收期 $P_t \leqslant P_c$,表明方案投资能在规定的时间内收回,方案是可以考虑接受的。

2. 动态评价

对单一方案进行动态经济评价,主要应用净现值 NPV 和内部收益率 IRR 指标。

应用净现值 NPV 评价时,首先依据现金流量表和确定的基准收益率计算方案的净现值 NPV;根据净现值 NPV 的评价准则,当 NPV≥0 时,方案在经济上是可行的。

应用内部收益率 IRR 时,首先依据现金流量表求出 IRR,然后与基准收益率 i_c 进行比较,最后评价方案。项目的内部收益率越大,显示投资方案的经济效果越好。

对常规投资项目,从图 4-4 净现值函数图形可知:

当 IRR>i_1=i_c 时,根据 IRR 原理,方案可以接受;i_1 对应的 NPV(i_1=i_c)>0,根据 NPV 原理,方案也可接受。

当 IRR<i_2=i_c 时,根据 IRR 原理,方案不能接受;i_2 对应的 NPV(i_1=i_c)<0,根据 NPV 原理方案也不能接受。

由此可见,对常规投资项目来说,用 NPV、IRR 分别评价独立方案,其评价结论是一致的。

4.3.3 互斥方案经济评价

方案的互斥性,使我们在若干方案中只能选择一个方案实施。由于每一个方案都具有同等可供选择的机会,为使资金发挥最大的效益,我们当然希望所选出的这一个方案是若干备选方案中经济性最优的。为此就需要进行方案间相对经济效果评价,也就是任一方案都必须与其他方案一一进行比较。但仅此还不充分,因为某方案相对最优并不能证明该方案在经济上一定是可行的、可接受的,并不能排除"矮中拔高"的情况(即从若干都不可行的方案中选较优者)。因此,互斥方案经济效果评价包含两部分内容:一是考察各个方案自身的经济效果,即绝对效果检验;二是考察哪个方案相对经济效果最优,即相对效果检验。两种检验的目的和作用不同,通常缺一不可,以确保所选方案不但可行而且最优。只有在众多互斥方案中必须选择其中之一时,才可单独进行相对效果检验。但需要注意的是在进行相对经济效果评价时,不论使用哪种指标,都必须满足方案可比条件。

1. 互斥方案静态评价

互斥方案常用增量投资收益率法、增量投资回收期法、年折算费用法、综合总费用法等评价方法进行相对经济效果的静态评价。

1) 增量投资收益率法

增量投资收益率法就是通过计算互斥方案增量投资收益率，判断互斥方案相对经济效果，据此选择方案。

现有甲、乙两个互斥方案，其效用（效益、规模）相同或基本相同时，如其中一个方案的投资额和经营成本都为最小，则该方案就是最理想的方案。但是实践中往往达不到这样的要求。

经常出现的情况是某一个方案的投资额小，但经营成本却较高；而另一方案正相反，其投资额较大，但经营成本却较低。这样，投资大的方案与投资小的方案就形成了增量的投资，但投资大的方案正好经营成本较低，它比投资小的方案在经营成本上又带来了节约。

增量投资所带来的经营成本上的节约与增量投资之比就称增量投资收益率。

现设 I_1、I_2 分别为方案 1、方案 2 的投资额，C_1、C_2 为方案 1、方案 2 的经营成本。若 $I_1 < I_2$，$C_1 > C_2$，则增量投资收益率 $R(2-1)$ 为

$$R(2-1) = \frac{C_1 - C_2}{I_1 - I_2} \times 100\% \tag{4-27a}$$

对比方案年经营成本之差，也可用年净收益之差表示。当相对比的两个方案生产率相同，即年收入相同时，它们年经营成本的节约额，实质上就是它们年净收益额之差。

以 Q 表示年产量，J 表示单位售价，$Q \times J$ 为年收入；C_1，C_2 分别表示方案 1、方案 2 的年经营成本；A_1、A_2 分别表示方案 1、方案 2 的年净收益额。

$$A_1 = Q \times J - C_1 \quad A_2 = Q \times J - C_2$$
$$A_2 - A_1 = (Q \times J - C_2) - (Q \times J - C_1) = C_1 - C_2$$

式(4-27a)即可写为

$$R(2-1) = \frac{C_1 - C_2}{I_2 - I_1} = \frac{A_2 - A_1}{I_2 - I_1} \tag{4-27b}$$

若计算出来的增量投资收益率大于基准投资收益率，则投资大的方案可行，它表明投资的增量($I_1 - I_2$)完全可以由经营成本的节约($C_1 - C_2$)或增量净收益($A_1 - A_2$)来补偿；反之，投资小的方案为优方案。

前述式(4-27a)、式(4-27b)，仅适用于对比方案的产出量（或生产率、年营业收入）相同的情形。当对比方案的生产率（或产出量）不同时，则先要做产量等同化处理，然后再计算追加投资利润率。产量等同化处理的方法有两种。

(1) 用单位生产能力投资和单位产品经营成本计算。

用方案 1、方案 2 的产量 Q_1、Q_2 分别除对应的投资或经营成本，得到单位能力投资或单位产品经营成本。$R(2-1)$ 的计算公式如下：

$$R(2-1) = \frac{C_1/Q_1 - C_2/Q_2}{I_2/Q_2 - I_1/Q_1} = \frac{A_2/Q_2 - A_1/Q_1}{I_2/Q_2 - I_1/Q_1} \tag{4-28a}$$

(2) 用扩大系数计算。

以两个方案年产量的最小公倍数作为方案的年产量，这样达到产量等同化。

$$R(2-1) = \frac{C_1 b_1 - C_2 b_2}{I_2 b_2 - I_1 b_1} = \frac{A_2 b_2 - A_1 b_1}{I_2 b_2 - I_1 b_1} \quad (4\text{-}28b)$$

式中：b_1、b_2——方案1、方案2年产量扩大的倍数。

b_1、b_2——必须满足：$Q_1 b_1 = Q_2 b_2$，即 $Q_1/Q_2 = b_2/b_1$。

以上两种产量等同化处理方法是一致的，但须注意：式(4-28a)、式(4-28b)计算的追加投资收益不是两个原方案的，而是产量等同化处理后的两个新方案的追加投资利润率。

当两个对比方案不是同时投入使用时，其增量投资利润率 $R'(2-1)$ 的计算公式如下：

$$R'(2-1) = \frac{(C_1 - C_2)}{(I_2 - I_1 \pm \Delta k)} = \frac{(A_2 - A_1)}{(I_2 - I_1 \pm \Delta k)} \quad (4\text{-}29)$$

式中：Δk——某一方案提前投入使用的投资补偿额。

当 $C_1 > C_2$、$I_2 > I_1$ 时，方案1提前投入使用时的投资补偿额为 $(Q_1 \times J - C_1) T_1$；方案2提前投入使用时的投资补偿额为 $(Q_2 \times J - C_2) T_2$。T_1、T_2 为方案1、方案2提前投入使用时间(以年计)。因此，当方案1提前使用时，取 $+\Delta k$；当方案2提前使用时，取 $-\Delta k$。

2) 增量投资回收期法

增量投资回收期就是用互斥方案经营成本的节约或增量净收益来补偿其增量投资的年限。

当各年经营成本的节约 $(C_1 - C_2)$ 或增量净收益 $(A_2 - A_1)$ 基本相同时，其计算公式为

$$P_t(2-1) = \frac{I_2 - I_1}{C_1 - C_2} = \frac{I_2 - I_1}{A_2 - A_1} \quad (4\text{-}30a)$$

当各年经营成本的节约 $(C_1 - C_2)$ 或增量净收益 $(A_2 - A_1)$ 差异较大时，其计算公式为

$$(I_2 - I_1) = \sum_{t=1}^{P_t(2-1)} (C_1 - C_2) \quad (4\text{-}30b)$$

或

$$(I_2 - I_1) = \sum_{t=1}^{P_t(2-1)} (A_2 - A_1) \quad (4\text{-}30c)$$

计算出来的增量投资回收期，若小于基准投资回收期，则投资大的方案就是可行的；反之，选投资小的方案。

同样，当对比方案的生产率(或产出量)不同时，增量投资回收期为

$$P_t(2-1) = \frac{I_2/Q_2 - I_1/Q_1}{C_2/Q_2 - C_1/Q_1} = \frac{I_2/Q_2 - I_1/Q_1}{A_2/Q_2 - A_1/Q_1} \quad (4\text{-}31a)$$

$$P_t(2-1) = \frac{I_2 b_2 - I_1 b_1}{C_1 b_1 - C_2 b_2} \quad (4\text{-}31b)$$

式(4-31a)和式(4-31b)计算的增量投资回收期同样也不是两个原方案的，而是产量等同化处理后的两个新方案的增量投资回收期。

当两个对比方案不是同时投入使用时，增量投资回收期为

$$P_t(2-1) = \frac{(I_2 - I_1 \pm \Delta k)}{(C_1 - C_2)} = \frac{(I_2 - I_1 \pm \Delta k)}{(A_2 - A_1)} \tag{4-32}$$

3) 年折算费用法

当互斥方案个数较多时,用增量投资收益率、增量投资回收期进行方案经济比较,要进行两两比较、逐个淘汰。而运用年折算费用法,只需计算各方案的年折算费用,即将投资额用基准投资回收期分摊到各年,再与各年的年经营成本相加。年折算费用计算公式如下:

$$Z_j = \frac{I_j}{P_c} + C_j \tag{4-33}$$

式中:Z_j——方案 j 的年折算费用;

I_j——方案 j 的总投资;

P_c——基准投资回收期;

C_j——方案 j 的年经营成本。

在多方案比较时,可以将方案的年折算费用大小作为评价准则,选择年折算费用最小的方案为最优方案。这与增量投资利润率法的结论是一致的。年折算费用法计算简便、评价准则直观明确,故适用于多方案的评价。

4) 综合总费用法

方案的综合总费用是方案的投资与基准投资回收期内年经营成本的总和。其计算公式如下:

$$S_j = I_j + P_c \times C_j \tag{4-34}$$

式中:S_j——方案 j 的综合总费用。

很显然,$S_j = P_c \times Z_j$。故方案的综合总费用即为基准投资回收期内年折算费用总和。

在方案评选时,综合总费用为最小的方案即 $\min\{S_j\}$ 为最优方案。

2. 互斥方案动态评价

动态评价强调利用时间价值将不同时间内资金的流入和流出换算成同一时点的价值,从而消除方案时间上的不可比性,并反映方案在未来时期的发展变化情况。常用的互斥方案经济效果动态评价方法有净现值 NPV、内部收益率 IRR、净年值 NAV、净现值率 NPVR 等。

1) 互斥方案计算期相同时方案经济效果评价

(1) 净现值法。对互斥方案评价,首先分别计算各个方案的净现值,剔除 NPV<0 的方案,即进行方案的绝对效果检验;然后对所有 NPV≥0 的方案比较其净现值,选择净现值最大的方案为最佳方案。此为净现值评价互斥方案的判断准则,即净现值大于或等于零且为最大的方案是最优可行方案。

很容易证明,按方案净现值的大小直接进行比较,与进行相对效果检验,即按增量投资净现值的比较有完全一致的结论。

$$NPV = \sum_{t=0}^{n}(CI-CO)_t(1+i_c)^{-t} = \sum_{t=0}^{n}A_t(P/F, i_c, t)$$

$$NPV(2-1) = \sum_{t=0}^{n}(A_2-A_1)_t(P/F, i_c, t) = \sum_{t=0}^{n}A_{2t}(P/F, i_c, t) - \sum_{t=0}^{n}A_{1t}\left(\frac{P}{F}, i_c, t\right)$$

$$= NPV(2) - NPV(1) \tag{4-35}$$

当目标是使净现值最大时,如果 $NPV(2) \geqslant NPV(1)$,则 $NPV(2-1)$ 一定是正的。由此可见,两者结论是一致的。但直接用净现值的大小来比较更为方便。

在工程经济分析中,对方案所产生的效益相同(或基本相同),但效益无法或很难用货币直接计量的互斥方案进行比较时,常用费用现值 PW 比较替代净现值进行评价,采用费用现值 PW 或净现值 NPV 两种方法,所得出的结论是完全一致的。为此,首先计算各备选方案的费用现值 PW,然后进行对比,以费用现值较低的方案为最佳。其表达式为

$$PW = \sum_{t=0}^{n}CO_t(1+i_c)^{-t} = \sum_{t=0}^{n}CO_t(P/F, i_c, t) \tag{4-36}$$

净现值法是对计算期相同的互斥方案进行相对经济效果评价最常用的方法。有时我们在采用不同的评价指标对方案进行比选时,会得出不同的结论,这时往往以净现值指标为最后衡量的标准。

(2) 增量内部收益率法。应用内部收益率(IRR)对互斥方案评价,能不能直接按各互斥方案的内部收益率($IRR_j = i_c$)的高低来选择方案呢?答案是否定的。由于内部收益率不是项目初始投资的收益率,而且内部收益率受现金流量分布的影响很大,净现值相同的两个分布状态不同的现金流量,会得出不同的内部收益率。因此,直接按各互斥方案的内部收益率的高低来选择方案并不一定能选出净现值(基准收益率下)最大的方案,即 $IRR(2) > IRR(1) \geqslant i_c$ 并不意味着一定有 $IRR(2-1) = AIRR > i_c$。

【例 4-3】 现有两个互斥方案,其净现金流量如表 4-4 所示。设基准收益率为 10%,试用净现值和内部收益率评价方案。

表 4-4 现金流量表 　　　　　　　　　　　万元

方案	净现金流量				
	0	1	2	3	4
方案 1	−7 000	1 000	2 000	6 000	4 000
方案 2	−4 000	1 000	1 000	3 000	3 000

【解】 (1) 净现值 NPV 计算。

$NPV(1) = 7\ 000 + 1\ 000(P/F, 10\%, 1) + 2\ 000(P/F, 10\%, 2) + 6\ 000(P/F, 10\%, 3) + 4\ 000(P/F, 10\%, 4) = 2\ 801.7(万元)$

$NPV(2) = -4\ 000 + 1\ 000(P/F, 10\%, 2) + 3\ 000(P/F, 10\%, 3) + 3\ 000(P/F, 10\%, 4) = 2\ 038.4(万元)$

(2) 内部收益率 IRR 计算。

$NPV(IRR_1) = -7\ 000 + 1\ 000(P/F, IRR_1, 1) + 2\ 000(P/F, IRR_1, 2) + 6\ 000(P/F, IRR_1, 3) + 4\ 000(P/F, IRR_1, 4) = 0$

解得：$IRR_1 = 27.29\%$。

由

$$NPV(IRR_2) = -4\,000 + 1\,000(P/E, IRR_2, 1) + 1\,000(P/E, IRR_2, 2) + 3\,000(P/E, IRR_2, 3) + 3\,000(P/E, IRR_2, 4) = 0$$

解得：$IRR_2 = 27.29\%$。

从以上情况可知，方案 1 的内部收益率低，净现值高；而方案 2 则内部收益率高，净现值低，如图 4-9 所示。

从计算结果或图 4-9 可看出 $IRR_1 < IRR_2$，如果以内部收益率为评价准则，方案 2 优于方案 1；而以净现值为评价准则，基准收益率为 $i_c = 10\%$ 时，$NPV(1) > (2)$，方案 1 优于方案 2，这就产生了矛盾。到底哪个指标做评价准则得出的结论正确呢？由净现值的经济含义可

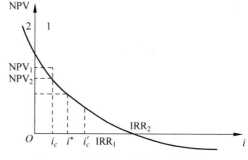

图 4-9 互斥方案净现值函数示意图

知，净现值最大准则因符合收益最大化的决策准则，故是正确的。因此，我们要确定的互斥方案的内部收益率评价准则与净现值最大化原则相一致才是正确的。若用内部收益率，就不能仅看方案自身内部收益率是否最大，还要看其他条件。这就是要看方案 1 比方案 2 多花的投资的内部收益率（即增量投资内部收益率 AIRR）是否大于基准收益率 i_c，若 $\Delta IRR > i_c$，投资大的方案 1 为优方案；若 $AIRR < i_c$，则投资小的方案 2 为优方案。

增量投资内部收益率 AIRR 是两个方案各年净现金流量差额的现值之和等于零时的折现率，其表达式为

$$\Delta NPV(\Delta IRR) = \sum_{t=0}^{n}(A_1 - A_2)(1 + \Delta IRR) \tag{4-37a}$$

$$\sum_{t=0}^{n} A_{1t}(1 + \Delta IRR)^{-t} = \sum_{t=0}^{n} A_{2t}(1 + \Delta IRR)^{-t} \tag{4-37b}$$

式中：ΔIRR——增量投资内部收益率；

$A_{1t} = (CI - CO)_{1t}$——初始投资大的方案年净现金流量；

$A_{2t} = (CI - CO)_{2t}$——初始投资小的方案年净现金流量。

从式 (4-37b) 可看出，增量投资内部收益率就是 $NPV(1) = NPV(2)$ 时的折现率。计算本例增量投资内部收益率 $\Delta IRR = 18.80\%$。增量投资内部收益率大于基准收益率 10%，投资大的方案 1 为优方案，与净现值评价准则的结论一致，与内部收益率直接比较的结论矛盾。若基准收益率为 $i_c' = 20\%$，如图 4-9 所示，则 $NPV'^{(1)} < NPV'^{(2)}$，$IRR(1) < IRR(2)$，$\Delta IRR < i_c'$，无论以哪个指标为评价准则，得出的结论完全一致，方案 2 优于方案 1。所以说，以增量投资内部收益率评价结果总是与按净现值指标评价的结果一致，而以项目内部收益率做评价准则进行方案比较，有时会得出错误的结论。进一步可以认为增量投资内部收益率是两个方案等额年金相等的折现率。增量内部收益率法也可用于仅有费用的现金流量的互斥方案比选。在这种情况下，实际上是把增量投资所导致的对其他费用

的节约看成增量收益。

应用内部收益率作为评价互斥方案经济效果的基本步骤如下。

① 计算各备选方案的 IRR_j，分别与基准收益率 i_c 比较，IRR_j 小于 i_c 的方案，即予淘汰。

② 将 $IRR_j \geq i_c$ 的方案按初始投资额由小到大依次排列。依次用初始投资大的方案的现金流量减去初始投资小的方案的现金流量，所形成的增量投资方案的现金流量是常规投资的形式，处理起来较为方便。

③ 按初始投资额由小到大依次计算相邻两个方案的增量内部收益率 ΔIRR，若 $\Delta IRR \geq i_c$，则说明初始投资大的方案优于初始投资小的方案，保留投资大的方案；反之，则保留投资小的方案。直至全部方案比较完毕，保留的方案就是最优方案。

(3) 净年值法或年成本法。前述已知，净年值评价与净现值评价是等价的（或等效的）。同样，在互斥方案评价时，只需按方案净年值的大小直接进行比较即可得出最优可行方案。在具体应用净年值评价互斥方案时，常根据应用的条件不同，分为净年值法与年成本法两种情况。

第一种情况，当给出"＋""－"现金流量时，分别计算各方案的净年值。凡净年值小于 0 的方案，先行淘汰，在余下方案中，选择净年值大者为优。若各方案的净年值均为"－"且必须从中选择一方案，择其绝对值小者为优。

第二种情况，当各方案所产生的效益相同，或者各方案所产生的效益无法或很难用货币直接计量时，可以用等额年成本替代净年值(NAV)进行评价，以年成本(AC)较低的方案为最佳。其表达式为

$$AC = \sum_{t=0}^{n} CO(P/F, i_c, t)(A/P, i_c, t) \tag{4-38}$$

采用年成本法或净年值法进行评价所得出的结论是完全一致的，因此在实际互斥方案评价应用中，视互斥方案的实际情况任意选择其中的一种方法即可。

(4) 净现值法。单纯用净现值率(NPVR)最大为标准进行方案选优，往往导致评价人趋向于选择投资大、盈利多的方案，而忽视盈利额较小，但投资更小、经济效果更好的方案。因此，在互斥方案经济效果实际评价中，当资金无限制时，用净现值法评价；当有资金限制时，可以考虑用净现值率进行辅助评价。

净现值率大小说明方案单位投资所获得的超额净效益大小。用 NPVR 评价互斥方案，当对比方案的投资额不同，且有明显的资金总量限制时，先行淘汰 NPVR＜0 的方案，对余下 NPVR≥0 的方案，选净现值率较大的方案。

应当指出，用净现值率评价方案所得的结论与用净现值评价方案所得的结论并不总是一致的。

2) 计算期不同的互斥方案经济效果的评价

以上所讨论的都是对比方案的计算期相同的情形。然而，现实中很多方案的计算期往往是不同的。这时必须对计算期作出某种假定，使计算期不等的互斥方案能在一个共同的计算期基础上进行比较，以保证得到合理的结论。

(1) 净年值法。用净年值进行寿命不等的互斥方案经济效果评价，实际上隐含着作

出这样一种假定：各备选方案在其寿命结束时均可按原方案重复实施或以与原方案经济效果水平相同的方案接续。净年值是以"年"为时间单位比较各方案的经济效果，一个方案无论重复实施多少次，其净年值是不变的，从而使寿命不等的互斥方案间具有可比性。故净年值更适用于评价具有不同计算期的互斥方案的经济效果。

对各备选方案净现金流量的净年值进行比较，以 NAV≥0 且 NAV 最大者为最优方案。

在对寿命不等的互斥方案进行比选时，净年值是最为简便的方法，它比内部收益率 IRR 在方案评价时更为简便。同时，用等值年金，可不考虑计算期的不同，故它也较净现值 NPV 简便，当参加比选的方案数目众多时，尤其是这样。

(2) 净现值法。前述已知，净现值是价值型指标，其用于互斥方案评价时必须考虑时间的可比性，即在相同的计算期下比较净现值的大小。常用方法有最小公倍数法（方案重复法）、研究期法和无限计算期法。

① 最小公倍数法（方案重复法）。这种方法是以各备选方案计算期的最小公倍数作为方案比选的共同计算期，并假设各个方案均在这样一个共同的计算期内重复进行，即各备选方案在其计算期结束后，均可按与其原方案计算期内完全相同的现金流量系列周而复始地循环下去，直到共同的计算期。在此基础上计算出各个方案的净现值，以净现值最大的方案为最佳方案。

利用最小公倍数法有效地解决了寿命不等的方案之间净现值的可比性问题。但这种方法所依赖的方案可重复实施的假定不是在任何情况下都适用的。对于某些不可再生资源开发型项目，在进行计算期不等的互斥方案比选时，方案可重复实施的假定不再成立，这种情况下就不能用最小公倍数法确定计算期。有的时候最小公倍数法求得的计算期过长，甚至远远超过所需的项目寿命期或计算期的上限，这就降低了所计算方案经济效果指标的可靠性和真实性，故也不适用最小公倍数法。

② 研究期法。针对上述最小公倍数法的不足，对计算期不相等的互斥方案，可采用另一种确定共同计算期的方法——研究期法。这种方法是根据对市场前景的预测，直接选取一个适当的分析期作为各个方案共同的计算期。这样不同期限的方案就转化为相同期限的方案了。

研究期的确定一般以互斥方案中年限最短或最长方案的计算期作为互斥方案评价的共同研究期。当然也可取所期望的计算期为共同研究期。通过比较各个方案在该研究期内的净现值来对方案进行比选，以净现值最大的方案为最佳方案。

对于计算期短于共同研究期的方案，仍可假定其计算期完全相同地重复延续，也可按新的不同的现金流量序列延续。需要注意的是：对于计算期（或者是计算期加其延续）比共同研究期长的方案，要对其研究期以后的现金流量余值进行估算，并回收余值。该项余值估算的合理性及准确性，对方案比选结论有重要影响。

③ 无限计算期法。如果评价方案的最小公倍数计算期很大，上述计算非常麻烦，则可取无穷大计算期法计算 NPV，NPV 最大者为最优方案。

$$NPV = NAV(P/A, i_c, n) = NAV\frac{(1+i)^n - 1}{i(1+i)^n}$$

当 $n \to \infty$,即工程项目计算期为无限大时,有

$$\text{NPV} = \frac{\text{NAV}}{i} \tag{4-39}$$

(3) 增量内部收益率法(IRR)。用增量内部收益率进行寿命不等的互斥方案经济效果评价,需要首先对各备选方案进行绝对效果检验,然后再对通过绝对效果检验(NPV、NAV 大于或等于零,IRR 大于或等于基准收益率)的方案用计算增量内部收益率的方法进行比选。

求解寿命不等互斥方案间增量内部收益率的方程可用令两个方案净年值相等的方式建立:

$$\sum_{t=0}^{n_A} A_{At}(P/F,\Delta \text{IRR},t)(A/P,\Delta \text{IRR},n_A) = \sum_{t=0}^{n_B} A_{Bt}(P/F,\Delta \text{IRR},t)(A/P,\Delta \text{IRR},n_B) \tag{4-40a}$$

$$\sum_{t=0}^{n_A} A_{At}(P/F,\Delta \text{IRR},t)(A/P,\Delta \text{IRR},n_A) - \sum_{t=0}^{n_B} A_{Bt}(P/F,\Delta \text{IRR},t)(A/P,\Delta \text{IRR},n_B) = 0 \tag{4-40b}$$

在 ΔIRR 存在的情况下,若 $\Delta \text{IRR} > i_c$,则初始投资大的方案为优;

若 $0 < \Delta \text{IRR} < i_c$,则初始投资小的方案为优。

对于仅有或仅需计算费用现金流量的寿命不等的互斥方案,求解方案间增量内部收益率的方程可用令两个方案费用年值相等的方式建立,见式(4-40c)。

$$\sum_{t=0}^{n_A} \text{CO}_{At}(P/F,\Delta \text{IRR},t)(A/P,\Delta \text{IRR},n_A) - \sum_{t=0}^{n_B} \text{CO}_{Bt}(P/F,\Delta \text{IRR},t)(A/P,\Delta \text{IRR},n_B) = 0 \tag{4-40c}$$

在 ΔIRR 存在的情况下,若 $\Delta \text{IRR} > i_c$,则初始投资大的方案为优;

若 $0 < \Delta \text{IRR} < i_c$,则初始投资小的方案为优。

【例 4-4】 已知表 4-5 中数据,试用 AW、NPV、NPVR、IRR 指标进行方案比较。设 $i_c = 10\%$。

表 4-5 例 4-4 数据

项 目	方案 A	方案 B
投资/万元	3 500	5 000
年收益值/万元	1 900	2 500
年支出值/万元	645	1 383
估计寿命/年	4	8

【解】 绘制现金流量图,如图 4-10 所示。

3. 评价

1) 净现值评价

(1) 利用各方案研究期的最小公倍数计算。本例即为 8 年的研究期。图 4-11 是其现

金流量图。

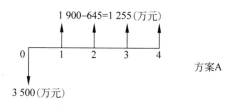

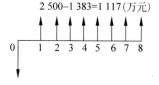

图 4-10 例 4-4 现金流量图

图 4-11 例 4-4 方案 A NPV 最小公倍数评价法现金流量图

$$\text{NPV(A)} = -3\,500\left[1+\left(\frac{P}{F},10\%,4\right)\right]+1\,255\left(\frac{P}{A},10\%,8\right)$$
$$= -3\,500(1+0.683\,0)+1\,255\times 5.334\,9$$
$$\approx 804.80(万元)$$
$$\text{NPV(B)} = -5\,000+1\,117(P/A,10\%,8)$$
$$= -5\,000+1\,117\times 5.334\,9$$
$$\approx 959.08(万元)$$

故选择方案 B。

(2) 取年限短的方案计算期作为共同的研究期。本例为 4 年。
$$\text{NPV(A)} = -3\,500+1\,255(P/A,10\%,4)$$
$$= -3\,500+1\,255\times 3.169\,9 \approx 478.22(万元)$$
$$\text{NPV(B)} = [-5\,000(A/P,10\%,8)+1\,117](P/A,10\%,4)$$
$$= (-5\,000\times 0.187\,5+1\,117)\times 3.169\,9 \approx 569(万元)$$

故选择方案 B。

2) 年值评价
$$\text{AW(A)} = -3\,500(A/P,10\%,4)+1\,255$$
$$= -3\,500\times 0.315\,5+1\,255 = 150.75(万元)$$
$$\text{AW(B)} = -5\,000(A/P,10\%,8)+1\,117$$
$$= -5\,000\times 0.187\,5+1\,117 = 179.5(万元)$$

故选择方案 B。

3) 净现值率评价
$$\text{NPVR(A)} = 478.22/3\,500 = 0.136\,6$$

或
$$\text{NPVR(A)} = 804.80/3\,500[1+(P/F,10\%,4)]$$
$$= 804.80/5\,890.5 \approx 0.136\,6$$

$$\text{NPVR(B)} = 959.08/5\,000 \approx 0.191\,8$$

或

$$\text{NPVR(B)} = 570.58/[5\,000(A/P,10\%,8)(P/A,10\%,4)]$$
$$= 570.58/2\,970.92 \approx 0.192$$

故应选方案 B。

4) 内部收益率评价

(1) 计算各方案自身内部收益率。

$$\text{NPV(A)} = -3\,500 + 1\,255(P/A,\text{IRR}_A,4) = 0$$
$$i_1 = 15\%, \text{NPV(A)} = -3\,500 + 1\,255 \times 2.855 \approx 83.03$$
$$i_2 = 17\%, \text{NPV(A)} = -3\,500 + 1\,255 \times 2.743\,2 \approx -57.28$$
$$\text{IRR}_A = 15\% + 83.03(17\% - 15\%)/(83.03 + 57.28)$$
$$\approx 16.18\% > i_c = 10\%$$

故方案 A 可行。

$$\text{NPV(B)} = -5\,000 + 1\,117(P/A,\text{IRR}_B,8) = 0$$
$$i_1 = 15\%, \text{NPV(B)} = -5\,000 + 1\,117 \times 4.487\,3 = 12.31$$
$$i_2 = 17\%, \text{NPV(B)} = -5\,000 + 1\,117 \times 4.207\,2 = -300.56$$
$$\text{IRR}_B = 15\% + 12.31 \times (17\% - 15\%)/(12.314\,1 + 300.56)$$
$$\approx 15.08\% > i_c = 10\%$$

故方案 B 可行。

(2) 计算增量投资内部收益率。

$$\text{AW(B-A)} = [5\,000(A/P,\Delta\text{IRR},8)] + 3\,500(A/P,\Delta\text{IRR},4) + (1\,117 - 1\,255) = 0$$
$$i_1 = 12\%, \text{AW(B-A)} = -5\,000 \times 0.201\,3 + 3\,500 \times 0.329\,2 - 138 = 7.7$$
$$i_2 = 13\%, \text{AW(B-A)} = -5\,000 \times 0.208\,39 + 3\,500 \times 0.336\,19 - 138 = -3.285$$
$$\Delta\text{IRR} = 12\% + 7.7(13\% - 12\%)/(7.805 + 3.285) \approx 12.7\% > i_c = 10\%$$

选择初始投资大的方案 B。

4.4 其他多方案经济评价

其他多方案评价包括互补型方案、现金流量相关型方案、组合-互斥型方案和混合相关型方案等的评价。

1. 互补型方案经济评价

经济上互补而又对称的方案可以结合在一起作为一个"综合体"来考虑；经济上互补而不对称的方案，如对于建造建筑物的方案 A 和增加空调系统的方案 B，则可把问题转化为对建造有空调系统的建筑物方案 C 和建造没有空调系统的建筑物方案 A 这两个互斥方案的经济比较。

2. 现金流量相关型方案经济评价

对现金流量相关型方案,不能简单地按照独立方案或互斥方案的评价方法来分析,而应首先确定方案之间的相关性,对其现金流量之间的相互影响作出准确的估计,然后根据方案之间的关系,把方案组合成互斥的组合方案。如跨江收费项目的建桥方案 A 或轮渡方案 B,可以考虑的方案组合是方案 A、方案 B 和 AB 混合方案。在 AB 混合方案中,方案 A 的收入将因另一方案 B 的存在而受到影响。最后按照互斥方案的评价方法对组合方案进行比选。

3. 组合-互斥型方案——有资金限制的独立方案的评价

在若干独立方案比较和选优过程中,最常见的约束是资金的约束。对于独立方案的比选,如果没有资金的限制,只要方案本身的 NPV≥0 或 IRR≥i_c,方案就可行。但在有明确的资金限制时,受资金总拥有量的约束,不可能采用所有经济上合理的方案,只能从中选择一个方案实施,这就出现了资金合理分配问题。此时独立方案在约束条件下成为相关的方案。几个独立方案组合之间就变成了互斥的关系。

有资金约束条件下的独立方案选择,其根本原则在于使有限的资金获得最大的经济利益。其具体评价方法有独立方案组合互斥化法和净现值率排序法。

1) 独立方案组合互斥化法

在有资金约束条件下独立方案的比选,由于每个独立方案都有两种可能——选择和拒绝,故 N 个独立方案可以构成 2^N 个组合方案。每个方案组合可以看成一个满足约束条件的互斥方案,这样按互斥方案的经济评价方法可以选择一个符合评价准则的可行方案组合。因此,有约束条件的独立方案的选择可以通过方案组合转化为互斥方案的比选。评价基本步骤如下。

(1) 分别对各独立方案进行绝对效果检验,即剔除 NPV<0 或 IRR<i_c 的方案。

(2) 对通过绝对效果检验的方案,列出不超过总投资限额的所有组合投资方案,则这些组合方案之间具有互斥的关系。

(3) 将各组合方案按初始投资额大小顺次排列,按互斥方案的比选原则,选择最优的方案组合,即分别计算各组合方案的净现值或增量投资内部收益率,以净现值最大的组合方案为最佳方案组合;或者以增量投资内部收益率判断准则选择最佳方案组合。由于增量投资内部收益率与净现值评价结论是一致的,为简化有资金约束的独立方案的评价,一般仅用净现值最大作为最优的方案组合选择准则。

在有资金约束条件下运用独立方案组合互斥化法进行比选,其优点是在各种情况下均能保证获得最佳组合方案,但缺点是在方案数目较多时,其计算比较烦琐。

2) 净现值率排序法

净现值率大小说明该方案单位投资所获得的超额净效益大小。应用 NPVR 评价方案时,将净现值率大于或等于零的各个方案按净现值率的大小依次排序,并依此次序选取方案,直至所选取的方案组合的投资总额最大限度地接近或等于投资限额。

按净现值率排序原则选择项目方案,其基本思想是单位投资的净现值越大,在一定投资限额内所能获得的净现值总额就越大。

在有明显的资金总量限制,且各项目占用资金远小于资金总拥有量时,适宜用净现值率进行方案选优。

净现值率排序法的优点是计算简便;缺点是由于投资方案的不可分性,即一个方案只能作为一个整体被接受或放弃,经常会出现资金没有被充分利用的情况,因而不一定能保证获得最佳组合方案。

【例 4-5】 现有八个独立方案,其初始投资、净现值、净现值率的计算结果已列入表 4-6,试在投资预算限额为 12 000 万元内用净现值率排序法确定其投资方案的最优组合。

表 4-6 例 4-5 有关数据

方 案	A	B	C	D	E	F	G	H
投资额/万元	4 000	2 400	800	1 800	2 600	7 200	600	3 000
NPV/万元	2 400	1 080	100	450	572	1 296	84	1 140
NPVR	0.6	0.45	0.13	0.25	0.22	0.18	0.14	0.38

【解】 最佳方案组合投资:

$$A + B + H + E = 4\ 000 + 2\ 400 + 3\ 000 + 2\ 600 = 12\ 000(万元)$$

最佳方案组合净现值:

$$A + B + H + E = 2\ 400 + 1\ 080 + 1\ 140 + 572 = 5\ 192(万元)$$

4. 混合相关型方案评价

对混合相关型方案评价,不管项目间是独立的或是互斥的或是有约束的,它们的解法都一样,即把所有的投资方案的组合排列出来,然后进行排序和取舍。

综上分析,进行多方案经济比选的基本思路就是先变相关为互斥,再用互斥方案的评价方法来评价。评价时应注意如下问题。

(1) 方案经济比选可按各方案所含的全部因素计算的效益与费用进行全面对比,也可就选定的因素计算相应的效益和费用进行局部对比,应遵循效益与费用计算口径对应一致的原则,注意各方案的可比性。

(2) 在方案不受资金约束的情况下,一般采用增量内部收益率、净现值和净年值等指标评价方案,且比较的结论也总是一致的。当有明显资金限制,且各方案占用资金远低于资金总拥有量时,一般宜采用净现值率评价方案。由于项目的不可分性(即一个项目只能作为一个整体而被接受或放弃),决策不能严格按方案 NPVR 从大到小的次序来考虑取舍。

(3) 对计算期不同的方案进行比选时,宜采用净年值和年费用等指标。如果采用增量内部收益率、净现值率等方法进行比较,则应对各方案的计算期进行适当处理。

(4) 对效益相同或效益基本相同但难以具体估算的方案进行比较时,可采用最小费用法,包括费用现值比较法和年费用比较法。

混合相关型方案的选择与独立方案的选择一样,可以分为无资金约束和有资金约束两类。如果无资金约束,只要从各独立项目中选择互斥方案中净现值(或净年值)最大的方案加以组合即可;当资金有约束时,一般使用混合方案群的互斥组合法。但当项目方案较多时,工作量大而且易出错,常借助运筹学,通过建立系统优化模型求解。

本 章 小 结

本章主要介绍了对工程项目进行经济性评价的基本方法,需要学生掌握静态、动态经济效果评价指标的含义、特点、计算方法以及评价准则。而备选方案的经济型评价方法常分为独立方案,它的经济效果评价:用净现值法、净年值法和内部收益率法评价方案的结论是一致的;互斥型方案评价:区分寿命相等与寿命不等两种情况进行经济效果评价;混合相关型方案与独立方案的选择均可分为无资金约束与有约束两类。无约束时,选各独立项目中净现值最高者组合;有约束时,常用互斥组合法,但项目多则复杂易错,常借助运筹学建模优化求解。

经济评价是工程经济分析的核心内容,其目的在于确保决策的正确性和科学性,避免或最大限度地减小工程项目投资的风险,明晰建设方案投资的经济效果水平,最大限度地提高工程项目投资的综合经济效益。为此,正确选择经济评价指标和方法是十分重要的。

本 章 习 题

1. 某工程项目预计投资 1 000 万元,当年建成投产后每年可获净收益 250 万元,若财务贴现率为 10%,资金回收的年限不得超过 6 年。计算该项目净、动态投资回收期 T,判断项目方案可否接受。

2. 某设备初期投资 10 000 元,预计 10 年内每年可获净收益 2 500 元,资金成本率为 15%,用内部收益率指标判断设备可否采用。(要求:用线性插值法求解 FIRR)

3. 某项目有四个方案,甲方案财务净现值 NPV=200 万元,投资现值 I_p=3 000 万元,乙方案 NPV=180 万元,I_p=2 000 万元,丙方案 NPV=150 万元,I_p=3 000 万元,丁方案 NPV=200 万元,I_p=2 000 万元。据此条件,项目的最好方案是哪一个?

4. 已知某企业拟购买一台设备,现有两种规格供选择,设备 A 的购置费为 50 万元,年经营成本为 15 万元,设备 B 的购置费为 70 万元,年经营成本为 10 万元,两种设备所生产的产品完全相同,使用寿命相同,且期末均无残值:①试用增量投资收益率法选择最优方案。②采用增量投资回收期法比选方案,基准投资回收期为 5 年。③采用年折算费用法比选方案(基准投资收益率为 15%)。

5. 有 A、B、C 三个独立投资方案,其寿命期相同,各方案的现金流量见表 4-7,基准收益率为 10%。

表 4-7 各方案的现金流量　　　　　　　　　　　　万元

方案	年份				
	0	1	2	3	4
A	−1 000	600	600	600	600
B	−2 500	1 000	1 000	1 000	1 000
C	−4 500	2 300	2 300	2 300	2 300

试求：(1) 若资金没有限制条件，选择最优的组合方案。

(2) 若资金限额为 6 000 万元，用互斥组合法求最优方案组合。

(3) 若资金限额为 10 000 万元，用净现值率排序法进行最佳项目组合的选择。

6. 有甲、乙两个寿命期不同的方案，两个方案建设期均为 1 年，基准收益率为 8%，两个方案净现金流量如表 4-8 所示。

表 4-8 两个方案净现金流量　　　　　　　　　　　　万元

项目	年份							
	1	2	3	4	5	6	7	8
甲	−500	200	200	200	200	200	—	—
乙	−700	230	230	230	230	230	230	230

已知$(P/A,8\%,5)=3.993$，$(P/A,8\%,6)=4.623$，$(P/A,8\%,7)=5.206$，$(P/A,8\%,8)=5.747$，下列关于甲、乙方案优劣的表述中，全部正确的是(　　)。

A. 采用净现值法：$NPV_甲=276.48$ 万元，$NPV_乙=460.54$ 万元，故乙方案优于甲方案

B. 采用研究期法：$NPV_甲=276.48$ 万元，$NPV_乙=202.21$ 万元，故甲方案优于乙方案

C. 采用净现值法：$NPV_甲=55.3\%$，$NPV_乙=28.9\%$，故甲方案优于乙方案

D. 采用年值法：$AW_甲=59.81$ 万元，$AW_乙=80.14$ 万元，故乙方案优于甲方案

即 测 即 练

第 5 章

工程项目风险与不确定性分析

本章关键词

不确定性与风险分析(analysis of uncertainty and risk);盈亏平衡分析(break-even analysis,BEA);敏感性分析(sensitivity analysis);概率分析(probability analysis)。

本章要点

通过本章的学习,理解工程项目风险和不确定性的概念和内涵,掌握不确定性分析的方法:盈亏平衡分析法和敏感性分析法。理解盈亏平衡点的概念和内涵,掌握线性盈亏平衡、非线性盈亏平衡分析以及互斥方案的盈亏平衡分析,并且熟练掌握单因素和多因素的敏感性分析方法,使学生能够采用科学合理的方法对工程项目进行分析,客观地看待实际生产中的问题,确定最优决策方案,践行习近平新时代中国特色社会主义经济思想。

5.1 不确定性与风险

5.1.1 不确定性与风险的含义

党的二十大报告提出,完善中国特色现代企业制度,弘扬企业家精神,加快建设世界一流企业。因此,推动企业的高质量发展是迫切的,然而,在企业的工程项目投资决策过程中,项目评价所采用的数据大部分来自估算和预测,有一定程度的不确定性和风险。为了尽量避免投资决策失误,有必要进行风险与不确定性分析。

不确定性分析是指对决策方案受到各种事前无法控制的外部因素变化与影响所进行的研究和估计。它是决策分析中常用的一种方法。通过该分析可以尽量弄清和减小不确定性因素对经济效益的影响,预测项目投资对某些不可预见的政治风险与经济风险的抗冲击能力,从而证明项目投资的可靠性和稳定性,避免投产后不能获得预期的利润和收益,以致使企业亏损。

为了提高工程经济分析的科学性,减小评价结论的偏差,就需要进一步研究某些工程经济因素的变化对工程方案经济效益的影响,于是就形成了不确定性分析。所谓工程项目的不确定性分析,就是考察建设投资、经营成本、产品售价、销售量、项目寿命等因素变化时,对项目经济评价指标所产生的影响。这种影响越强烈,表明所评价的项目方案对某个或某些因素越敏感。对于这些敏感因素,要求项目决策者和投资者予以充分的重视和考虑。

风险是指在某一特定环境下、在某一特定时间段内,某种损失发生的可能性。风险由风险因素、风险事故和风险损失等要素组成。换句话说,在某一个特定时间段内,人们所期望达到的目标与实际出现的结果之间产生的距离称为风险。投资项目风险是指不确定性的存在导致实际经济效果偏离预期经济效果的可能性。不确定性是风险的起因,不确定性与风险相伴而生。如果一个事件未来的可能结果无法用概率表示,就是不确定性。如果一个事件未来的可能结果可以用概率表示,就是风险。

不确定性分析就是分析基础数据的不确定性对项目经济评价指标的影响,不确定性分析包括盈亏平衡分析、敏感性分析和概率分析;风险分析是指采用定性与定量相结合的方法,分析风险因素产生的可能性及给项目带来的经济损失的程度,其分析过程包括风险识别、风险估计、风险评价和风险应对。

5.1.2 不确定性与风险产生的原因

1. 不确定性与风险产生的主观原因

(1)信息的不完全性与不充分性。信息在质与量两个方面不能完全或充分地满足预测未来的需要,而获取完全或充分的信息要耗费大量金钱与时间,不利于经济、及时地作出决策。

(2)人的有限理性。人的有限理性决定了人不可能准确无误地预测未来的一切。人的能力等主观因素的限制加上预测工具以及工作条件的限制,决定了预测结果与实际情况肯定有或大或小的偏差。

2. 不确定性与风险产生的客观原因

(1)市场供求变化的影响。项目的建设期比较长,投产后的经济寿命较长。在市场经济条件下,商品供求关系主要靠价值规律调节,人们的需求结构变化、需求数量变化,以及产品供求结构、供给数量变化频繁且难以预测,尽管可以通过分析目前的投入及投入结构来预测未来的供给,但要做到这点是很困难的,因此由于市场供求关系引起的项目投入与产出价格的变化,将成为影响项目经济分析的最重要的变化。

(2)技术变化的影响。现代科学技术飞速发展,新材料、新技术、新工艺日新月异,尽管投资者在投资时所采用的技术工艺是最先进的,但可能很快就有新的技术、工艺来替代它,每一种新技术都会给某些行业带来新的市场机会,同时也会给某些行业的企业造成环境威胁。在项目可行性研究和项目评估时,不可能对新技术的出现及其影响有准确的预测,这就造成了项目的不确定性。因此,对技术发展的预测,是一种降低投资风险的手段,在投资决策时应该力求做好。

(3)经济环境变化的影响。在市场经济条件下,国家的宏观经济调控政策、各种改革措施以及经济发展本身对投资项目有着重要影响,都会影响投资项目的效益,使投资具有不确定性。

此外,社会、政策、法律、文化、自然条件和资源方面的影响也会增强投资项目的不确定性。

在不确定性分析中要找出对项目财务效益和国民经济效益影响较大的不利因素,并分析其对投资项目的影响程度,研究预防和应变措施,减小和消除对项目的不利影响,保证项目顺利实施,实现预期的效益,这是进行不确定性分析更为积极的目的。

可行性研究和项目评估分析中不确定性分析的基本方法包括盈亏平衡分析、敏感性分析与概率分析。盈亏平衡分析只用于财务效益分析,敏感性分析和概率分析可同时用于财务效益分析与国民经济效益分析。

5.2 盈亏平衡分析

盈亏平衡是指企业当年的销售收入与其所发生的销售成本保持相等,在这种情况下,企业的经营结果正好处于无盈利又无亏损的状况。盈亏平衡分析又称保本分析法、损益临界分析法,是通过分析投资项目的产品产量、成本和利润之间的关系,找出项目不亏不盈时的产量、价格、成本等的临界点,据此判断投资项目的风险大小及对风险承受能力的一种方法。当项目的收益与成本相等时,盈利与亏损的分界点就是盈亏平衡点(break-even point,BEP)。盈亏平衡点也是保本点,它标志着项目不盈不亏的生产经营临界水平,反映在一定的生产经营水平下工程项目的收益与成本的平衡关系。盈亏平衡分析的目的就是找出盈亏平衡点,据此判断投资项目对不确定性因素变化的承受能力,为投资决策提供依据。

盈亏平衡分析可以解决以下问题。

(1) 在什么条件下项目能从不获利转化为获利。

(2) 在什么条件下可获得最大利润。

(3) 获得利润之后是否可以任意扩大生产规模来求取得更多的利润,是否可能在扩大生产之后反而转盈为亏。

根据生产成本、销售收入与产量之间是否呈线性关系,盈亏平衡分析可分为线性盈亏平衡分析和非线性盈亏平衡分析。

盈亏平衡分析法是进行不确定性分析的方法之一。使用盈亏平衡分析法需要对项目的主要参数如产量、售价和成本等进行估计,因此,盈亏平衡分析法只能对项目的抗风险性进行粗略的分析。

同时,盈亏平衡分析法具有以下优缺点。

(1) 优点。

① 可用于确定项目的合理生产规模和设备不同、生产能力不同(固定总成本的变化)、工艺流程不同(单位产品可变成本的变化)的互斥方案的选择。

② 可用于多个互斥项目的优选和多个不确定因素的多个互斥项目的比较与分析。

(2) 缺点。

① 建立在"产量=销售量"的基础之上,即产品全部销完而无积压。

② 所用数据由类似工厂正常生产年份的历史数据修正得到,精确程度不高。最适合项目的短期分析。

因此,盈亏平衡分析法适用于对短期的建设项目进行不确定性分析。对于长期的建设项目,这种方法很难得到全面的结论。

5.2.1 线性盈亏平衡分析

线性盈亏平衡分析一般基于以下四个假设条件。

(1) 产量等于销售量。当年生产的产品(服务)当年销售出去。

(2) 项目正常生产年份的固定成本不变,单位可变成本为常数,从而总可变成本随产量的变动呈线性函数。

(3) 产量变化,销售单价不变,从而销售收入与销售量呈线性函数。

(4) 项目只生产单一产品,当生产多种产品时,生产结构不变,应换算为单一产品计算,同产品的生产负荷率的变化应保持一致。

此时,产品产量、固定成本、可变成本、销售收入、利润之间的关系可以构成线性盈亏平衡分析图,如图 5-1 所示。

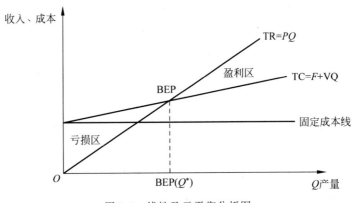

图 5-1 线性盈亏平衡分析图

图 5-1 中,纵坐标表示销售收入与产品成本,横坐标表示产品产量,销售收入与总成本线的交点为盈亏平衡点 Q^*(BEP),也就是项目盈利与亏损的分界点。这时,总销售收入与销售量呈线性关系,即

$$\text{TR} = PQ \tag{5-1}$$

式中:TR——总销售收入;

P——单位产品价格(不含税);

Q——产品销售量。

总成本费用是固定成本与变动成本之和,它与产品产量的关系也可以近似地认为是线性关系,即

$$\text{TC} = F + VQ \tag{5-2}$$

式中：TC——总成本费用；
    F——固定成本；
    VQ——单位产品变动成本。

根据盈亏平衡点的定义，当项目达到盈亏平衡状态时，其总销售收入与总成本费用恰好相等，即

$$TR = TC \tag{5-3}$$

盈亏平衡点可以用图解法或方程式法确定。

1. 图解法

图解法是一种通过绘制盈亏平衡图直观反映产销量、成本和盈利间的关系，确定盈亏平衡点的分析方法。盈亏平衡图的绘制方法是：以横轴表示产销量 Q，以纵轴表示总销售收入 TR 和总成本费用 TC，在直角坐标系上先绘出固定成本线 F，再绘出销售收入线 $TR = PQ$ 和生产总成本线 $TC = F + VQ$；总销售收入线与总成本费用线相交于 A 点，即盈亏平衡点，在此点总销售收入等于总成本费用；以 A 点作垂直于横轴的直线并与之相交于 Q^* 点，此点即为以产销量表示的盈亏平衡点；以 A 点作垂直于纵轴的直线并与之相交于 B 点，此点即为以销售收入表示的盈亏平衡点(图 5-2)。

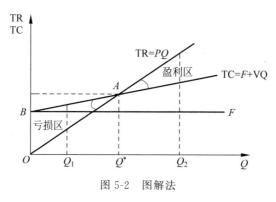

图 5-2 图解法

2. 方程式法

1) 基本模型(盈亏平衡点的基本原理)

当利润为零时，达到盈亏平衡。其又可分为税前和税后两种情况。

税前：　　利润 ＝ 销售收入 － 成本费用 ＝ 0

$$P_t = P \cdot Q - C_V \cdot Q - C_{ft} = 0 \tag{5-4}$$

税后：　　利润 ＝ 销售收入 － 成本费用 － 销售税金 ＝ 0

$$P_t = P \cdot Q - C_V \cdot Q - C_{ft} - P \cdot Q \cdot rs = 0$$

$$P_t = P \cdot Q(1 - rs) - C_V \cdot Q - C_{ft} = 0 \tag{5-5}$$

式中：P_t——销售利润；
    C_V——单位变动成本；
    C_{ft}——固定成本；

rs——销售税金的税率。

2) 盈亏平衡分析的基本指标：盈亏平衡点产销量

税前：　　　　　BEP(产销量)$= Q_e = C_{ft}/(P - C_V)$　　　　　　　　　　(5-6)

税后：　　　　　BEP(产销量)$= Q_e = C_{ft}/[P(1-rs) - C_V]$　　　　　　(5-7)

3) 盈亏平衡点的其他指标

盈亏平衡点销售额：

$$BEP(销售额) = Re = P \cdot Q_e$$

盈亏平衡点生产能力利用率：

$$BEP(生产能力利用率) = Q_e/Q_0 = C_{ft}/Q_0(p - p \cdot rs - C_V) \quad (5-8)$$

式中：Q_0——设计生产能力；

Q_e——盈亏平衡点销售额。

盈亏平衡分析法的主要用途如下。

(1) 计算实现目标利润下的各有关主要指标。

(2) 新产品开发的品种决策。

(3) 亏损产品决策。其包括是否继续生产亏损产品的决策、是否增产亏损产品的决策。

(4) 是否转产某种产品的决策。

(5) 是否接受低价追加订货的决策。

(6) 零部件自制或订购的决策。

(7) 不同生产工艺技术方案的决策。

【例 5-1】 设某项目生产某产品年设计生产能力为 50 000 件，单位产品售价 5 000 元，该项目投产后年固定成本总额为 3 000 万元，单位产品变动成本为 1 500 元/件，总变动成本与产品产量呈正比例关系，单位产品所负担的税金为 500 元，试对该项目进行盈亏平衡分析。

【解】 (1) 盈亏平衡时的产量为

$$Q^* = F/(P - t - V) = 30\,000\,000/(5\,000 - 500 - 1\,500) = 10\,000(件)$$

(2) 盈亏平衡时的生产能力利用率为

$$BEP(盈亏平衡点) = Q^*/Q_0 \times 100\% = 10\,000/50\,000 \times 100\% = 20\%$$

(3) 盈亏平衡时的销售价格为

$$BEP(盈亏平衡点) = (F + VQ)/Q_0 + t$$
$$= (30\,000\,000 + 1\,500 \times 50\,000)/50\,000 + 500 = 2\,600(元/件)$$

(4) 盈亏平衡时的单位产品变动成本为

$$BEP(盈亏平衡点) = P - t - F/Q_0$$
$$= 5\,000 - 500 - 30\,000\,000/50\,000 = 3\,900(元/件)$$

通过计算盈亏平衡点，可以对投资方案发生亏损的可能性作出大致判断：如果未来的产品销售价格和成本费用与预计值相同，项目不发生亏损条件是年销售量不低于 10 000 件，此时生产能力利用率不低于 20%；如果按设计生产能力进行生产并能全部销售，生产成本与预期值相同，项目不发生亏损的条件是产品价格不低于 2 600 元/件；如果销售量、产品价格与预计值相同，项目不发生亏损的条件是单位产品变动成本不高于

3 900 元/件。

5.2.2 非线性盈亏平衡分析

在生产实践中,投资项目的产品价格与单位可变成本不一定是常数。当产量扩大到一定水平,原材料、动力供应价格会上涨,使项目销售收入并非与产量呈线性关系。由于市场容量的制约,当产量增长后,产品价格也会下降,价格与产量呈某种函数关系,因此,销售收入与产量就呈非线性关系,所进行的盈亏平衡分析为非线性盈亏平衡分析。

以产量为变量,设销售收入函数曲线为

$$B = f_1(Q)$$

总成本费用函数为

$$C = f_2(Q)$$

销售收入函数曲线和总成本费用函数曲线如图 5-3 所示。

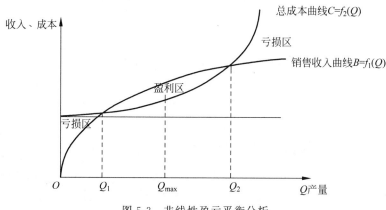

图 5-3 非线性盈亏平衡分析

在图 5-3 中,当 $B=C$ 时,有两个盈亏平衡点产量 Q_1 和 Q_2。可以看出当产量小于 Q_1 或大于 Q_2 时,项目都处于亏损状态;只有当产量处于 $Q_1 < Q < Q_2$ 时,项目才处于盈利状态;当 $Q = Q_{max}$ 时,项目的盈利最大。因此,只有在 Q_1 和 Q_2 之间安排生产,项目才能获得盈利。其求解如下。

假定非线性收入成本函数均可以用一元二次函数表示。

销售收入函数:$B = a_1 Q^2 + b_1 Q + c_1$ (5-9)

总成本费用函数:$C = a_2 Q^2 + b_2 Q + c_2$ (5-10)

其中,a_1、b_1、a_2、b_2、c_1、c_2 为系数;Q 为产量。

根据盈亏平衡原理,在平衡点有 $B=C$,即 $a_1 Q^2 + b_1 Q + c_1 = a_2 Q^2 + b_2 Q + c_2$

代入整理后得到:

$$(a_1 - a_2)Q^2 + (b_1 - b_2)Q + (c_1 - c_2) = 0 \tag{5-11}$$

解此一元二次方程,得到解即为 Q_1 和 Q_2,也即求出了项目盈亏平衡点的产量。

另外,根据利润的表达式:

$$利润 = 收益 - 成本 = B - C$$

求上式对产量的一阶导数,并令其等于零,即 $d(B-C)/dQ=0$。

还可以求出使得利润最大的产量水平 Q_{max},Q_{max} 又称最大盈利点。

【例 5-2】 某企业投产后,它的年固定成本为 60 000 元,单位变动成本为 25 元,由于原材料整批购买,每多生产 1 件产品,单位变动成本可降低 0.001 元,单位销售价格为 55 元,销售量每增加 1 件,售价下降 0.003 5 元。试求盈亏平衡点及最大利润时的销售量。

【解】 单位产品的销售价为 $55-0.0035Q$;单位产品的变动成本为 $25-0.001Q$。

(1) 求盈亏平衡点时的产量 Q_1 和 Q_2:

$$C(Q) = 60\,000 + (25-0.001Q)Q = 60\,000 + 25Q - 0.001Q^2$$

$$R(Q) = 55Q - 0.0035Q^2$$

根据盈亏平衡原理,令 $C(Q)=R(Q)$,即

$$60\,000 + 25Q - 0.001Q^2 = 55Q - 0.0035Q^2$$

解得

$$Q_1 = 2\,536(件) \quad Q_2 = 9\,464(件)$$

(2) 求最大利润时的产量 Q_{max}。

由 $B=R-C$ 得

$$B = -0.0025Q^2 + 30Q - 60\,000$$

令 $B(Q)=0$ 得

$$-0.005Q + 30 = 0$$

$$Q_{max} = 30/0.005 = 6\,000(件)$$

5.2.3 互斥方案的盈亏平衡分析

盈亏平衡分析还可以用在多方案的比选上。若有某一个共有的不确定性因素影响这些方案的取舍,可以利用盈亏平衡分析方法,先求出两个方案的盈亏平衡点,再根据盈亏平衡点进行方案的取舍。

设两个方案的净现值(NPV_1,NPV_2)受同一个共有的不确定性因素 x 的影响,且可以表示成 x 的函数,即有

$$NPV_1 = f_1(x) \text{ 和 } NPV_2 = f_2(x)$$

当两个方案的净现值相同,即 $NPV_1 = NPV_2$ 时,有 $f_1(x) = f_2(x)$。使其成立的 x 值,即为两个方案的优劣平衡点,结合对不确定性因素未来取值范围的预测,就可以作出相应的决策。

【例 5-3】 拟建某工程项目有三种方案,每一方案的产品成本见表 5-1,试分析各种方案在各种生产规模下的优劣。

表 5-1 成本数据

方案	A	B	C
产品可变成本/(元/件)	10	12	16
产品固定成本/元	600	400	200

【解】 设 Q 为预计产量,则各方案总成本方程为

$$C_A = C_F + C_{VA} \cdot Q = 600 + 10Q$$

$$C_B = C_F + C_{VB} \cdot Q = 400 + 12Q$$
$$C_C = C_F + C_{VC} \cdot Q = 200 + 16Q$$

令 $C_A = C_B$，求得 $Q_{AB} = 100$（万件）
令 $C_B = C_C$，求得 $Q_{BC} = 50$（万件）
令 $C_A = C_C$，求得 $Q_{AC} = 66.6$（万件）

现以横轴表示产量，纵轴表示成本，绘出盈亏平衡图，如图 5-4 所示。从图 5-4 可以看出，当 $Q < Q_{BC}$ 时，C 方案为最优；当 $Q_{BC} < Q < Q_{AB}$ 时，B 方案为最优；当 $Q > Q_{AB}$ 时，A 方案为最优。

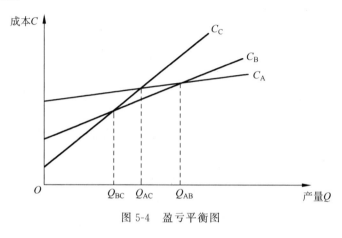

图 5-4　盈亏平衡图

【例 5-4】　某企业拟建一条新的生产线，有三种方案可供选择，有关情况列于表 5-2，各方案的产品情况相同，基准收益率为 10%。试求：①选择投资额最小的方案。②分析生产线的使用寿命对方案选择的影响。

表 5-2　例 5-4 中三种方案的基本数据　　　　　　　　　　　　　　万元

方　案	初　始　投　资	总　成　本
1	2 000	800
2	2 500	720
3	3 000	600

【解】　第 4 年：

方案 1：$800 \times (P/A, 10\%, 4) + 2\,000 = 800 \times 3.169\,9 + 2\,000 \approx 4\,536$（万元）
方案 2：$720 \times (P/A, 10\%, 4) + 2\,500 = 720 \times 3.169\,9 + 2\,500 \approx 4\,782$（万元）
方案 3：$600 \times (P/A, 10\%, 4) + 3\,000 = 600 \times 3.169\,9 + 3\,000 \approx 4\,902$（万元）

其余年份计算过程相似，略。各种投资的方案与成本见表 5-3。

表 5-3　各种投资的方案与成本

年　限	方案 1	方案 2	方案 3
0	2 000	2 500	3 000
1	800	720	600

续表

年限	方案1	方案2	方案3			
2	800	720	600			
3	800	720	600			
4	800	720	600	4 536	4 782	4 902
5	800	720	600	5 033	5 229	5 274
6	800	720	600	5 484	5 636	5 643
7	800	720	600	5 896	6 005	5 921
8	800	720	600	6 268	6 311	6 201
9	800	720	600	6 607	6 646	6 155
10	800	720	600	6 916	6 924	6 687
11	800	720	600	7 196	7 176	6 897
12	800	720	600	7 451	7 406	7 088
13	800	720	600	7 683	7 614	7 262
14	800	720	600	7 893	7 804	7 420
15	800	720	600	8 085	7 976	7 564
16	800	720	600	8 259	8 133	7 694

（1）根据总费用最小原则，应选方案3。

（2）如图5-5所示，根据总费用最小原则，项目寿命周期短于等于7年时，选择方案1；长于7年时，应选择方案3。

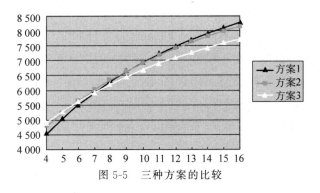

图5-5 三种方案的比较

5.3 敏感性分析

5.3.1 敏感性分析概述

视频5-1 敏感性分析

敏感性分析法是指从众多不确定性因素中找出对投资项目经济效益指标有重要影响的敏感性因素，并分析、测算其对项目经济效益指标的影响程度和敏感性程度，进而判断项目承受风险能力的一种不确定性分析方法。

敏感性分析有助于确定哪些风险对项目具有最大的潜在影响。它把所有其他不确定因素保持在基准值的条件下，考察项目每项要素的不确定性对目标产生多大程度的影响。

其具体表现为以下几点。

（1）找出影响项目经济效益变动的敏感性因素，分析敏感性因素变动的原因，并为进一步进行不确定性分析（如概率分析）提供依据。

（2）研究不确定性因素变动如引起项目经济效益值变动的范围或极限值，分析判断项目承担风险的能力。

（3）比较多方案的敏感性大小，以便在经济效益值相似的情况下，从中选出不敏感的投资方案。

5.3.2 确定敏感性分析的步骤

1. 确定具体经济效益评价指标作为敏感性分析的对象

评价一个项目的经济效果指标有多个，如净现值、净年值、内部收益率、投资回收期等。但对于某个具体的项目而言，没有必要对所有的指标都做敏感性分析，因为不同的项目有不同的特点和要求。选择的原则有两点：①敏感性分析的指标应与确定性分析的指标相一致；②确定性经济分析中所用指标比较多时，应选择最能够反映该项目经济效益、最能够反映该项目经济合理与否的一个或几个最重要的指标作为敏感性分析的对象。一般最常用的敏感性分析的指标是内部收益率和净现值等动态指标。本书采用净现值作为敏感性分析的指标。

2. 选择需要分析的不确定因素

严格来说，几乎所有影响到规划项目决策的因素都带有某种程度的不确定性，但事实上并不需要对所有的不确定因素都进行敏感性分析。这是因为，有些因素虽然具有不确定性，但对经济效益的影响很小。一般来说，可以遵循以下原则：找出那些在成本、收益构成中所占比重较大以及其他预计可能会对规划项目经济效果评价指标有较大影响的、同时又是在整个规划项目寿命周期内有可能发生较大变动或者在确定性分析中采用的数据准确性较差的因素，作为敏感性因素。以电网规划方案为例，影响电网规划方案经济性的不确定因素很多，经过分析可知，一般对电网规划方案经济性影响较大的因素有电价、固定资产投资以及电网运行成本等。

3. 确定经济效果评价指标对各种敏感性因素的敏感程度

项目经济效果评价指标对不确定因素的敏感程度可以表示为：某种因素或多种因素同时变化时，导致经济效果评价指标的变化程度。常用的计算方法是，假定除敏感性因素外，其他因素是固定不变的，然后根据敏感性因素的变动，重新计算有关的经济效果评价指标，与原指标值进行对比，得出变化的程度，这样即可得出该指标对该不确定因素的敏感程度。

4. 通过分析比较找出项目的最敏感因素

根据第 3 步的计算分析结果，对每种敏感性因素在同一变化幅度下引起的同一经济效果评价指标的不同变化幅度进行比较,选择其中导致变化幅度最大的因素,为最敏感因素,导致变化幅度最小的因素为最不敏感因素。确定敏感因素,判断方案的风险因素,方法包括相对测定法和绝对测定法。

（1）相对测定法：设要分析的因素均从确定性经济分析中所采用的数值开始变动,且各因素每次变动的幅度相同,比较在同一变动幅度下各因素的变动对经济效果评价指标的影响,据此判断方案经济效果对各因素变动的敏感程度。

（2）绝对测定法：设各因素均向对方案不利的方向变动,并取其有可能出现的对方案最不利的数值,据此计算方案的经济效果评价指标,看其是否可达到使方案无法被接受的程度。如果某因素可能出现的最不利数值能使方案变得不可接受,则表明该因素是方案的敏感因素。

5. 找出敏感因素,分析并采取措施,以提高技术方案抗风险的能力

结合敏感度系数及临界点的计算结果,按不确定因素的敏感程度排序,找出较为敏感的不确定因素,定性分析临界点所表示的不确定因素变化发生的可能性,归纳敏感性分析的结论,指出最敏感的一个或几个关键因素。

5.3.3 敏感性分析方法的分类

根据不确定性因素每次变动数目的多少,敏感性分析方法可分为单因素敏感性分析法和多因素敏感性分析法。

1. 单因素敏感性分析法

所谓单因素敏感性分析法,就是指就单个不确定因素的变动对方案经济效果的影响所做的分析,在分析方法上类似于数学上多元函数的偏微分,即在计算某个因素的变动对经济效果指标的影响时,假定其他因素均不发生变化。

【例 5-5】 有一投资方案的现金流量如表 5-4 所示,数据是根据预测估算的。未来某些因素存在不确定性,投资额、经营成本和产品价格均有可能在±20%的范围内变动。$i_0=10\%$,不考虑所得税,分别就三个不确定因素做敏感性分析。

表 5-4 投资方案现金流量表　　　　　　　　　　　　万元

年　份	0	1	2～10	11
投资	15 000			
销售收入			19 800	19 800
经营成本			15 200	15 200
期末资产残值				2 000
净现金流量	−15 000	0	4 600	4 600+2 000

【解】 设投资额为 K,年销售收入为 B,年经营成本为 C,期末资产残值为 L,用净现值指标评价本方案的经济效果,由题意可见 NPV 的计算公式为

$$NPV = -K + (B-C)(P/A, 10\%, 10)(P/F, 10\%, 1) + L(P/F, 10\%, 11)$$

$$= -15\,000 + 4\,600 \times 6.144 \times 0.909\,1 + 2\,000 \times 0.350\,5$$
$$\approx 11\,394(万元)$$

用净现值指标进行敏感性分析：

设投资额变动的百分比为 x，分析投资额变动对方案净现值影响的计算公式为
$$NPV = -K(1+x) + (B-C)(P/A, 10\%, 10)(P/F, 10\%, 1) + L(P/F, 10\%, 11)$$

设经营成本变动的百分比为 y，分析经营成本变动对方案净现值影响的计算公式为
$$NPV = -K + [B - C(1+y)](P/A, 10\%, 10)(P/F, 10\%, 1) + L(P/F, 10\%, 11)$$

设产品价格变动的百分比为 z，产品价格的变动将导致销售收入和销售税金变动，销售收入变动的比例与产品价格变动的比例相同，故分析产品价格变动对方案净现值影响的计算公式可写成
$$NPV = -K + [B(1+z) - C](P/A, 10\%, 10)(P/F, 10\%, 1) + L(P/F, 10\%, 11)$$

分别取不同的 x、y、z 值，计算各不确定因素在不同变动幅度下方案的 NPV，计算结果列入表 5-5。

表 5-5 各不确定因素在不同变动幅度下方案的 NPV 万元

变动率	−20%	−15%	−10%	−5%	0
投资额(K)	14 394	13 644	12 894	12 144	11 394
经营成本(C)	28 374	24 129	19 884	15 639	11 394
产品价格(B)	−10 725	−5 195	335	5 864	11 394
变动率	5%	10%	15%	20%	
投资额(K)	10 644	9 894	9 144	8 394	
经营成本(C)	7 149	2 904	−1 341	−5 586	
产品价(B)	16 924	22 453	27 983	33 918	

由表 5-5 可见，当变动率（x、y、z）相同时，B 的变动对 NPV 的影响最大，C 的变动影响其次，K 的变动影响最小。

使用各敏感性因素对净现值影响的计算公式，令
$$NPV = 0$$
可计算出：$x = 76.0\%$，$y = 13.4\%$，$z = -10.3\%$。

结果分析：

由 $x = 76.0\%$，$y = 13.4\%$，$z = -10.3\%$ 这一结果可以得到以下结论。

如果投资额与产品价格不变，年经营成本高于预期值 13.4% 以上，或者投资额与经营成本不变，产品价格低于预期值 10.3% 以上，方案将变得不可接受。而如果经营成本与产品价格不变，投资额增加 76.0% 以上，才会使方案变得不可接受，见图 5-6。

分析可见，本方案的产品价格与经营成本都是敏感性因素。在作出是否采用本方案的决策之前，应该对未来的产品价格和经营成本及其可能变动的范围作出更为精确的预测。如果投资额、经营成本不变，产品价格低于原预期值的 10.3% 以上，或者投资额、价格不变，经营成本高于原预期值 13.4% 以上，方案将不可接受。而如果经营成本、价格不变，投资额增加 76.0% 以上方案才不可接受，投资额显然不是本方案的敏感性因素。

这种单因素分析法是不全面的，容易造成低估经济评价风险后果，会给投资者带来损

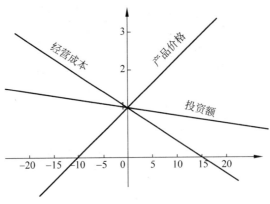

图 5-6 敏感性因素分析

失。单因素敏感性分析在计算特定不确定因素对项目经济效益影响时,须假定其他因素不变,实际上这种假定很难成立。可能会有两个或两个以上的不确定因素在同时变动,此时单因素敏感性分析就很难准确反映项目承担风险的状况,因此必须进行多因素敏感性分析。

2. 多因素敏感性分析法

多因素敏感性分析法是指在假定其他不确定性因素不变条件下,计算分析两种或两种以上不确定性因素同时发生变动,对项目经济效益值的影响程度,确定敏感性因素及其极限值的方法。多因素敏感性分析一般是在单因素敏感性分析基础上进行,且分析的基本原理与单因素敏感性分析大体相同,但需要注意的是,多因素敏感性分析须进一步假定同时变动的几个因素都是相互独立的,且各因素发生变化的概率相同。

多因素敏感性分析要考虑可能发生的各种因素不同变动幅度的多种组合,计算起来要比单因素敏感性分析复杂得多。如果需要分析的不确定因素不超过三个,而且经济效果指标的计算比较简单,可以用解析法与作图法相结合的方法进行分析。

1) 双因素敏感性分析

在多个不确定因素中,假定其他因素不变化,仅考虑两个因素变化对经济指标的影响称为双因素敏感性分析。由于有两个可变因素,所以双因素敏感性分析的图示结果是一个敏感性曲面或区域,以双因素敏感性分析为例说明分析方法。

【例 5-6】 某项目投资 170 000 元,寿命 10 年,残值 20 000 元,基准利率为 13%,预计现金流入和流出分别为 35 000 元和 3 000 元。试对现金流入和流出做双因素敏感性分析。

【解】 设 x 和 y 分别为年现金流入和流出的变化率,则净现值为

$$\begin{aligned} NPV &= -170\,000(A/P,13\%,10) + 3\,500(1+x) - \\ &\quad 3\,000(1+y) + 20\,000(A/F,13\%,10) \\ &= -170\,000 \times 0.184 + 35\,000(1+x) - 3\,000(1+y) - 20\,000 \times 0 \\ &= 1\,757 + 35\,000x - 3\,000y \end{aligned}$$

只要 $NPV > 0$,即 $y < 0.586 + 11.67x$,方案就可行。

【例 5-7】 设某项目固定资产投资 $K_0 = 170\,000$ 元，扣除增值税及附加后的年销售净收入 $S = 55\,000$ 元，年经营成本 $C = 20\,000$ 元，项目寿命期 15 年，固定资产残值 $K_L = 17\,000$ 元。项目要求达到收益率 $i = 15\%$。试就投资及年净销售收入对该项目的净现值进行双因素敏感性分析。

【解】 设 x 表示投资变动的百分比，y 表示年销售净收入变化的百分比，则
$$\text{NPV}(15\%) = -170\,000(1+x) + 55\,000(1+y)(P/A, 15\%, 15) - 20\,000(P/A, 15\%, 15) + 17\,000(P/F, 15\%, 15)$$

当 $\text{NPV}(15\%) \geq 0$ 时，说明项目的内部收益率为 15% 或以上，项目是可行的。
$$\text{NPV}(15\%) = -170\,000 - 170\,000x + 55\,000 \times 5.847\,3 + 55\,000 \times 5.847\,3 - 20\,000 \times 5.847\,3 + 17\,000 \times 0.122$$
$$= 36\,745 - 170\,000x + 321\,602y \geq 0$$

或
$$y \geq 0.528\,6x - 0.114\,3$$

将该不等式绘制在以投资变化率为横坐标、年销售净收入变化率为纵坐标的平面直角坐标系中进行分析（图 5-7）。

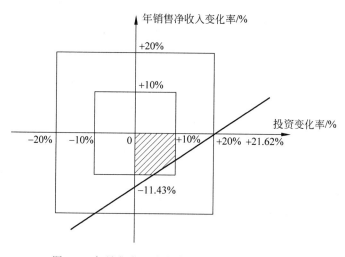

图 5-7 年销售收入变化率与投资变化率的关系

从图 5-7 可以看出，斜线 $y = 0.528\,6x - 0.114\,3$ 把 x 平面和 y 平面分为两个区域，斜线上方 $\text{NPV}(15\%) \geq 0$，项目是可行的；斜线下方 $\text{NPV}(15\%) < 0$，项目是不可行的。若投资及其他因素都不变，只改变年销售净收入，当年销售净收入降低 11.43% 以上时，项目将由可行变为不可行；若年销售净收入及其他因素不变，当投资额增长 21.62% 以上时，项目也将由可行变为不可行；若年销售净收入降低与投资增长两因素同时变化，则 $\text{NPV}(15\%) \geq 0$ 的区域在有斜线阴影的区内，项目仍是可行的。

2) 三因素敏感性分析

以上仅是两个因素同时变化的敏感性分析，若变化因素多于两个，就比较难以用图形

表示。若发生变化的因素扩大到三个,可以将其中一个因素依次改变,就可以得到另两个因素同时变化的一组临界曲线。

【例 5-8】 某投资方案初始投资为 100 万元,预计项目寿命为 5 年,每年可提供净收益 28 万元,基准收益率为 8%,项目期末残值为 20 万元。由于初始投资 100 万元是估算值,实际上有偏差,而且受物价变化的影响,原材料和燃料动力价格的变化引起预计的年收益也发生变化。若同时考虑基准收益率 i 为可变因素,试分析这三个因素对净年值的影响。

【解】 根据题意,净年值为

$$NAV = 28(1+y) + 20(A/F,i,5) - 100(1+x)(A/P,i,5)$$

当基准收益率 i 分别为 6%、8%、10%、12%、15% 和 20% 时,可得净年值的一组临界曲线:

$$NAV(6\%) = 28(1+y) + 20(A/F,6\%,5) - 100(1+x)(A/P,6\%,5) = 0$$
$$NAV(8\%) = 28(1+y) + 20(A/F,8\%,5) - 100(1+x)(A/P,8\%,5) = 0$$
$$NAV(10\%) = 28(1+y) + 20(A/F,10\%,5) - 100(1+x)(A/P,10\%,5) = 0$$
$$NAV(12\%) = 28(1+y) + 20(A/F,12\%,5) - 100(1+x)(A/P,12\%,5) = 0$$
$$NAV(15\%) = 28(1+y) + 20(A/F,15\%,5) - 100(1+x)(A/P,15\%,5) = 0$$
$$NAV(20\%) = 28(1+y) + 20(A/F,20\%,5) - 100(1+x)(A/P,20\%,5) = 0$$

即

$$y(6\%) = 0.8479x - 0.2789$$
$$y(8\%) = 0.8946x - 0.2271$$
$$y(10\%) = 0.9421x - 0.1749$$
$$y(12\%) = 0.9907x - 0.1217$$
$$y(15\%) = 1.0653x - 0.0406$$
$$y(20\%) = 1.1943x - 0.09829$$

将上面这些曲线绘在以 x 和 y 为坐标的平面图上,即得到图 5-8。

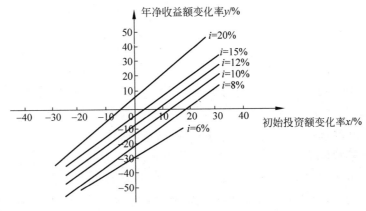

图 5-8 年销售收入变化率与投资变化率的关系

从图 5-8 可以看出,基准收益率上升,临界线向上方移动,使净现值 NAV>0 的范围缩小,基准收益率降低;临界线向下方移动,使净现值 NAV>0 的区域扩大。根据这种三因素敏感性分析图,我们能够直观地了解投资额、年净收益和基准收益率这三个因素同时变动对项目经济效益的影响,有助于作出正确的决策。

敏感性分析是一种动态不确定性分析,是项目评估中不可或缺的组成部分。它用以分析项目经济效益指标对各不确定性因素的敏感程度,找出敏感性因素及其最大变动幅度,据此判断项目承担风险的能力。但是,这种分析尚不能确定各种不确定性因素发生一定幅度的概率,因而其分析结论的准确性就会受到一定的影响。实际生活中,可能会出现这样的情形:敏感性分析找出的某个敏感性因素在未来发生不利变动的可能性很小,引起的项目风险不大;而另一因素在敏感性分析时表现出不太敏感,但其在未来发生不利变动的可能性却很大,进而会引起较大的项目风险。为了弥补敏感性分析的不足,在进行项目评估和决策时,尚需进一步做概率分析。

5.4 概 率 分 析

5.4.1 概率分析概述

概率分析又称风险分析,是通过研究各种不确定性因素发生不同变动幅度的概率分布及其对项目经济效益指标的影响,对项目可行性和风险性以及方案优劣作出判断的一种不确定性分析法。概率分析常用于对大中型重要若干项目的评估和决策之中。

概率分析通过计算项目目标值(如净现值)的期望值及目标值大于或等于零的累积概率来测定项目风险大小,为投资者决策提供依据。

概率分析包括客观概率估计和主观概率估计。

(1) 客观概率估计。它是指应用客观概率对项目风险进行的估计,它利用同一事件,或是类似事件的数据资料,计算出客观概率。客观概率估计最大的缺点是需要足够的信息,但通常是不可得的。客观概率只能用于完全可重复事件,因而并不适用于大部分现实事件。

(2) 主观概率估计。主观概率即基于经验、知识或类似事件比较的专家推断概率。当有效统计数据不足或是不可能进行试验时,主观概率是唯一选择。

主观概率估计的具体步骤:①根据需要调查问题的性质组成专家组。②调查某一变量可能出现的状态数或状态范围和各种状态出现的概率或变量发生在状态范围内的概率,由每个专家独立使用书面形式反映出来。③整理专家组成员意见,计算专家意见的期望值和意见分歧情况,反馈给专家组。④专家组讨论并分析意见分歧的原因。由专家组成员重新背靠背地独立填写变量可能出现的状态或状态范围和各种状态出现的概率或变量发生在状态范围内的概率,如此重复进行,直至专家意见分歧程度满足要求值。这个过程最多经历三个循环,超过三个循环,将会引起厌烦,不利于获得专家们的真实意见。

5.4.2 概率分析指标

描述风险概率分布的指标主要有期望值、方差和标准差、离散系数等。

1. 期望值

期望值是风险变量的加权平均值。对于离散型风险变量,期望值为

$$\bar{x} = \sum_{i=1}^{n} x_i p_i \tag{5-12}$$

式中:n——风险变量的状态数;

x_i——风险变量的第 i 种状态下变量的值;

p_i——风险变量的第 i 种状态出现的概率。

特殊地,对于等概率的离散随机变量,其期望值为

$$\bar{x} = \frac{1}{n} \sum_{i=1}^{n} x_i \tag{5-13}$$

2. 方差和标准差

方差和标准差都是描述风险变量偏离期望值程度的绝对指标。

对于离散变量,方差 S^2 为

$$S^2 = \sum_{i=1}^{n} (x_i - \bar{x}) p_i \tag{5-14}$$

对于等概率的离散随机变量,方差为

$$S^2 = \frac{1}{n-1} \sum_{i=1}^{n} (x_i - \bar{x}) p_i \tag{5-15}$$

当 n 足够大(通常 n 大于 30)时,可以近似为

$$S^2 = \frac{1}{n} \sum_{i=1}^{n} (x_i - \bar{x})^2 \tag{5-16}$$

方差的平方根即为标准差,记为 S。

3. 离散系数

离散系数是描述风险变量偏离期望值的离散程度的相对指标,记为 β:

$$\beta = \frac{S}{\bar{x}} \tag{5-17}$$

5.4.3 概率分析的步骤

(1)列出各种欲考虑的不确定因素,如销售价格、销售量、投资和经营成本等,需要注意的是,所选取的几个不确定因素应是互相独立的。

(2)设想各不确定因素可能发生的情况,即其数值发生变化的几种情况。

(3)分别确定各种可能发生情况出现的可能性,即概率。各不确定因素的各种可能发生情况出现的概率之和必须等于 1。

(4)计算目标值的期望值。可根据方案的具体情况选择适当的方法。假若采用净现值为目标值,则一种方法是,将各年净现金流量所包含的不确定因素在各种可能情况下的

数值与其概率分别相乘后再相加,得到各年净现金流量的期望值,然后求得净现值的期望值。另一种方法是直接计算净现值的期望值。

(5) 求出目标值大于或等于零的累计概率。对于单个方案的概率分析应求出净现值大于或等于零的概率,由该概率值的大小可以估计方案承受风险的程度,该概率值越接近 1,说明技术方案的风险越小;反之,方案的风险越大。可以列表求出净现值大于或等于零的概率。

5.4.4 几种常见的概率分析方法

1. 离散型概率分布

其输入变量可能值是有限个数。各种状态的概率取值之和等于 1,离散型概率分布适用于变量取值个数不多的输入变量。

以下是几种常用的离散型概率分布。

(1) 两点分布。最简单的随机试验是只有两种可能结果的试验,称为伯努利(Bernouli)试验。如抛一枚硬币(要么正面朝上,要么反面朝上),检查一个产品的质量(要么合格,要么不合格)等。一般地,把两个试验结果分别看作"成功"和"失败",用数值"1"和"0"表示,若定义一次伯努利试验成功的次数为离散型随机变量 X,它的概率分布是最简单的一个分布类型,即两点分布,也称伯努利分布。

(2) 二项分布(binomial distribution)。若将伯努利试验独立地重复 n 次,n 是一固定数值,则该试验称为 n 重伯努利试验。具体地说,n 重伯努利试验满足下列条件。

① 一次试验只有两种可能结果,即"成功"和"失败"。

② 一次试验"成功"的概率为 p,"失败"的概率为 $q=1-p$,而且概率 p 对每次试验都是相同的。

③ 试验是相互独立的。

④ 试验可以重复进行 n 次。

⑤ 在 n 次试验中,"成功"的次数对应于一个离散型随机变量,用 X 表示。这样,在 n 次试验中,出现"成功"的次数的概率分布就是二项分布。

(3) 泊松分布(Poisson distribution)。泊松试验具有两个重要特征:

① 所考察的事件在任意两个长度相等的区间里发生一次的机会均等;

② 所考察的事件在任何一个区间里发生与否和在其他区间里发生与否没有相互影响,即独立。

针对任何符合以上条件的泊松试验,可以定义一个只取非负整数的随机变量 X,它表示"在一定时间段或一定空间区域或其他特定单位内某一事件出现的次数"。比如:一定时间段内,某航空公司接到的订票电话;一定时间段内,到车站等候公共汽车的人数;一定路段内,路面出现损坏的次数;一定时间段内,放射性物质放射的粒子数;一匹布上发现的疵点个数;一定页数的书刊上出现的错别字个数。

(4) 超几何分布(hypergeometric distribution)。抽样采用不重复抽样,各次试验并不独立,成功的概率也互不相等,而且总体元素的数目很小或样本量相对于 N 来说较大,样本中"成功"的次数则服从超几何分布。设有一个由 N 个同类产品组成的总体,已知其中 M 个为不合格品(次品),现从中随机不放回地取出 n 个,定义随机变量 $X=$ "抽取的产品中含有的次品数",这是一个离散型随机变量,当 $n \leqslant M$ 时,X 可以取 $0,1,\cdots,n$ 中的任一个数;当 $n>M$ 时,X 只能取 $0,1,\cdots,M$ 中的任意数;X 的概率分布服从超几何分布。

2. 连续型概率分布

其输入变量的取值充满一个区间。常见的连续性概率分布如下。

(1) 均匀分布(uniform distribution)。若随机变量 X 的密度函数为

$$f(x) = \begin{cases} \dfrac{1}{b-a}, & a \leqslant x \leqslant b \\ 0, & \text{其他} \end{cases}$$

则称随机变量 X 服从区间 $[a,b]$ 上的均匀分布,记作 $X \sim U(a,b)$(图 5-9)。

(2) 指数分布。如果随机变量 X 的密度函数为

$$f(x) = \begin{cases} \lambda e^{-\lambda x}, & x > 0 \\ 0, & x \leqslant 0 \end{cases}$$

其中,$\lambda > 0$ 为常数,则称随机变量 X 服从参数为 λ 的指数分布(图 5-10)。

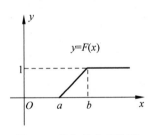

图 5-9 均匀分布函数图

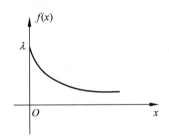

图 5-10 指数分布函数图

(3) 正态分布。如果连续型随机变量 X 的密度函数为

$$f(x) = \frac{1}{\sqrt{2\pi}\sigma} e^{-\frac{(x-\mu)^2}{2\sigma^2}}$$

其中,$-\infty < x < +\infty$,且 $-\infty < \mu < +\infty$,σ 为参数,则称随机变量 X 服从参数为 (μ, σ^2) 的正态分布,记作 $X \sim N(\mu, \sigma^2)$(图 5-11)。

若 $\mu = 0, \sigma = 1$,则称 $N(0,1)$ 为标准正态分布。

$$\varphi(x) = \frac{1}{\sqrt{2\pi}} e^{-\frac{x^2}{2}}$$

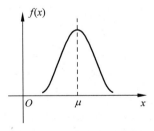

图 5-11 正态分布函数图

3. 概率分析

概率分析是借助现代计算技术,运用概率论和数理统计原理进行概率分析,求得风险因素取值的概率分布,并计算期望值、方差或标准差和离散系数,表明项目的风险程度。

其基本步骤如下。

(1) 假定输入变量之间是相互独立的,可以通过对每个输入变量各种状态取值的不同组合计算项目的内部收益率或净现值等指标。根据每个输入变量状态的组合计算得到的内部收益率或净现值的概率为每个输入变量所处状态的联合概率,即各输入变量所处状态发生概率的乘积。

(2) 评价指标(净现值或内部收益率)由小到大进行排列,列出相应的联合概率和从小到大的累计概率,并绘制评价指标为横轴、累计概率为纵轴的累计概率曲线。计算评价指标的期望值、方差、标准差和离散系数。

(3) 根据评价指标 NPV=0,IRR=i_c 或(i_s),由累计概率表计算 $P[\text{NPV}(i_c)<0]$ 或 $P(\text{IRR})$:

$$P[\text{NPV}(i_c) \geq 0] = 1 - P[\text{NPV}(i_c) < 0]$$
$$P(\text{IRR} \geq i_c) = 1 - P(\text{IRR})$$

其适用范围如下。

(1) 概率分析的理论计算法一般只适用于服从离散分布的输入变量与输出变量。

(2) 当输入变量数和每个变量可取的状态数较多(大于 3 个)时,一般不适于使用理论分析方法。若各输入变量之间不是独立,而存在相互关联,也不适用这种方法。

【例 5-9】 某项目有两个预选方案 A 和 B,方案 A 投资需 500 万元,方案 B 投资需 300 万元,其使用年限均为 10 年。据估计,在此 10 年间产品销路好的可能性有 70%,销路差的可能性有 30%,设折现率 $i=10\%$。由于采用的设备及其他条件不同,故 A、B 两个方案的年收益不同,其数据见表 5-6。试对项目方案进行比选。

表 5-6 项目方案在不同状态下的年收益

自然状态	概率	方案 A	方案 B
销路好	0.7	150	100
销路差	0.3	−50	10

【解】 根据题意,可画出该项目方案的概率树,如图 5-12 所示。

结点 2 的期望值现值
$=[150 \times 0.7 + (-50) \times 0.3](P/A, 10\%, 10)$
$=553.01(万元)$

结点 3 的期望值现值
$=[100 \times 0.7 + 10 \times 0.3](P/A, 10\%, 10)$
$=448.51(万元)$

方案 A 的现值 $= 553.01 - 500 = 53.01(万元)$
方案 B 的现值 $= 448.51 - 300 = 148.51(万元)$
显然,应选取方案 B。

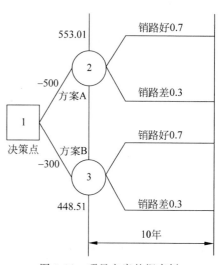

图 5-12 项目方案的概率树

4. 蒙特卡罗方法

蒙特卡罗方法(Monte Carlo method),也称统计模拟方法,是 20 世纪 40 年代中期由于科学技术的发展和电子计算机的发明,而被提出的一种以概率统计理论为指导的非常重要的数值计算方法。其使用随机数(或更常见的伪随机数)来解决很多计算问题。

蒙特卡罗方法解题过程的三个主要步骤如下。

1) 构造或描述概率过程

对于本身就具有随机性质的问题,如粒子输运问题,主要是正确描述和模拟这个概率过程,对于本来不具有随机性质的确定性问题,比如计算定积分,就必须事先构造一个人为的概率过程,它的某些参量正好是所要求问题的解,即要将不具有随机性质的问题转化为随机性质的问题。

2) 实现从已知概率分布抽样

构造了概率模型以后,由于各种概率模型都可以看作由各种各样的概率分布构成,因此产生已知概率分布的随机变量(或随机向量),就成为实现蒙特卡罗方法模拟实验的基本手段,这也是蒙特卡罗方法被称为随机抽样的原因。最简单、最基本、最重要的一个概率分布是(0,1)上的均匀分布(或称矩形分布)。随机数就是具有这种均匀分布的随机变量。随机数序列就是具有这种分布的总体的一个简单子样,也就是一个具有这种分布的相互独立的随机变数序列。产生随机数的问题,就是从这个分布抽样的问题。在计算机上,可以用物理方法产生随机数,但价格很高,不能重复,使用不便。另一种方法是用数学递推公式产生序列。这样产生的序列,与真正的随机数序列不同,所以称为伪随机数或伪随机数序列。不过,多种统计检验表明,它与真正的随机数或随机数序列具有相近的性质,因此可把它作为真正的随机数来使用。由已知分布随机抽样有各种方法,与从(0,1)上均匀分布抽样不同,这些方法都是借助随机序列来实现的,也就是说,都是以产生随机数为前提的。由此可见,随机数是我们实现蒙特卡罗模拟的基本工具。

3) 建立各种估计量

一般说来,构造了概率模型并能从中抽样,即实现模拟实验后,我们就要确定一个随机变量作为所要求的问题的解,我们称它为无偏估计。建立各种估计量,相当于对模拟实验的结果进行考察和登记,从中得到问题的解。

通常蒙特卡罗方法通过构造符合一定规则的随机数来解决数学上的各种问题。对于那些由于计算过于复杂而难以得到解析解或者根本没有解析解的问题,蒙特卡罗方法是一种有效地求出数值解的方法。一般蒙特卡罗方法在数学中最常见的应用就是蒙特卡罗积分。

【例 5-10】 某新产品生产项目,影响未来净现金流量的不确定因素主要是产品的市场销售状态和原材料价格水平状态。据分析,市场销售状态有畅销、一般、滞销三种可能(分别记作 $\theta_{m1}, \theta_{m2}, \theta_{m3}$),原材料价格水平状态有高、中、低三种可能(分别记作 $\theta_{P1}, \theta_{P2}, \theta_{P3}$)。市场销售状态与原材料价格水平状态之间是相互独立的。各种市场销售状态和原材料价格水平状态的发生概率如表 5-7 所示,各种可能的状态组合对应的方案现金流量如表 5-8 所示。

表 5-7 各种市场销售状态和原材料价格水平状态的发生概率

市场销售状态	发生概率	θ_{m1} $P_{m1}=0.3$	θ_{m2} $P_{m2}=0.5$	θ_{m3} $P_{m3}=0.2$
原材料价格水平状态	发生概率	θ_{P1} $\theta_{P1}=0.4$	θ_{P2} $\theta_{P2}=0.4$	θ_{P3} $\theta_{P3}=0.2$

表 5-8 各种可能的状态组合对应的方案现金流量

序 号	状态组合	现金流量/万元	
		0 年	1~5 年
1	$\theta_{m1} \cap \theta_{P1}$	−1 000	390
2	$\theta_{m1} \cap \theta_{P2}$	−1 000	450
3	$\theta_{m1} \cap \theta_{P3}$	−1 000	510
4	$\theta_{m2} \cap \theta_{P1}$	−1 000	310
5	$\theta_{m2} \cap \theta_{P2}$	−1 000	350
6	$\theta_{m2} \cap \theta_{P3}$	−1 000	390
7	$\theta_{m3} \cap \theta_{P1}$	−1 000	230
8	$\theta_{m3} \cap \theta_{P2}$	−1 000	250
9	$\theta_{m3} \cap \theta_{P3}$	−1 000	270

试计算方案净现值的期望值与方差($i_c=12\%$)。

问题如下。

(1) 用概率分析计算净现值的期望值,并分析项目经济性。

(2) 计算净现值的方差、标准差和离散系数,分析净现值偏离期望值的程度。

(3) 计算累计概率,并画出累计概率图,分析项目风险性。

【解】

(1) 绘制概率树(图 5-13),计算净现值期望值 $\overline{NPV}=67.44$ 万元。净现值期望值大于 0,说明该项目期望的盈利水平达到所要求的盈利水平,在经济上是可接受的。

(2) 方差计算见表 5-9,则净现值的方差为

$$S^2 = 72\,943.69$$

表 5-9 方差计算

序 号	状态组合	净现值$NPV^{(j)}$/万元	发生概率 P_j	$P_j \times (NPV_j - \overline{NPV})^2$
1	$\theta_{m1} \cap \theta_{P1}$	405.86	0.12	2 299.26
2	$\theta_{m1} \cap \theta_{P2}$	622.15	0.12	15 098.44
3	$\theta_{m1} \cap \theta_{P3}$	838.44	0.06	19 562.57
4	$\theta_{m2} \cap \theta_{P1}$	117.48	0.20	4 497.50
5	$\theta_{m2} \cap \theta_{P2}$	261.67	0.20	6.65
6	$\theta_{m2} \cap \theta_{P3}$	405.86	0.10	1 916.05
7	$\theta_{m3} \cap \theta_{P1}$	−170.90	0.08	15 371.24
8	$\theta_{m3} \cap \theta_{P2}$	−98.81	0.08	10 731.03
9	$\theta_{m3} \cap \theta_{P3}$	−26.71	0.04	3 460.93
合计			1.00	72 943.69

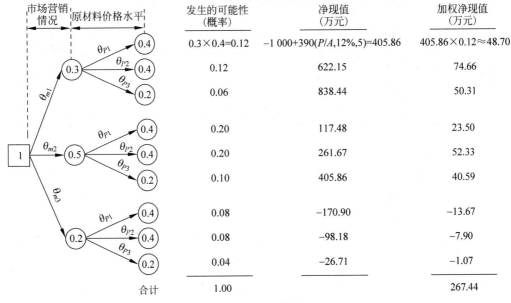

图 5-13 概率树

标准差为

$$S = \sqrt{72\,943.69} \approx 270.08$$

离散系数为

$$\beta = \frac{S}{\text{NPV}} = \frac{270.08}{266.44} \approx 1.014$$

显然,该项目的净现值离散程度较大。

(3) 将表 5-10 中的各种状态组合按其所对应的净现值由小到大重新排序,并按重新排序后的状态组合序号依次计算出累计概率。

表 5-10 各种状态的累计概率

序号	状态组合	净现值/万元	发生概率	累计概率
1	$\theta_{m3} \cap \theta_{P1}$	−170.90	0.08	0.08
2	$\theta_{m3} \cap \theta_{P2}$	−98.81	0.08	0.16
3	$\theta_{m3} \cap \theta_{P3}$	−26.71	0.04	0.20
4	$\theta_{m2} \cap \theta_{P1}$	117.48	0.20	0.40
5	$\theta_{m2} \cap \theta_{P2}$	261.67	0.20	0.60
6	$\theta_{m2} \cap \theta_{P3}$	405.86	0.12	0.72
7	$\theta_{m1} \cap \theta_{P1}$	405.86	0.10	0.82
8	$\theta_{m1} \cap \theta_{P2}$	622.15	0.12	0.94
9	$\theta_{m1} \cap \theta_{P3}$	838.44	0.06	1.00

根据表 5-10 的数据绘制净现值累计概率图,如图 5-14 所示。

从表 5-10 和图 5-13 中可计算出净现值小于 0 的概率为

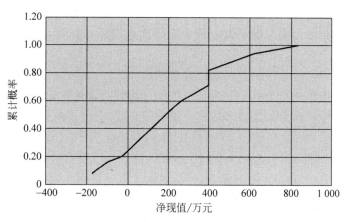

图 5-14 净现值累计概率图

$$p\{\text{NPV}(12\%)<0\}=0.2+\frac{|-26.17|}{117.48+|-26.17|}\times(0.4-0.2)=0.237$$

则项目净现值≥0 的概率为

$$p\{\text{NPV}(12\%)>0\}=1-p\{\text{NPV}(12\%)<0\}=1-0.237=0.763$$

计算出该项目净现值大于或等于零的概率约为 76.3%，说明项目风险不大。

本 章 小 结

投资项目的不确定性分析是以计算和分析各种不确定因素（如价格、投资费用、成本、项目寿命期、生产规模等）的变化对投资项目经济效益的影响程度为目标的一种分析方法。不确定因素主要包括价格、生产能力利用率、技术装备和生产工艺、投资费用、项目寿命期和经济形势。

项目评估中不确定性分析的基本方法包括盈亏平衡分析、敏感性分析和概率分析。盈亏平衡分析是通过计算达到盈亏平衡点的产销量或生产能力利用率，分析拟建项目成本与收益的平衡关系，判断拟建项目适应市场变化的能力和风险大小的一种分析方法。敏感性分析是考察与投资项目有关的一个或多个主要因素发生变化时对该项目经济效益指标影响程度的一种分析方法。其目的是对外部条件发生不利变化时投资方案的承受能力作出判断。概率分析亦称风险分析，是使用概率研究预测各种不确定因素和风险因素对项目经济效益指标影响的一种定量分析方法。

本 章 习 题

1. 盈亏平衡分析的作用是什么？常用哪些方式表示盈亏平衡？
2. 临界收益的经济含义是什么？对多个品种的项目，应采用何种方法进行盈亏平衡分析？
3. 何谓非线性盈亏平衡分析？产品售价和单位产品可变成本随产量或销售量变化

的经济含义是什么?

4. 什么是敏感性分析?敏感性分析中的因素和指标各有什么不同?它们包括哪些常用的项目?

5. 什么是单因素敏感性分析和多因素敏感性分析?试述它们的异同。

6. 概率分析的作用是什么?它和盈亏平衡分析以及敏感性分析之间有什么关系?

7. 如果在盈亏平衡分析中要考虑资金的时间价值,应该如何处理?

8. 某房地产公司开发一楼盘,预计售价为 11 500 元/m²,其成本 y 是销售面积 x 的函数,即企业总成本为 $y=60\,000+5\,500x$。试计算盈亏平衡点的销售量。

9. 某项目的总投资 10 000 万元,年经营成本 4 600 万元,年销售收入 6 800 万元,项目寿命周期为 10 年,基准折现率为 10%,试找出敏感性因素。

10. 某项目工程计划下个月开工,施工管理方要决定下个月是否开工。若开工后不下雨,可获盈利 5 万元;但若开工后下雨,将会造成损失 1 万元;而若不开工,则无论天气好坏,都要因支付工资及场地费、管理费等而损失 2 000 元。根据历史统计资料,下个月下雨的概率是 0.8,不下雨的概率是 0.2。试问:该不该在下月开工?

即 测 即 练

第 6 章

价 值 工 程

本章关键词

价值工程(value engineering, VE);经验分析法(empirical analysis);百分比分析法(analytic percents);ABC分析法(ABC analysis);价值指数法(value index method);强制确定法(compulsory determination);功能评价系数法(functional evaluation coefficient method)。

本章要点

通过本章的学习,理解价值工程的内涵和基本原理,掌握价值工程的计算方法,了解价值工程的工作程序与内容,掌握价值工程的应用。通过对价值工程的学习,使学生理解中国唯有依靠管理创新、技术创新才能真正实现制造业的转型升级,进一步培养文化自信。

6.1 价值工程基本原理

6.1.1 价值工程的概念

党的二十大报告指出,高质量发展是全面建设社会主义现代化国家的首要任务。必须完整、准确、全面贯彻新发展理念,坚持社会主义市场经济改革方向,坚持高水平对外开放,加快构建以国内大循环为主体、国内国际双循环相互促进的新发展格局。实际中,价值工程对促进我国经济高质量发展有着重要的意义。价值工程是一门致力于提高产品或系统功能,降低产品或系统成本,从而以最低寿命周期成本来实现用户所要求功能的技术与经济相结合的学科。通过运用价值工程的原理和方法,对工程建设方案进行技术经济评价和比较,可以达到减少资源消耗、提高经济效益的目的。

价值工程1947年前后起源于美国,创始人是美国通用电气公司的劳伦斯·D.麦尔斯(Lawrence D. Miles)。当时,麦尔斯在通用电气公司的采购部门工作,他在一次采购紧缺材料的过程中,首先把成本与功能联系起来,从分析采购材料的目的出发,寻找具备相同功能的其他材料。经过努力,他终于找到不仅采购容易而且价格便宜的替代材料予以应用。通过这次经历,麦尔斯总结出,购买材料的目的是获得某种功能而不是材料本身,所以,只要满足功能,就可以选用购买得到的或较为便宜的材料,代替原设计指定的材料。通过实践活动,麦尔斯等人总结出一套在保证同样功能的前提下降低成本的比较完整的科学方法,当时称为价值分析(value analysis,VA)。价值分析理论的出现,不仅引起了工业界的广泛兴趣,而且受到美国政府的重视。1954年,美国海军舰船局决定将这一方法用于船只采购,并称之为价值工程。随着价值工程的不断发展,研究内容和应用领域也不断地扩展,从寻找代用材料逐步发展到改进设计、改进工艺、改进生产,直至新产品的研究和开发。

从前述价值工程的定义中可以看出,价值工程的概念涉及三个基本要素,即价值、功能和寿命周期成本(life cycle cost)。

1. 价值

价值工程中的价值是指研究对象所具有的功能与获得该功能的全部费用之比,对象的功能越大,成本越低,价值就越大。

价值的定义式为

$$V = \frac{F}{C} \tag{6-1}$$

式中：V——价值；

F——功能；

C——寿命周期成本。

在价值工程的运用中,V、F、C都用系数的形式表示。

价值工程中的价值不同于经济学中的商品价值的概念,它更类似于人们日常生活中所说的"性价比"的概念。性价比是用户对商品的功能与成本之间的关系所做的评价,用户在选购商品时,考虑的是这种商品价值的比值,希望以最小的成本获得最大的功能。而站在产品生产者的角度,产品的质量可以看作产品满足用户的效用,称为功能；价格看作成本。价值的大小是评价一种产品、一项设计或一项作业的功能与获得该功能的成本之间的比值,这个比值称为价值。

因此,从本质上讲,价值工程中的价值是一种比较价值或相对价值,是作为评价事物有效性的一种尺度。它与功能成正比,与费用成反比；研究对象的效用或功能越大,成本越低,价值就越大。

2. 功能

价值工程中的功能是指对象能够满足某种需求的一种属性。就建筑产品而言,功能是某一建筑产品区别于另一建筑产品的主要划分标准,是建筑产品内在的本质表现。就用户而言,表面上用户需求某种产品,实质是需求它所提供的某种功能。例如,人们需求住宅,实质是需求住宅能提供居住空间的功能。从这个意义上说,施工企业所生产的实际上是功能,用户所购买的实际上也是功能。

3. 寿命周期成本

建设项目寿命周期成本,是从项目构思到项目建成投入使用直至报废的全过程所发生的一切可直接体现为资金耗费的投入的总和。通常产品的寿命周期成本被分为生产成本和使用成本两部分。生产成本是产品在研究开发、设计制造、运输、安装调试等过程中发生的成本，它是生产企业的内部成本，也是用户购买产品的费用；使用成本是用户在使用产品过程中所发生的各项费用，如对产品进行维护、保养、管理、使用中的能耗等费用。

产品寿命周期成本的高低与产品质量的好坏直接相关。一般而言，生产成本与功能呈正比关系，优质的功能需要消耗较多的生产成本；使用成本与功能呈反比关系，功能越好，使用成本越低。

【应用资料】 上海浦东国际机场一期工程项目建设中，运用价值工程对非公共区域建筑装饰进行功能成本分析后，对航站楼各部分区域的室内绿化进行了部分功能材料的替代布置，凡是旅客经过较多、"看得见、摸得着"的区域，选用真实的盆景、植物进行装饰；而对旅客不常去或只能远距离观望的区域，多选用可以以假乱真的彩色塑料盆景替代真实的盆景和植物。这样不仅满足了美化室内视觉环境的要求，也极大地简化了日常的维护，并减少了大量的用水成本和人工成本。

6.1.2 价值工程的特点

价值工程是一门综合管理技术，它具有以下特点。

(1) 价值工程的目标，是以最低的寿命周期成本来实现产品或作业的必要功能。价值工程是以提高产品或作业的价值和有效利用资源为目的的，它通过一系列有组织的活动，来寻求最低寿命周期成本，可靠地实现用户所需要的功能。

(2) 价值工程的核心是对对象进行功能分析。通过功能分析，可以区分对象的必要功能和不必要功能、主要功能和辅助功能，保证必要功能，取消不必要功能，降低产品成本，严格按用户的需求来设计产品。

(3) 价值工程将产品价值、功能和成本作为一个整体同时考虑，兼顾生产者和用户的利益，创造出总体价值最高的产品。

(4) 价值工程强调不断改革和创新。

(5) 价值工程要求将功能转化为能够与成本直接相比的量化值。

(6) 价值工程分析是以集体的智慧开展的有计划、有组织的管理活动。

6.1.3 提高价值的途径

价值工程的根本目标是提高产品或作业的价值。从价值、功能、成本三者的关系出发，可以找到提高价值的五种基本途径。

(1) 在成本不变的情况下，使功能有所提高，进而提高产品或作业的价值。

$$F\uparrow /C \rightarrow = V\uparrow$$

在成本不变的情况下，企业可以通过采用新技术、改进设计等手段来提高产品的性能、可靠性，或延长产品的寿命等来提高功能水平，使价值得到提高。

(2) 在功能不变的情况下，减少实现功能所需的成本，进而提高产品或作业的价值。

$$F\rightarrow /C\downarrow = V\uparrow$$

随着行业生产技术以及劳动生产率水平的不断提高，新材料、新结构、新技术以及新型高效的管理方法的应用会使产品的生产成本及相关费用得以降低，而产品本身的功能仍然保持不变。

（3）成本略有提高，功能大幅度提高，使产品或作业的价值提高。

$$F\uparrow\uparrow/C\uparrow \rightarrow =V\uparrow$$

在某些情况下，小幅增加产品的成本可能会提高产品的新颖性、完善原有产品的综合性能，或增加产品用途等，从而大幅度地提高了产品的功能，使产品大受欢迎。

（4）功能略有降低，但成本大幅度降低，使产品或作业的价值提高。

$$F\downarrow/C\downarrow\downarrow =V\uparrow$$

大多数的用户喜欢经济实惠的产品，企业抓住这点，可以通过去除产品中一些用户并不需要的附加功能来大幅降低产品的成本，更好地满足用户的需求。

（5）既提高功能，又降低成本，大幅度地提高产品或作业的价值。

$$F\uparrow/C\downarrow \rightarrow =V\uparrow\uparrow$$

这是提高价值最为理想的途径，也是对资源最有效的利用，但对生产者有较高的要求，往往要通过技术的突破或管理的改善才能实现。

以上五种途径都可以提高产品或作业的价值，针对具体的对象，需要经过综合分析加以辨别选取。另外，价值工程可以应用于产品形成的各个阶段，但不同阶段应用的效果却是不相同的。对于建设工程而言，应用价值工程的重点应该是在规划和设计阶段，因为这两个阶段的工作成果对建设工程的价值具有决定作用，一旦设计完成，工程就定型了，再想找到合理的途径来提高价值就变得非常复杂，而且效果也难以保证。

6.2 价值工程的工作程序与工作内容

6.2.1 价值工程的工作程序

价值工程的工作程序可针对分析对象的功能和成本分为分析问题、综合研究和方案评价三方面，如表 6-1 所示。

表 6-1 价值工程的工作程序

一般决策过程阶段	价值工程工作程序	价值工程提问
分析问题	（1）对象选择 （2）情报收集 （3）功能分析 （4）功能评价	（1）价值工程对象为何？ （2）它是干什么用的？ （3）其成本是多少？ （4）其价值是多少？
综合研究	（5）方案创造 （6）概略评价 （7）方案制订 （8）试验研究	（5）有无其他方法实现同样的功能？
方案评价	（9）详细评价 （10）提案审批 （11）方案实施与检查 （12）成果鉴定	（6）新方案成本是多少？ （7）新方案能满足要求吗？

6.2.2 价值工程的工作内容

1. 对象选择

把工程活动中有待改善的产品、部件或工艺选择出来作为价值工程的分析对象。

2. 情报收集

首先要明确价值工程研究对象的内容与范围,并以充分的信息作为基础与依据,创造性地运用各种有效手段,正确地进行对象选择、功能分析和方案创新。不同价值工程对象所需收集的信息资料内容不尽相同,一般包括市场信息、用户信息、竞争对手信息、设计技术方面的信息、经济方面的信息、国家和社会方面的信息等。

3. 功能分析

对选定的对象进行功能分析是价值工程分析的重要内容。功能分析是通过对选定的对象进行定义,确定对象及各组成部分具有的功能、各组成部分彼此之间的关系,在此基础上对功能进行分类和整理。

4. 功能评价

功能评价是根据功能系统图(图 6-1),在设计方案的同一级的各功能之间计算并比较各功能价值的大小,从而寻找功能和成本不匹配的地方,提出具体改进措施。

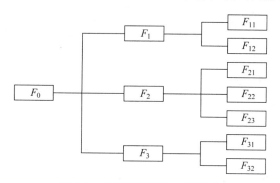

图 6-1 功能系统图的一般形式

功能系统图按照上位功能的位置在左、下位功能的位置在右的顺序自左向右排列,它表明了产品的最终目的和最终用途,也表明了实现产品最终目的和最终用途的全部手段。以房屋建筑中的平屋顶为例,其功能系统图如图 6-2 所示。图 6-2 中"遮盖室内空间"是上位功能,"遮蔽顶部""防水""保温隔热"是"遮盖室内空间"的下位功能,而这三项功能之间的关系是并列关系;同时,"遮蔽顶部"又是"承受荷载"的上位功能,"承受荷载"是"遮蔽顶部"的下位功能。

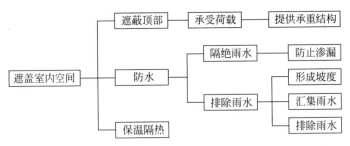

图 6-2 平屋顶功能系统图

6.3 价值工程分析对象的选择

6.3.1 分析对象选择原则

价值工程分析对象可以是实物，也可以是工作。价值工程分析对象选择的原则是：优先选择对企业生产经营有重要影响或对国计民生有重大影响的产品或项目，或在改善价值上有较大潜力，可取得较大经济效益的产品或项目，具体包括以下几方面。

（1）选择结构复杂的产品或构配件。通过对复杂结构进行分解，确定各组成部分的功能和作用，合理进行设计，可以大幅度降低成本、提高价值。

（2）选择成本高、对经济效益影响大的产品或构配件。

（3）选择量大、面广的产品或构配件。对这类产品或构配件，只要在每项产品或构配件的成本上稍微降低一点，成本降低的总额就很可观，产品价值的提高也就很大。

（4）选择质量差、用户意见大的产品或构配件。

（5）选择体积与重量大的产品或构配件。这类产品或构配件是节约原材料和改进施工方法的重点，对它们开展价值工程，可使产品功能得到明显提高。

（6）选择关键构配件。关键构配件改进后，可使产品的功能得到明显提高。

（7）选择寿命周期较长的产品或构配件。

（8）选择技术经济指标较差的建筑产品构配件。

6.3.2 分析对象选择方法

1. 经验分析法

经验分析法也称因素分析法。这种方法是根据经验，运用智慧对各种影响因素进行综合分析，区分主次与轻重，充分考虑所选对象的必要性和可能性，尽可能准确地选择出价值工程改善对象。该方法简便易行，考虑问题比较全面，不需要对有关人员做特殊培训，特别是在时间紧迫或企业资料不完善的情况下，效果明显。但此方法缺乏定量分析，准确程度较差，对象选择是否适当，主要取决于分析人员的经验、知识和责任心。所以，经验分析法要求发挥集体的智慧，共同确定改善对象，以弥补准确性较差的缺陷。

2. 百分比分析法

百分比分析法是一种通过分析某种费用或资源对企业的某个技术经济指标的影响来选择价值工程对象的方法。

【例 6-1】 某房地产开发商拟开发五种户型住房,在各项功能基本相同的前提下,其成本比重与利润比重如表 6-2 所示。

表 6-2　产品成本比重与利润比重

产　品	成本比重/%	利润比重/%	价值工程对象选择
A	35	20	
B	20	30	√
C	25	10	
D	12	25	√
E	8	15	
合计	100	100	

【解】 从表 6-2 可知,A、C 两种户型的成本比重大于利润比重,故将 A、C 两产品作为价值工程的分析对象,研究降低其成本的途径。

3. ABC 分析法

ABC 分析法根据研究对象对某项技术经济指标的影响程度,通过研究对象的成本和数量比例,把拟研究对象划分成主次有别的 A、B、C 三类。将举足轻重的划为 A 类,作为价值工程的研究对象。通过这种划分,准确地选择价值工程改善对象。ABC 分类的参考标准如表 6-3 所示。

表 6-3　ABC 分类的参考标准　　　　　　　　　　　　　%

分　类	累计成本比重	数 量 比 重
A 类	70	10
B 类	20	20
C 类	10	70

需要注意的是,在运用上述标准时,成本标准是最基本的,数量标准仅作为参考。

ABC 分析法的步骤如下。

(1) 确定每一对象的成本。

(2) 计算每一对象的成本与总成本的百分比,即成本比重,并依大小顺序排列编表。

(3) 按顺序累计研究对象的成本比重,当成本比重累积到 70% 左右时,视为 A 类;成本比重累计介于 70% 和 90% 之间时,除掉 A 类以后的为 B 类,其余则为 C 类。

【例 6-2】 某土建工程共需购买 10 种混凝土构配件,总成本为 189.8 万元,各构配件成本与数量如表 6-4 所示。用 ABC 分析法选择价值工程对象。

表 6-4 构配件成本与数量

编号	1	2	3	4	5	6	7	8	9	10
成本/万元	80	60	15	12	8	5	3	2.5	2.2	2.1	189.8
构配件数量	1	1	2	1	2	4	3	2	3	2	21

【解】(1) 将 10 种混凝土构配件按成本大小排列填入表 6-5 的序号 1。

表 6-5 ABC 分类

序号	编号	1	2	3	4	5	6	7	8	9	10
1	成本比重/%	42.15	31.61	7.90	6.32	4.21	2.63	1.58	1.32	1.16	1.11
2	累计成本比重/%	42.15	73.76	81.66	87.98	92.19	94.82	96.40	97.72	98.88	99.99
3	数量比重/%	4.76	4.76	9.52	4.76	9.52	19.05	14.29	9.52	14.29	9.52
4	累计数量比重/%	4.76	9.52	19.04	23.8	33.32	52.37	66.66	76.18	90.47	99.99
5	分类累计成本比重归并/%	73.76			18.43				7.80		
6	分类数量比重归并/%	9.52			23.80				66.67		
7	类别	A			B				C		

(2) 计算出各混凝土构配件的累计成本比重,填入表 6-5 的序号 2。

(3) 计算出各混凝土构配件的数量比重,填入表 6-5 的序号 3。

(4) 计算出各混凝土构配件的累计数量比重,填入表 6-5 的序号 4。

(5) 分类累计成本比重归并和分类数量比重归并,填入表 6-5 的序号 5、6。

(6) 根据表 6-3 的分类标准,混凝土构配件划分类别见表 6-5 的序号 7。

由表 6-5 可知,A 类混凝土构配件的成本约占总成本的 73.76%,为价值工程的重点研究对象。在工程实施中应控制好构配件 1、构配件 2 的采购成本,同时避免施工中发生浪费现象。

4. 价值指数法

价值指数法是根据价值工程的原理,在产品成本已知的条件下,将同类产品的功能参数由小到大排列,计算出价值指数。价值指数的计算公式为

$$价值指数 = \frac{产品的功能参数}{产品的成本} \tag{6-2}$$

观察价值指数的数值是否随产品功能参数值递增而递增,把价值指数与功能参数值不相适应的产品选为价值工程改善对象。

【例 6-3】 某建筑机械厂生产三种型号的混凝土搅拌机,各种型号混凝土搅拌机的主要功能参数、生产成本如表 6-6 所示。

表 6-6 混凝土搅拌机的主要功能参数和生产成本

产品型号	A 型搅拌机	B 型搅拌机	C 型搅拌机
功能参数/($m^3 \cdot h^{-1}$)	5	7	12
生产成本/万元	0.65	0.85	2.25

【解】 根据式(6-2)计算各型号搅拌机的价值指数,如表 6-7 所示。

表 6-7 混凝土搅拌机的价值指数

产品型号	A 型搅拌机	B 型搅拌机	C 型搅拌机
价值指数	7.692	8.235	5.333

可以看出,A 型、B 型搅拌机的价值指数是随着功能参数值递增而增大,属正常,而 C 型搅拌机的价值指数却随着功能参数值递增而减小,表明 C 型搅拌机的价值指数与功能参数值不相适应,应把 C 型搅拌机作为价值工程分析对象,找出其存在的问题,提高其价值。

5. 强制确定法

强制确定法在对象选择中,通过对不同部件(或功能项目)与其他各部件(或功能项目)的功能重要程度进行逐一对比打分,相对重要的得 1 分,不重要得 0 分,故又称 01 评分法。用这种方法得出的各部件(或功能项目)分值应构成一个自然数序列(即 0、1、2、…、n),如果不是自然数序列,则是在评分时出现了逻辑错误。某部件(或功能项目)的评分值为 0,并不意味该部件(或功能项目)无功能,为避免这种情况发生,可以对得分累积进行修正。

以某部件(或功能项目)得分占全部部件(或功能项目)总分的比例确定功能评价系数,根据功能评价系数和成本系数确定价值系数,计算公式为

$$i\text{ 部件功能评价系数 } F_i = \frac{i \text{ 部件的功能得分值}}{\text{全部部件的功能得分值}} \tag{6-3}$$

$$\text{部件成本系数 } C_i = \frac{i \text{ 部件目前成本}}{\text{全部部件成本}} \tag{6-4}$$

$$i\text{ 部件价值系数 } V_i = \frac{i \text{ 部件功能评价系数}}{i \text{ 部件成本系数}} \tag{6-5}$$

若 $V_i < 1$,说明部件(或产品)重要程度小,但成本系数却较高,应优先考虑作为价值工程对象。

若 $V_i > 1$,应视情况而定。如果部件(或产品)重要程度大,但成本系数却较低,宜作为价值工程对象。

若 $V_i = 1$,一般不作为价值工程分析对象。

【例 6-4】 某分部工程由 8 个分项工程组成,各分项工程的成本如表 6-8 所示,专家用强制确定法对各分项工程的功能重要性评价如表 6-9 所示。试选择价值工程的分析对象。

表 6-8 各分项工程的成本 万元

分项工程	A	B	C	D	E	F	G	H	合计
成本	1 818	3 000	285	284	612	407	82	720	7 208

表 6-9 01 评分及功能评价系数计算表

分项工程	A	B	C	D	E	F	G	H	分项得分累计	修正得分累积
A		1	1	0	1	1	1	1	6	7
B	0		1	0	1	1	1	1	5	6
C	0	0		0	1	1	1	0	3	4
D	1	1	1		1	1	1	1	7	8
E	0	0	0	0		0	1	0	1	2
F	0	0	0	0	1		1	0	2	3
G	0	0	0	0	0	0		0	0	1
H	0	0	1	0	1	1	1		4	5
									28	36

【解】 根据式(6-3)~式(6-5)及表 6-8 和表 6-9 的数据计算各分项工程的成本系数、功能评价系数及价值系数,如表 6-10 所示。

表 6-10 成本系数、功能评价系数与价值系数

分项工程	成本系数	功能评价系数	价值系数
A	0.252	0.194	0.771
B	0.416	0.167	0.400
C	0.040	0.111	2.810
D	0.039	0.222	5.640
E	0.085	0.056	0.654
F	0.056	0.083	1.476
G	0.011	0.028	2.442
H	0.100	0.139	1.390
总计	1.000	1.000	—

由表 6-10 可以看出:

(1) 分项工程 B、E 的价值系数都较低。但 B 成本系数为 0.416,而功能评价系数仅为 0.167,说明成本偏高,应作为价值分析的主要对象。E 的价值系数虽很低,但成本系数和功能评价系数都很小,可不考虑。

(2) 分项工程 D 的功能评价系数较高,但成本系数仅为 0.039,意味着成本分配额过低,可以适当提高成本,以便和分项工程的重要性相符。建设项目方案的价值系数远大于 1,一般认为是非正常现象。

6.4 方案评价内容与方法

6.4.1 方案评价内容

方案评价是在方案创造的基础上对新构思的方案从技术、经济和社会等几个方面进行评价,以选择最佳方案。

1. 技术评价

技术评价就是根据用户的功能要求，从技术角度论证各方案的功能实现程度和可行性。功能的实现程度越高，实施难度越小，方案越好。

2. 经济评价

经济评价就是根据产品的寿命周期成本，论证各方案的经济效果孰优孰劣。哪个方案劳动消耗小、盈利大，哪个方案就好。经济评价一般包括生产费用、使用费用和盈利效果三方面。

3. 社会评价

社会评价是根据方案的社会效果，评价方案的企业利益与用户利益、社会利益的一致性。方案越满足用户要求、越有利于国民经济发展，方案就越好。

4. 综合评价

综合评价是在技术评价、经济评价和社会评价基础上所进行的总体性评价，从中选择技术、经济和社会效果三方面都比较均衡、协调的方案。综合评价的方法包括优缺点列举法（选择优点较多而缺点较少的方案为优方案）及价值系数法（选择价值系数较高的方案为优方案）。

6.4.2 价值系数法

价值系数法是方案评价常使用的方法。该方法分别确定各备选方案的功能系数、成本系数，进而确定各方案的价值系数，价值系数最大的方案为最优方案。其计算公式与式(6-3)～式(6-5)基本相同。

1. 计算各方案功能系数

$$某方案功能系数 = \frac{该方案功能评定总分}{各方案功能评定总分之和} \tag{6-6}$$

式中，该方案功能评定总分＝(各功能重要性系数×该方案对各功能的满足程度得分)。

2. 计算各方案的成本系数

$$某方案成本系数 = \frac{该方案成本系数}{各方案成本之和} \tag{6-7}$$

3. 计算各方案的价值系数

$$某方案价值系数 = \frac{该方案功能系数}{该方案成本系数} \tag{6-8}$$

4. 方案选择

以价值系数最高的方案为最佳方案。

经过综合评价选出的方案,是价值工程人员向企业管理部门推荐的拟实施的方案。为了使方案得到认可,需要将方案实施等问题写成提案形式报送有关部门审批。

【例 6-5】 某项目有 A、B、C、D 四个设计方案,通过专业人员测算和分析,四个方案功能得分和单方造价如表 6-11 所示。按照价值工程原理,选择实施的方案。

表 6-11 各方案的功能得分和单方造价

方案	A	B	C	D
功能得分	98	96	99	94
单方造价/(元/平方米)	2 500	2 700	2 600	2 450

【解】 根据式(6-6)~式(6-8)和表 6-11 数据计算,结果如表 6-12 所示。

表 6-12 各方案的功能得分和单方造价

方案	A	B	C	D	
功能得分	98	96	99	94	387
单方造价/(元/平方米)	2 500	2 700	2 600	2 450	10 250
功能系数	0.253	0.248	0.256	0.243	1.000
成本系数	0.244	0.263	0.254	0.239	1.000
价值系数	1.038	0.942	1.008	1.016	1.000

比较各方案价值系数,可知应选择方案 A 为实施方案。

6.5 基于价值工程的成本控制

价值工程分析既不是一味地降低分析对象的成本,也不是一味地追求提高分析对象的功能,而是强调分析对象的功能与成本的匹配,使分析对象的价值合理化。价值工程的成本控制一般通过成本评价方法来完成。

6.5.1 对象目前成本的确定

对象目前成本的计算与一般的传统成本核算既有相同点也有不同之处。两者的相同点是指它们在成本费用的构成上是完全相同的,如建筑产品的成本是寿命周期成本;两者的不同之处在于对象目前成本的计算是以对象的功能为单位,而传统的成本核算是以产品或零部件为单位。因此,在计算功能目前成本时,就需要根据传统的成本核算资料,将产品或零部件的目前成本换算成功能的目前成本。

(1) 当一个零部件只实现某一功能时,该零部件的目前成本就是此功能的目前成本。

(2) 当两个或两个以上零部件共同实现某一功能,且这些零部件除实现这一功能外,没有别的作用时,则这些零部件的目前成本之和就是此功能的目前成本。

(3) 当一个零部件同时实现几项功能时,就要将该零部件的目前成本分摊到它所实现的几项功能中去,从而求出各项功能的目前成本。

(4) 当几个零部件共同实现某一项功能,且这些零部件可能还分别去实现其他功能时,就先将几个零部件的目前成本按比例分摊到它们所实现的各个功能上去,再把某功能所分摊的各零部件的目前成本相加,就是该功能的目前成本。应该注意的是,这时某一具体功能与其成本并非简单的一一对应关系,不应把某一具体功能作为评价对象,而应选择总体功能(如产品、工程等)或各子功能系统(如零部件、工序、作业等)作为评价对象。

在上述分摊过程中,常用方法有以下三种:一是凭经验或统计资料估算分摊比例;二是根据零部件在各项功能中发挥作用的大小进行分摊;三是按实现功能的困难程度(主要是技术、经济条件)进行分摊。

6.5.2 对象目标成本的确定

目标成本的常用估算方法有经验估算法、设想最低费用测算法和功能评价系数法。

1. 经验估算法

经验估算法是由有经验的专家根据用户的要求,对实现某一产品功能的几个方案依据经验进行成本估算,取各方案中成本平均值最低的作为功能目标成本。

这种方法要求评价人员具有扎实的专业知识和丰富经验,能够站在用户的立场,保证估算出来的成本符合功能的最低费用;每一功能的目标成本由几个或更多的专家共同得出,并取专家们估算值的平均值作为功能的目标成本,以保证功能目标成本的客观和准确。

经验估算法具有简便易行的优点,只要运用得当,可收到良好的效果。但若评价人员缺乏必要的经验和资料,或者评价对象比较复杂或无先例可循,评价结果的准确程度就会降低。

2. 设想最低费用测算法

设想最低费用测算法,是指在对将要实现的必要功能所设想的可能采用的方案或手段的基础上对各种方案的总费用进行测算、比较,从中选出成本最低的作为功能目标成本的方法。

设想最低费用测算法简单易行,而且在没有同类产品资料参考条件下也能进行测算,同时,费用测算与方案设想相联系,方案容易实现;但此法也可能使方案创造受到约束,而且要求评价人员有丰富的经验和较强的测算能力。

【例 6-6】 某建筑公司为建造一幢办公楼,需采购和保管某些施工材料。为保证施工生产的顺利进行,尽可能少占用资金,该公司依据设想最低费用测算法,提出了三个材料采购和保管方案,有关数据如表 6-13 所示。

表 6-13　设想最低费用测算表

方案	采购费用/万元	保管费用/万元	总费用/万元
A	850	13.5	863.5
B	788	25.6	813.6
C	904	10.4	914.4

【解】　由表 6-13 可知,B 方案总费用最低,为 813.6 万元,可作为功能的目标成本。

3．功能评价系数法

功能评价系数法根据功能与成本的匹配原则,按功能评价系数把产品的目标成本分配到每一个功能上,作为各功能的评价值。

i 功能的目标成本 C_i = 方案目标成本 C × 该功能的功能系数 F_i　　　(6-9)

i 功能的成本降低值 (ΔC_i) = i 功能的目前成本 C_i — 该功能的目标成本 (C_i)　(6-10)

若 $\Delta C_i > 0$,说明实际成本偏高,可能存在功能过剩甚至是多余功能;若 $\Delta C_i < 0$,说明实际成本偏低,有可能造成功能存在不足,应适当增加成本。需要注意的是,在实际评定时,往往还应结合具体情况进行深入分析。

【例 6-7】　某房地产开发公司拟对一住宅商品房进行精装修后出售。根据市场调查,该小区目标客户群能接受的装修单方造价在 800～1 200 元/平方米之间,开发公司决定以 800 元/平方米作为本次精装修工程的目标成本。价值工程小组按限额设计方法,以建筑面积 90 平方米的户型为例,确定该户型的精装修工程的目标成本额为 72 000 元。根据成本预算部门提供的各装饰功能项目的现实成本,价值工程小组提供的功能得分如表 6-14 所示。试确定该工程的成本改进顺序。

表 6-14　各功能项目现实成本与功能得分

功能项目	现实成本/元	功能得分 (A_i)
楼地面工程	14 894	4.51
墙柱面工程	8 761	5.10
天棚工程	4 456	3.01
家具工程	10 525	4.79
门窗工程	7 679	4.24
水电气工程	10 995	2.98
厨卫设备工程	17 420	5.78
其他工程	1 400	0.56
合计	76 130	30.97

【解】　根据式(6-3)确定该工程各功能项目的功能系数,根据式(6-9)求出目标成本,根据式(6-10)得出成本降低值,并确定功能项目的成本改进顺序,如表 6-15 所示。

表 6-15　各功能项目功能系数和目标成本及改进排序表

功能项目	现实成本/元	功能得分(A_i)	功能系数	目标成本/元	应降低额/元	改进排序
楼地面工程	14 894	4.51	0.146	10 512	4 382	①
墙柱面工程	8 761	5.10	0.165	11 880	−3 119	④
天棚工程	4 456	3.01	0.097	6 984	−2 528	
家具工程	10 525	4.79	0.155	11 160	−635	
门窗工程	7 679	4.24	0.137	9 864	−2 185	
水电气工程	10 995	2.98	0.095	6 840	4 155	②
厨卫设备工程	17 420	5.78	0.187	13 464	3 956	③
其他工程	1 400	0.56	0.018	1 296	104	
合计	76 130	30.97	1.000	72 000	4 130	

6.6　价值工程应用案例

本节以某住宅设计方案为例,介绍价值工程在设计阶段进行方案评价的应用方法。

6.6.1　资料收集

(1) 通过问卷调查,收集用户对住宅的功能要求。
(2) 收集住宅设计方案方面的资料。
(3) 了解住宅施工方面的资料。
(4) 收集住宅施工的新工艺、新材料;建筑材料价格和住宅建筑的各类技术经济指标。

6.6.2　功能分析

由设计、施工及建设单位的有关人员组成价值工程研究小组,小组成员对住宅的平面布局、采光通风、层高与层数、牢固耐用、三防设施(防火、防震和防空)、建筑造型、室内外装饰、环境设计、技术参数及设计与施工共 10 项功能进行了功能定义、整理。

在功能分析中,分别对上述 10 项功能的重要性进行了评分,假设以上 10 项功能的重要性总分为 100 分,根据工程经验,各项功能的得分值如表 6-16 所示。

表 6-16　各功能评分及重要性系数

功能		用户评分		设计人员评分		施工人员评分		重要性系数
		得分	f_{i1}=得分 $\times$ 0.6	得分	f_{i2}=得分 $\times$ 0.3	得分	f_{i3}=得分 $\times$ 0.1	$i=(f_{i1}+f_{i2}+f_{i3})/100$
适用	平面布局 f_1	40.280	24.168	31.630	9.489	35.250	3.525	0.372
	采光通风 f_2	17.280	10.368	14.380	4.314	15.500	1.550	0.162
	层高与层数 f_3	2.875	1.725	4.250	1.275	3.875	0.388	0.034
安全	牢固耐用 f_4	21.290	12.774	14.250	4.275	20.630	2.063	0.191
	三防设施 f_5	4.375	2.625	5.250	1.575	2.870	0.287	0.045

续表

功 能		用户评分		设计人员评分		施工人员评分		重要性系数
		得分	$f_{i1}=$得分$\times 0.6$	得分	$f_{i2}=$得分$\times 0.3$	得分	$f_{i3}=$得分$\times 0.1$	$i=(f_{i1}+f_{i2}+f_{i3})/100$
美观	建筑造型 f_6	2.250	1.350	5.870	1.761	1.550	0.155	0.033
	室内外装饰 f_7	8.025	4.815	11.120	3.336	6.850	0.685	0.088
其他	环境设计 f_8	1.150	0.690	8.000	2.400	5.500	0.550	0.036
	技术参数 f_9	1.050	0.630	2.000	0.600	1.875	0.188	0.014
	设计与施工 f_{10}	1.425	0.855	3.250	0.975	6.100	0.610	0.024
合计		100	60	100	30	100	10	1

对用户、设计人员、施工人员的评分意见进行综合,三者的权重分别定为60%、30%和10%。经整理,各功能重要性系数如表6-16所示。

6.6.3 方案设计与评价

设计人员根据收集的资料,共设计了三个建筑面积相同的方案,各方案主要特征、单方造价及成本系数如表6-17所示。

表6-17 各方案主要特征、单方造价及成本系数

方案	主 要 特 征	单方造价/(元/平方米)	成本系数
A	结构方案为大柱网框架轻墙体系,采用预应力大跨度叠合楼板;墙体材料采用多孔砖及移动式可拆装分室隔墙;窗户采用单框双玻璃空腹钢窗	1 800	0.375
B	结构方案基本同A,窗户采用单框双玻璃塑钢窗	1 600	0.333
C	结构方案采用砖混结构体系,采用现浇混凝土楼板,窗户采用单玻璃空腹塑钢窗	1 400	0.292
合计		4 800	1.000

不同方案的各功能重要性系数和各功能得分以及各方案功能评价系数如表6-18所示。方案功能评价系数的计算公式为

表6-18 不同方案的各功能重要性系数和功能得分以及各方案的功能评价系数

功能	f_1	f_2	f_3	f_4	f_5	f_6	f_7	f_8	f_9	f_{10}	方案功能总分	方案功能评价系数
重要性系数i	0.372	0.162	0.034	0.191	0.045	0.033	0.088	0.036	0.014	0.024		
方案	满足程度得分(S_{ij})											
A	10	10	9	10	8	10	6	10	9	6	9.404	0.344
B	10	9	8	10	7	8	6	6	8	10	9.035	0.330
C	9	10	10	9	10	6	8	6	9	6	8.927	0.326
合计											27.366	1.000

$$f_i = \frac{\sum \phi_i S_{ij}}{\sum_i \sum_j \phi_i S_{ij}} \tag{6-11}$$

利用表 6-17 和表 6-18 计算价值系数,如表 6-19 所示。

表 6-19 各方案的价值系数

方案名称	功能评价系数	成本系数	价值系数
A	0.344	0.375	0.917
B	0.330	0.333	0.991
C	0.326	0.292	1.116

由表 6-19 可知,方案 C 为最优方案。

6.6.4 成本控制

对选出的最优方案 C,设计人员按限额设计方法,确定建安工程目标成本额为 14 000 万元。然后以主要分部工程为对象进一步开展价值工程分析,采用强制确定法对各功能项目评分,同时分析了各功能项目的目前成本,如表 6-20 所示。

表 6-20 各功能评分值及其目前成本

功能项目	功能得分	目前成本/万元
A. ±0.000 0 以下工程	21	3 854
B. 主体结构工程	35	4 633
C. 装饰工程	28	4 364
D. 水电安装工程	32	3 219

根据强制确定法计算各功能项目的功能系数,如表 6-21 所示。

表 6-21 各功能系数

功能项目	功能得分	功能系数
A. ±0.000 0 以下工程	21	0.181
B. 主体结构工程	35	0.302
C. 装饰工程	28	0.241
D. 水电安装工程	32	0.276
	116	1.000

按式(6-9)计算目标成本,按式(6-10)计算成本降低值,如表 6-22 所示。

表 6-22 各功能项目目标成本、成本降低值及改进顺序

功能项目	目前成本	目标成本	应降低额	功能改进顺序
A. ±0.000 0 以下工程	3 854	2 534	1 320	①
B. 主体结构工程	4 633	4 228	405	
C. 装饰工程	4 364	3 374	990	②
D. 水电安装工程	3 219	3 864	−546	

B工程与D工程相比,哪个排序在前,应根据具体情况来定。如D工程能在保证功能的前提下降低成本,则可以不列为价值工程改进对象。但如果不能保证其功能,则优先选择D工程进行分析。

本 章 小 结

价值工程是一门致力于提高产品或系统功能,降低产品或系统成本,从而以最低寿命周期成本来可靠地实现用户所要求功能的技术与经济相结合的学科。通过运用价值工程的原理和方法,对工程建设方案进行技术经济评价和比较,可以达到减少资源消耗、提高经济效益的目的。

价值的高低,取决于功能与成本的比值大小。因此,要提高某一产品的价值,必须从功能与成本两个方面来考虑。

价值工程的工作程序就是针对对象的功能和成本提出问题、分析问题、解决问题的过程。

本 章 习 题

1. 简述价值工程的基本概念。
2. 简述提高价值的途径。
3. 简述价值工程的特点和工作程序。
4. 简述价值工程对象的选择方法。
5. 简述功能分析与评价方法。

即 测 即 练

第 7 章

工程项目可行性研究

本章关键词

可行性研究(feasibility study);投资估算(estimated investment);财务评价(financial evaluation);国民经济评价(national economic evaluation)。

本章要点

通过本章的学习,理解可行性研究的重要性、编制步骤和内容;理解可行性研究在建设项目全过程管理中所处的重要地位和作用;理解财务评价中投资、收益的估算方法和相关概念;掌握工程项目的盈利和偿债能力的指标计算及分析方法。结合我国经济发展实际,对典型案例进行讨论,掌握可行性研究报告编制的技术,并对项目进行经济评价,培养社会主义建设者和接班人。

7.1 可行性研究概述

可行性研究是随着技术的进步和经济管理科学的发展而兴起并日趋完善的,在投资决策之前进行经济论证,争取最佳经济效果的一整套系统的科学工作方法。具体地说,可行性研究是在建设前期对工程项目的一种考察和鉴定,是对拟议中的项目进行全面、综合的技术经济调查和论证,其目的是判断"行"还是"不行",是确定要建设这个项目还是放弃它,从而为决策提供科学的依据。

视频 7-1 可行性研究概述

可行性研究的详细程度可根据需要而定,详细到能用"决定就此中止还是继续投入资金使之进入下一阶段",因而这种方法已被世界各国广泛采用。可行性研究工作从 20 世纪 30 年代美国开发田纳西河流域时开始试行,作为流域开发规划的重要阶段。第二次世界大战结束后,由于科学技术的发展和经济建设的需要,可行性研究在大型工程项目中得到了广泛应用,成为投资项目决策前的一个重要的工作阶段。

现在,世界各国对重要的投资项目都普遍要进行可行性研究。1978 年,联合国工业发展组织为了推动和帮助发展中国家的经济发展,编写出版了《工业项目可行性研究手册》一书,系统地说明了工业项目可行性研究的内容与方法。我国从 1979 年开始,在研究了西方国家运用可行性研究的经验后,经过反复酝酿,逐步将可行性研究纳入建设程序。

1981年1月,国务院在《技术引进和设备进口工作暂行条例》中,明确规定"所有技术引进和设备进口项目,都要参照本条例附录的要求,编制项目建议书和可行性研究报告"。当今,可行性研究已成为投资决策中不可缺少的阶段。

7.1.1 可行性研究的工作阶段

工程项目建设的全过程,可划分为三个时期：投资前期、投资时期和生产时期。投资前期即工程建设的前期,主要是进行可行性研究和资金筹措活动；投资时期即建设时期,主要是进行工程设计、签订合同、组织施工、职工培训和试生产；生产时期的任务,主要是研究新工艺、新技术的应用,考察项目寿命期内的销售收入、销售成本、税金、利润和投资借款的偿还及能否获得预期的利润。

投资前期又分为几个阶段：机会研究阶段、初步可行性研究阶段、详细可行性研究阶段和项目评估与决策阶段。可行性研究主要任务及成果如表7-1所示。

表7-1 可行性研究主要任务及成果

项目	工 作 阶 段			
	机会研究	初步可行性研究	详细可行性研究	项目评估与决策
工作性质	项目设想	项目初选	项目拟定	项目评估
工作内容	鉴别投资方向,寻找投资机会(地区、行业、资源和项目的机会研究),提出项目投资建议	对项目做专题辅助研究,广泛分析、筛选方案,确定项目的初步可行性	对项目进行深入、细致的技术经济论证,重点对项目进行财务效益和经济效益分析评价,做多方案比较,提出项目投资的可行性和选择依据标准	综合分析各种效益,对可行性研究报告进行评估和审核,分析判断项目可行性研究的可靠性和真实性,对项目作出最终决策
工作成果及作用	提出项目建议,作为制订经济计划和编制项目建议书的基础,为初步选择投资项目提供依据	编制初步可行性研究报告,判定是否有必要进行下一步详细可行性研究,进一步判断建设项目的生命力	编制可行性研究成果,作为项目投资决策的基础和重要依据	提出项目评估报告,为投资决策提供最好的决策依据,决定项目取舍和选择最佳投资方案

7.1.2 可行性研究的内容

可行性研究的内容,随行业不同有所差别,不同行业各有侧重。就一般工业投资项目来说,可行性研究报告应包括以下几个方面的内容。

1. 市场需求预测和拟建规模

根据国内外市场需求的调查与预测,国内现有工厂生产能力的估计；销售预测、价格分析、产品竞争能力、进入国际市场的前景；在市场调查的基础上,对项目产品在寿命期内的需求发展趋势、市场结构的变化方向和特征,以及价格变化情况进行全面、系统的研究,制定市场营销策略,预测项目产品的有效需求量和可能销售量。以此为依据,结合项目所用技术和外部条件,研究确定项目的合理规模。

2. 技术问题和设备选择分析

研究项目各种可用的生产技术及其经济特征,结合项目的实际情况选择最佳的技术方案。同时研究各种可能的技术来源及获得方式,寻求最佳方案。其包括:主要的单项工程、技术来源和生产方法,主要技术工艺和设备造型方案的比较,设备的国内外分工或与外商合作制造的设想;研究全厂布置方案的初步选择和土建工程量估算;公用辅助设施和厂内外交通运输方式的比较和初步选择。

3. 投资估算与资金筹措

运用各种估算技术和经验,全面、科学地估算项目的投资,包括固定资产投资、无形资产投资和流动资产投资等。主体工程和协作配套工程所需的投资,营运资金的估算;资金来源、筹措方式及贷款的偿付方式。

4. 项目选址

根据项目的产品方案及规模,研究资源、原料、能源等的需求量和供应的可靠性,以项目取得最佳经济、社会效益为宗旨,对各个可能的厂址进行技术和经济分析,从中选出合适的项目厂址。其主要包括建厂的地理位置、气象、水文、地质、地形条件和社会经济现状;交通、运输及水、电、气的现状和发展趋势;厂址比较和选择意见,厂址占地范围、厂区总体布置方案、建设条件、地价、拆迁及其他工程费用情况。

5. 环境保护与劳动安全

对建厂具体地区历史和现在的环境调研,以及建设项目投产后对环境影响的预测;制订环境保护措施和"三废"治理方案,如防止公害的主要措施、"三废"处理和劳动保护的主要方法。

6. 不确定性分析

用盈亏平衡分析、敏感性分析、概率分析等方法,分析不确定因素对项目投资经济效果指标的影响,测算项目的风险程度,为决策提供依据。

7. 工程项目财务评价

财务评价是根据国家现行财税制度和现行价格,分析测算项目的效益和费用,考察项目的获利能力、清偿能力及外汇效果等财务状况。从企业微观经济的角度,用现行价格,对项目运营后可能的财务状况以及项目的财务效果进行科学的分析、测算和评价,判断项目投资在财务上的可行性。

8. 工程项目国民经济评价

从国民经济宏观角度,用影子价格、影子汇率、影子工资和社会折现率等经济参数,计算、分析项目需要国家付出的经济代价和对国家的经济贡献,判断项目投资的经济合理性和宏观可行性。

7.2 市场分析和预测

市场分析是指通过必要的市场调查和市场预测手段,对项目产品的市场环境、竞争能力和竞争对手进行分析和判断,进而分析项目产品在可预见的时间内是否有市场,预计可能占有的市场份额,从而确定产品方案和生产规模,这是工程项目可行性研究的重要步骤。

7.2.1 市场研究的内容

技术引进后,产品能否销售出去、产品价格在市场上是否有利于竞争、市场上究竟需要多少产品、预计市场销售额能有多大,这些都是关系技术是否引进的重要因素,因此必须进行市场研究。市场研究主要内容如下。

(1) 项目产品销售量预测及销售策略确定。市场的总需求量并不直接等同于项目产品的销售量。项目产品的实际销售量应在预测市场总需求量的基础上,通过分析市场竞争中的优劣势,进而计算并估计未来可能获得的市场占有率来确定。

(2) 分析主要销售国家和销售地区经济增长和消费增长的可能性,并以此估计项目未来可能的销售量。

(3) 明确市场定位。根据本厂产品的质量、性能、特点、价格、服务等因素,分析产品在市场上的竞争能力和主要竞争对手的生产、销售情况。

7.2.2 市场调查

市场调查是市场营销活动的起点,它通过一定的科学方法对市场进行了解和把握,在调查活动中收集、整理、分析市场信息,掌握市场发展变化的规律和趋势,为企业进行市场预测和决策提供可靠的数据和资料,从而帮助企业确立正确的发展战略。市场调查的内容很多,有市场环境调查,包括政策环境、经济环境、社会文化环境的调查;有市场基本状况的调查,主要包括市场规范、总体需求量、市场的动向、同行业的市场分布占有率等;有销售可能性调查,包括:现有和潜在用户的人数及需求量,市场需求变化趋势,本企业竞争对手的产品在市场上的占有率,扩大销售的可能性和具体途径等;还可对消费者及消费需求、企业产品、产品价格、影响销售的社会和自然因素、销售渠道等开展调查。

1. 市场调查的内容

市场调查的内容涉及市场营销活动的整个过程,主要包括以下几方面。

1) 市场环境调查

市场环境调查主要包括经济环境、政治环境、社会文化环境、科学环境和自然地理环境等。具体的调查内容可以是市场的购买力水平,经济结构,国家的方针、政策和法律法规,风俗习惯,科学发展动态,气候等各种影响市场营销的因素。

2) 市场需求调查

市场需求调查主要包括消费者需求量调查、消费者收入调查、消费结构调查、消费者行为调查，包括消费者为什么购买、购买什么、购买数量、购买频率、购买时间、购买方式、购买习惯、购买偏好和购买后的评价等。

3) 市场供给调查

市场供给调查主要包括产品生产能力调查、产品实体调查等，具体为某一产品市场可以提供的产品数量、质量、功能、型号、品牌、生产供应企业的情况等。

4) 市场营销因素调查

市场营销因素调查主要包括产品、产品的价格、渠道和促销活动的调查。产品的调查主要有了解市场上新产品开发情况、设计情况、消费者使用情况、消费者评价、产品生命周期阶段、产品组合情况等。产品的价格调查主要有了解消费者对价格的接受情况、对价格策略的反应等。渠道调查主要包括了解渠道的结构、中间商的情况、消费者对中间商的满意情况等。促销活动调查主要包括各种促销活动的效果，如广告实施的效果、人员推销的效果、营业推广的效果和对外宣传的市场反应等。

5) 市场竞争情况调查

市场竞争情况调查主要包括对竞争企业的调查和分析，了解同类企业的产品、价格等方面的情况，它们采取了什么竞争手段和策略，做到知己知彼，通过调查帮助企业确定竞争策略。

2. 市场调查的步骤

市场调查由一系列收集和分析市场数据的步骤组成。某一步骤作出的决定可能影响其他后续步骤，某一步骤所做的任何修改往往意味着其他步骤也可能需要修改。市场调查的步骤一般按如下程序进行：确定问题与假设；确定所需资料；确定收集资料的方式；抽样设计；数据收集；数据分析；编写调查报告。

1) 确定问题与假设

由于市场调查的主要目的是收集与分析资料以帮助企业更好地作出决策，以减少决策的失误，因此调查的第一步就要求决策人员和调查人员认真地确定和商定研究的目标。例如某公司发现其销售量已连续下降达 6 个月之久，管理者想知道真正原因究竟是什么，是经济衰退、广告支出减少、消费者偏爱转变，还是代理商推销不力。市场调查者应先分析有关资料，然后找出研究问题并进一步作出假设、提出研究目标。假如调查人员认为上述问题是消费者偏爱转变的话，再进一步分析、提出若干假设。例如：消费者认为该公司产品设计落伍；竞争品牌的广告设计较佳。作出假设、给出研究目标的主要原因是为了限定调查的范围，并用将来调查所得出的资料来检验所做的假设是否成立，写出调查报告。

2) 确定所需资料

确定问题和假设之后，下一步就应决定要收集哪些资料，这自然与调查的目标有关。例如：消费者对本公司产品及其品牌的态度如何？消费者对本公司品牌产品的价格的看法如何？本公司品牌的电视广告与竞争品牌的广告，在消费者心目中的评价如何？不同社会阶层对本公司品牌与竞争品牌的态度有无差别?

3) 确定收集资料的方式

第三步要求制定一个收集所需信息的最有效的方式,它需要确定的有数据来源、调查方法、调查工具、抽样计划及接触方法。如果没有适用的现成资料(第二手资料),原始资料(第一手资料)的收集就成为必需步骤。采用何种方式收集资料,这与所需资料的性质有关。它包括实验法、观察法和询问法。前面例子谈到所需资料是关于消费者的态度,因此市场调查者可采用询问法收集资料。对消费者的调查,采用个人访问方式比较适宜,便于相互之间深入交流。

4) 抽样设计

在调查设计阶段就应决定抽样对象是谁,这就提出抽样设计问题。其一,究竟是概率抽样还是非概率抽样,这具体要视该调查所要求的准确程度而定。概率抽样的估计准确性较高,且可估计抽样误差,从统计效率来说,自然以概率抽样为好。不过从经济观点来看,非概率抽样设计简单,可节省时间与费用。其二,一个必须确定的问题是样本数目,而这又需考虑到统计与经济效率问题。

5) 数据收集

数据收集必须通过调查员来完成,调查员的素质会影响到调查结果的正确性。调查员以大学的市场学、心理学或社会学的学生最为理想,因为他们已受过调查技术与理论的训练,可降低调查误差。

6) 数据分析

资料收集后,应检查所有答案,不完整的答案应考虑剔除,或者再询问该应答者,以求填补资料空缺。资料分析应将分析结果编成统计表或统计图,方便读者了解分析结果,并可从统计资料中看出与第一步确定问题假设之间的关系。同时又应将结果以各类资料的百分比与平均数形式表示,使读者对分析结果形成清晰对比。不过各种资料的百分率与平均数之间的差异是否真正有统计意义,应使用适当的统计检验方法来鉴定。例如两种收入家庭对某种家庭用品的月消费支出,从表面上看有差异,但是否真有差异可用平均数检定法来分析。资料还可运用相关分析、回归分析等一些统计方法来分析。

7) 编写调查报告

市场调查的最后一步是编写一份书面报告。一般而言,书面调查报告可分为专门性报告和通俗性报告两类。专门性报告的读者是对整个调查设计、分析方法、研究结果以及各类统计表感兴趣者,他们对市场调查的技术已有所了解。而通俗性报告的读者主要兴趣在于听取市场调查专家的建议。例如一些企业的最高决策者。

7.2.3 市场预测的方法

市场预测是根据收集到的市场过去和现在的资料,应用科学的预测方法对市场未来的发展变化进行预计或估计,为科学制定营销决策提供依据。市场预测包括定性预测和定量预测。

1. 定性预测

定性预测是指依靠预测人员的经验和知识及综合分析能力,估计预测对象的发展前景的一种预测方法。其主要有以下几种。

1)营销人员意见预测法

营销人员意见预测法是指长期从事市场营销活动的人员凭借他们对产销情况、市场环境的熟悉,对消费者需求心理和消费水平的了解,长期积累的销售经验,对未来的市场销售趋势进行估计和预测的预测方法,一般适用于短期预测。这种预测方法比较接近现实,但是容易受营销人员近期销售绩效的影响,有时估计值比较保守或过于乐观。

2)决策人员意见预测法

决策人员意见预测法是厂长、经理等高级主管人员根据产品销售、资金财务、市场环境、管理水平等资料,通过听取各类负责人的汇报和意见,在此基础上综合分析判断市场变动趋势的一种预测方法,常用于中长期预测。

3)用户意见预测法

用户意见预测法是预测者通过访问、电话、信函和投票等方式了解用户的需求情况和意见,掌握消费者的购买意向,预测消费者未来需求特点和变动趋势的一种预测方法。其主要用于工业品和耐用消费品市场预测。如海尔电视刚刚投放市场时,海尔公司通过打电话的方式向消费者征询意见,以了解消费者对海尔电视的看法。这种方法效果很好,但是费用较高。

4)访问意见预测法

访问意见预测法是根据预测目标的要求,预测者事先拟定访问提纲,通过当面访问或书面访问形式向被调查者征询意见,然后对各种意见进行归纳、整理、分析和判断,从而取得预测方案的预测方法。其适合对某商品的规格、款式、质量和价格等具体问题进行预测。

5)问卷调查意见预测法

问卷调查意见预测法是预测者依据预测任务的要求,拟定调查提纲或调查表,直接向消费者调查并取得预测结果的预测方法。

6)扩散指数预测法

扩散指数预测法是指根据一批领先经济指标的升降变化,计算出上升指标的扩散指数,以扩散指数为依据来判断市场未来的景气情况,进而预测企业的景气情况的预测方法。

7)比例推算预测法

比例推算预测法是利用事物之间存在的比例关系,从一种事物的已知情况推断另一种事物的未来发展变化趋势的预测方法。

8)依存关系预测法

依存关系预测法是根据互补产品之间的数量依存关系,对某种产品的需求量进行预测的方法。

9)专家意见法

专家意见法是根据市场预测目的和要求,向有关专家提供一定的背景资料,通过会议的形式对某一经济现象及其前景进行评价,并在专家分析判断的基础上,综合他们的意见,对市场发展趋势进行推断的预测方法。

10)德尔菲法

德尔菲法由美国兰德公司首创和使用,是专家会议调查法的改进和发展。德尔菲是古希腊一座城市的名字,该城有座阿波罗神殿,阿波罗是太阳神,善于预卜未来,后人借用德尔菲比喻预见能力高超。德尔菲法使用系统的程序,采取不署名和反复进行的方式,先组成专家组,将调查提纲及背景资料提交专家,轮番征询专家意见后再汇总预测结果,经过几轮的反复征询、归纳和修改,直到各专家的意见趋于一致,才宣告结束。其结论比较接近实际,适用于总额的预测。该方法的特点是匿名性、反馈性、多轮性、趋同性。

2. 定量预测

定量预测是根据收集的数据资料,运用统计或数学方法对市场的未来进行估计。其主要有以下几种。

1)平均数预测法

平均数预测法是以预测目标的时间序列的平均数作为预测目标趋势的依据,以此来计算趋势预测值。

(1)简单平均数法:利用简单算数平均数在时间序列上形成的平均动态数列,以说明某种经济现象在时间上的发展趋势。其适用于趋势比较稳定的商品需求和生产预测。

$$\overline{X} = \frac{\sum X}{n} \tag{7-1}$$

式中:$\overline{X}$——算数平均数;

n——预测资料的项数;

$\sum X$——各期实际值的总和。

(2)加权平均数法:通过对不同数据按其重要性乘以不同的权数,以这些乘数相加之和除以权数总和,即得加权平均数,以此来预测。

$$\overline{X} = \frac{\sum xy}{\sum f} \tag{7-2}$$

式中:$\overline{X}$——加权平均数;

f——权数;

$\sum xy$——代数和。

【例 7-1】 某公司销售额资料见表 7-2,试预测 7 月份销售额。

表 7-2 某公司销售额资料

月份	1	2	3	4	5	6
销售额	21	19.5	20	19.7	20.1	20.3

【解】

$$\bar{X} = \frac{\sum xf}{\sum f} = \frac{21 \times 1 + 19.5 \times 2 + 20 \times 3 + 19.7 \times 4 + 20.1 \times 5 + 20.3 \times 6}{1 + 2 + 3 + 4 + 5 + 6} \approx 20.05$$

运用加权平均法进行预测的关键是权数的选择。如果历史资料变动较大,可用等比数列为权数;如果历史资料变动小,可用等差数列为权数。

2) 移动平均数预测法

移动平均数预测法是通过移动平均数进行预测的方法。其包括简单移动平均法和趋势移动平均法。简单移动平均法是通过计算一段时间内数据点的平均值来进行预测的方法。而趋势移动平均法则是以一次移动平均值作为时间序列,再次计算其移动平均值,即在简单移动平均的基础上进一步做趋势分析。其基本公式为

$$M_t = \frac{X_t + X_{t-1} + \cdots + X_{t-n+1}}{n} \quad (7-3)$$

3) 一次指数平滑法

一次指数平滑法是通过对预测目标历史统计序列的逐层平滑计算,来消除由于随机因素造成的影响,找出预测目标的基本变化趋势,以此预测未来。其基本公式为

$$S_t = \alpha x_t + (1-\alpha) S_{t-1} \quad (7-4)$$

式中:S_t——第 t 期一次平滑值,也是第 $t+1$ 期的预测值;

α——平滑系数;

x_t——第 t 期观察值;

S_{t-1}——第 $t-1$ 期平滑值。

初始值的确定:如果观察期 n 大于 15,以第一期观察值为初始值;如果观察期 n 小于 15,以前三期观察值的平均数为初始值。

平滑系数的选择:如果时间序列有不规则变化,而长期趋势呈稳定的水平趋势,应取 0.05~0.20。在实际应用中可以取几个值比较,选择预测误差最小的值。

4) 直线趋势外推法

直线趋势外推法是遵循事物发展的连续原则,分析预测目标时间序列资料呈现的长期趋势变动的规律性,用数学方法找出拟合趋势变动轨迹的数学模型,据此进行预测的方法。常用最小二乘法进行预测:

$$\hat{y} = a + bt \quad (7-5)$$

式中:$\hat{y}$——预测值;

a、b——待定参数;

t——时间变量。

基本原理:已知时间序列各数值与拟合趋势直线估计值的离差平方和为最小值,即

$$\sum (y - \hat{y})^2$$

利用极值定理,求得 a、b 参数方程为

$$a = \frac{\sum y - b \sum t}{n} \quad b = \frac{n \sum ty - \sum t \sum y}{n \sum t^2 - (\sum t)^2}$$

【例 7-2】 某地区某商品销售量资料见表 7-3。

表 7-3 某地区某商品销售量资料

年份	2014	2015	2016	2017	2018	2019	2020	2021	2022	2023	2024	合计
销量	36	26	32	40	50	45	42	48	45	55	56	475
t	-5	-4	-3	-2	-1	0	1	2	3	4	5	0
t^2	25	16	9	4	1	0	1	4	9	16	25	110
ty	-180	-104	-96	-80	-50	0	42	96	135	220	280	263

预测该地区 2025 年商品销售量。

【解】 给时间变量分配序号，使 $\sum t = 0$，并计算有关数据填入表中。

$$a = \frac{\sum y}{n} = \frac{475}{11} \approx 43.18$$

$$b = \frac{\sum ty}{\sum t^2} = \frac{263}{110} \approx 2.39$$

$$\hat{y} = a + bt = 43.18 + 2.39t$$

当 $t = 6$ 时，

$$\hat{y} = 43.18 + 2.39t = 43.18 + 2.39 \times 6 = 57.52$$

即 2025 年商品销售量为 57.52 万吨。

7.3 投资估算与资金筹措

7.3.1 投资估算作用

投资估算是指在整个投资决策过程中，依据现有的资料和一定的方法，对建设项目的投资额进行的估计。投资估算的作用如下。

(1) 项目建议书阶段的投资估算是多方案比选、优化设计、合理确定项目投资的基础，是项目主管部门审批项目建议书的依据之一，并对项目的规划、规模起参考作用，从经济上判断项目是否应列入投资计划。

(2) 项目可行性研究阶段的投资估算是项目投资决策的重要依据，是正确评价建设项目投资合理性、分析投资效益、为项目决策提供依据的基础。当可行性研究报告被批准之后，其投资估算额就作为建设项目投资的最高限额，不得随意突破。

(3) 项目投资估算对工程设计概算起控制作用，它为设计提供了经济依据和投资限额，设计概算不得突破批准的投资估算额。投资估算一经确定，即成为限额设计的依据，用以对各设计专业实行投资切块分配，作为控制和指导设计的尺度或标准。

(4) 项目投资估算是进行工程设计招标、优选设计方案的依据。

(5) 项目投资估算可作为筹措项目资金及制订建设贷款计划的依据，建设单位可根据批准的投资估算额进行资金筹措，向银行申请贷款。

7.3.2 投资估算阶段

投资估算贯穿于整个建设项目投资决策过程之中,投资决策过程可划分为投资机会研究或项目建设书阶段,初步可行性研究阶段及详细可行性研究阶段,因此投资估算工作也分为相应三个阶段。不同阶段所具备的条件和掌握的资料不同,对投资估算的要求也各不相同,因而投资估算的准确程度在不同阶段也不同,进而每个阶段投资估算所起的作用也不同。

1. 投资机会研究或项目建设书阶段

这一阶段主要是选择有利的投资机会,明确投资方向,提出概略的项目投资建议,并编制项目建议书。该阶段工作比较粗略,投资额的估计一般是通过与已建类似项目的对比得来的,因而投资估算的误差率可在30%左右。这一阶段的投资估算是作为相关管理部门审批项目建议书,初步选择投资项目的主要依据之一,对初步可行性研究及投资估算起指导作用,决定一个项目是否真正可行。

2. 初步可行性研究阶段

这一阶段主要是在投资机会研究结论的基础上,弄清项目的投资规模、原材料来源、工艺技术、厂址、组织机构和建设进度等情况,进行经济效益评价,判断项目的可行性,作出初步投资评价。该阶段是介于项目建议书和详细可行性研究之间的阶段,误差率一般要求控制在20%左右。这一阶段是作为决定是否进行详细可行性研究的依据之一,同时也是确定某些关键问题需要进行辅助性专题研究的依据之一,这个阶段可对项目是否真正可行作出初步的决定。

3. 详细可行性研究阶段

详细可行性研究阶段也称最终可行性研究阶段,主要是进行全面、详细、深入的技术经济分析论证,要评价选择拟建项目的最佳投资方案,对项目的可行性提出结论性意见。该阶段研究内容详尽,投资估算的误差率应控制在10%以内。这一阶段的投资估算是进行详尽经济评价、决定项目可行性、选择最佳投资方案的主要依据,也是编制设计文件、控制初步设计及概算的主要依据。

7.3.3 投资估算内容

工程项目总投资估算是项目从建设前期准备工作到项目全部建成投资发生的全部费用,其构成主要包括以下方面。

1. 固定投资构成与估算

1) 建筑工程费

建筑工程费＝单位工程概算指标×单位工程量×修正系数

其中:建筑工程费是指进行土建工程所花费的费用,它是建筑工程项目成本的重要组成部分。

2）设备购置费

设备购置费是指为工程建设项目购置或自制的达到固定资产设备标准的设备、工具器具的费用。固定资产的标准是：使用在一年以上，单位价值在1 000元、1 500元或2 000元以上。具体标准由主管部门规定。

$$国内设备购置费=设备原价\times(1+运杂费率)$$
$$进口设备购置费=设备原价+进口费用+国内运杂费$$
$$融资租赁设备费=设备原价+运输费+保险费+安装调试费$$

3）安装工程费

$$安装工程费=设备吨位\times每吨设备安装费$$

4）工程建设其他费用

工程建设其他费用包括土地征用费或土地使用权出让金、建设单位管理费、勘察设计费、研究试验费、联合试运转费、生产职工培训费、办公及生活家居购置费、其他费用等。

5）预备费用

预备费是指在投资估算时用于处理实际与计划不相符而追加的费用，包括基本预备费和涨价预备费两部分。基本预备费是指在初步设计及概算内难以预料的工程费用。基本预备费是以设备及工器具购置费、建筑安装工程费用和工程建设其他费用三者之和为计费基础，乘以基本预备费率进行计算。基本预备费率按国家有关规定计取。涨价预备费是指建设项目在建设期间由于价格等变化引起工程造价变化的预备、预留费用，包括工费、设备、材料、施工机械价差、费率、汇率等调整。

$$基本预备费=(建筑工程费+设备及工具器材购置费+安装工程费+$$
$$工程建设其他费+安装工程费+工程建设其他费)\times基本预备费率$$

$$涨价预备费=P_f\sum_{t=1}^{n}I_t[(1+f)^{m+t-1}-1] \tag{7-6}$$

式中：P_f——涨价预备费；

n——建设期年数；

m——估算年到项目开工年的间隔数；

I_t——建设期中第t年的用款额，包括工程费、其他费及基本预备费。

2. 建设期利息的估算

建设项目中固定资产投资额中的有偿使用部分，在建设期间应偿还的借款利息、承诺费以及财政资金有偿使用的资金占用费，按照相关规定应作为资本化利息计入项目总投资中，并列入投资计划。这些费用最终会形成固定资产的原值，并据此计提折旧。

$$本年应计利息=(年初借款累计金额+当年贷款/2)\times年利率$$

建设期利息计入总投资，以年计息，以年付息，并形成固定资产原值，在"固定资产投资估算表"和"投资总额与资金筹措表"中同时反映。

3. 流动资金的估算

流动资金是指项目建成后企业在生产过程中处于生产和流通领域,供周转使用的资金,它是流动资产与流动负债的差额。项目建成后,为保证企业正常生产经营的需要,必须有一定量的流动资金维持其周转,如用以购置企业生产经营过程中所需的原材料、燃料、动力等劳动对象和支付职工工资,以及生产中以周转资金形式被占用于在制品、半成品、产成品上的资金,在项目投产前预先垫支的流动资金。周转过程中流动资金不断地改变其自身的实物形态,其价值也随着实物形态的变化而转移到新产品中,并随着产品销售的实现而回收。流动资金属于企业在生产经营中长期占用和用于周转的永久性流动资金。其计算方法有以下两种。

1) 简单扩大指标估算法

(1) 产值资金占用率估算法。

$$流动资金 = 产值 \times 流动资金占产值比例$$

【例 7-3】 已知某项目的年产值为 5 000 万元,其类似企业百元产值的流动资金占用额为 20 元,则该项目的流动资金为

$$5\,000 \times 20\% = 1\,000(万元)$$

(2) 产量资金占用率估算法。

$$流动资金额 = 年总产量 \times 单位产量流动资金率$$

(3) 按经营成本(或总成本)资金率估算。成本资金率是指流动资金占经营成本(或总成本)的比率。

$$流动资金额 = 年经营成本(总成本) \times 经营成本(总成本)资金率$$

【例 7-4】 某铁矿年经营成本为 8 000 万元,经营成本资金率为 35%,则该矿山的流动资金额为

$$8\,000 \times 35\% = 2\,800(万元)$$

2) 分项详细估算法

分项详细估算法是按各类流动资金分项估算,然后加总获得企业总流动资金需要量的方法。它是国际上通用的流动资金估算方法,可采用下列公式:

$$流动资金 = 流动资产 - 流动负债$$
$$流动资金 = 应收账款 + 存款 + 现金$$
$$流动负债 = 应付账款$$
$$流动资金本年增加额 = 本年流动资金 - 上年流动资金$$

(1) 现金的估算。

$$现金 = (年工资及福利费 + 年其他费用) / 周转次数$$
$$年其他费用 = 制造费用 + 管理费用 + 财务费用 + 销售费用$$

以上四项中所含的工资及福利费、折旧费、维简费、摊销费、修理费和利息支出周转次数 = 360/最低需要周转天数。

(2) 应收(预付)账款的估算。

$$应收(预付)账款 = 年经营成本 / 周转次数$$

(3) 存货的估算。

存货包括各种外购原材料、燃料、包装物、低值易耗品、在产品、外购商品、协作配件、自制半成品和产成品等。

$$外购原材料、燃料 = 年外购原材料燃料费用 / 周转次数$$

$$在产品 = (年外购原材料燃料及动力费 + 年工资及福利费 + 年修理费 + 年其他制造费用) / 周转次数$$

$$产成品 = 年经营成本 / 周转次数$$

(4) 应付(预收)账款的计算。

$$应付账款 = 年外购原材料、燃料、动力和备品备件费用 / 周转次数$$

7.3.4 投资估算程序

不同类型的工程项目可选用不同的投资估算方法,不同的投资估算方法有不同的投资估算编制程序。现从工程项目费用组成考虑,介绍较为常用的投资估算编制程序。

(1) 熟悉工程项目的特点、组成、内容和规模等。
(2) 收集有关资料、数据和估算指标等。
(3) 选择相应的投资估算方法。
(4) 估算工程项目各单位工程的建筑面积及工程量。
(5) 进行单项工程的投资估算。
(6) 进行附属工程的投资估算。
(7) 进行工程建设其他费用的估算。
(8) 进行预备费用的估算。
(9) 计算贷款利息。
(10) 汇总工程项目投资估算总额。
(11) 检查、调整不适当的费用,确定工程项目的投资估算总额。
(12) 估算工程项目主要材料、设备及需用量。

7.3.5 资金筹措

资金筹措,也称资金规划,它包括资金筹集和资金运用两个方面。前者主要是筹资渠道的选择和落实,后者主要是投资使用的进度安排和计划。资金筹集不当或资金运用不合理都可能延误项目建设工期和影响经济效果,而且能否筹集到项目所需的足够数量的资金,是项目能否上马的重要因素和必要条件之一,因此,资金筹措是可行性研究的一个重要内容。

1. 资金筹措的渠道与方式

建设项目各种资金来源总体上可以划分为项目资本金和负债筹资两类。项目资本金包括国家预算内投资、自筹投资、发行股票、吸收国外资本直接投资;负债筹资包括银行贷款、发行债券、设备租赁(方式)、借用国外资金(途径),具体如表 7-4 所示。

表 7-4 资金筹措的渠道与方式

项目资金筹措的基本要求	内容	1. 合理确定资金需要量,力求提高筹资效果; 2. 认真选择资金,力求降低资金成本; 3. 适时取得资金,保证资金投放需要; 4. 适当维持自有资金比例,正确安排举债经营
	特别注意	项目的资金可分为投入资金和借入资金,前者形成项目的资本金,后者形成项目的负债
项目资本金	国家预算内投资	包括:国家预算、地方财政、主管部门和国家专业投资拨给或委托银行贷给建设单位的基本建设拨款及中央基本建设基金,拨给企业单位的更新改造拨款,中央财政安排的专项拨款中用于基本建设的资金
	自筹投资	建设项目自筹资金必须正当,应上缴财政的各项资金和国家有指定用途的专款,以及银行贷款、信托投资、流动资金不可用于自筹投资;自筹投资必须纳入国家计划,并控制在国家确定的投资总规模以内;自筹投资要和一定时期国家确定的投资使用方向一致
	发行股票 种类	优先股和普通股
	发行股票 特点	是一种有弹性的融资方式;股票无到期日;可降低公司负债比率;资金成本高(股息和红利须在税后利润中支付);增发普通股须给新股东投票权和控制权
	吸收国外资本直接投资	主要包括与外商合资经营、合作经营、合作开发及外商独资经营等形式。其特点是:不发生债权债务关系,但要让出一部分管理权,并且要支付一部分利润
负债筹资	银行贷款 定义	项目银行贷款是银行利用信贷资金所发放的投资性贷款
	银行贷款 特别注意	银行资金的发放和使用应当遵循效益性、安全性和流动性的原则。效益性、安全性、流动性,既相互联系、相互依存,又相互制约、相互矛盾。一般来说,流动性越高,安全性越高,贷款的效益性就越低;相反,效益性越高,流动性和安全性就越低,这就是所谓的风险与收益的对称原则
	发行债券 定义与种类	债券是借款单位为筹集资金而发行的一种信用凭证,它证明持券人有权按期取得固定利息并到期收回本金。我国发行的债券又可分为国家债券、地方政府债券、企业债券和金融债券等
	发行债券 特点	支出固定;企业控制权不变;少纳所得税(合理的债券利息可计入成本,实际上等于政府为企业负担了部分债券利息);固定利息支出会使企业承受一定的风险;发行债券会提高企业负债比率;债券合约的条款,常常对企业的经营管理有较多的限制
	设备租赁(方式) 融资租赁	融资租赁是设备租赁的重要形式,它将贷款、贸易与出租三者有机地结合在一起
	设备租赁(方式) 经营租赁	即出租人对自己经营的出租设备进行反复出租,直至设备报废或淘汰为止的租赁业务
	设备租赁(方式) 服务出租	主要用于车辆的租赁
	借用国外资金(途径)	外国政府贷款;国际金融组织贷款;国外商业银行贷款;在国外金融市场上发行债券;吸收外国银行、企业和私人存款;利用出口信贷
特别注意		发行股票与发行债券的特点和它们之间的联系,这些内容不仅经常作为直接考核点,而且也是学习资金成本的重要支持点

2. 资金成本

资金成本是企业为筹措和使用资金而付出的代价,包括筹资过程中发生的筹资费用和用资过程中支付的利息。为了筹资决策的需要,应测算各种来源的资金成本。

1) 借款成本

借款成本主要是利息支出,一般筹资费用较少,可忽略不计。由于利息可列入成本,因此可少交一部分所得税。其资金成本计算公式为

$$K_e = R_e(1-T) \tag{7-7}$$

式中：K_e——借款成本；
R_e——借款利率；
T——所得税税率。

2) 债券成本

与借款相类似,企业发行债券筹集成本所支付的利息计入成本,这样就可以少交一部分所得税。同时企业发行债券的筹资费用较高,在计算其资金成本时应予考虑。因此,债券成本按下列公式计算为

$$K_b = R_b(1-T)/[B(1-f_b)] \tag{7-8}$$

式中：K_b——债券成本；
R_b——债券每年实际利息；
B——债券发行总额；
f_b——债券筹资费用率。

3) 股票成本

企业发行股票,需花费筹资费用,并定期支付股利。股利与借款的利息不同,股利应以所得税后利润支付,企业不能由此享有所得税收益。因此,股票成本的计算公式为

$$K_p = D_P/[P_S(1-f_P)] \tag{7-9}$$

式中：K_p——股票成本；
D_P——每年的股利；
P_S——股票发行总额；
f_P——筹资费用率。

4) 保留盈余资金成本

表面上看,企业保留盈余资金似乎没有成本,实际上股东留在企业里的资金,不仅可以用来追加本企业的投资,而且可以把资金投放到别的企业,或者存入银行。因此,企业保留利润意味着要承受机会成本。保留盈余资金成本的计算通常有三种方法。

(1) 比照股票成本法。其计算公式为

$$K_r = \frac{D}{P_n} \tag{7-10}$$

式中：K_r——保留盈余资金成本；
D——每年的股利；
P_n——保留盈余资金总额。

(2) 债券收益率加风险价值。该方法是以企业的长期债券利率加 2~4 个百分点作为风险溢价来估算保留利润的成本。其计算公式为

$$K_r = K_b + R_r \tag{7-11}$$

式中：K_b——长期债券利率；

R_r——风险溢价。

(3) 资本资产定价模式法。其理论基础为：任何股票的必要报酬必须等于其无风险的报酬率再加上其风险溢价。其计算公式为

$$K_r = R_F + \beta(K_M - R_F) \tag{7-12}$$

式中：R_F——无风险报酬率，一般依照一年期国库券利率确定；

β——一般股票的风险系数；

K_M——一般股票的报酬率。

企业通过各种渠道，获取资金的成本高低不同。为了进行筹资决策，确定最佳筹资方案，还需计算资金的综合成本，其计算公式为

$$K = \sum_{i=1}^{n} W_i K_i \tag{7-13}$$

式中：K——资金加权平均成本；

W_i——第 i 种资金占总资金的比重；

K_i——第 i 种资金的成本。

7.4 建设项目财务评价

7.4.1 项目财务评价的目的和内容

财务评价是工程经济的核心内容，它既是工程经济学原理的应用，又是其理论的深化。项目财务评价就是从企业（或项目）角度，根据国家现行价格和各项现行的经济、会计、财政、金融、税收制度的规定，分析测算项目直接发生的财务效益和费用，编制财务报表，计算评价指标，考察项目的盈利能力、清偿能力以及生存能力等财务状况，来判别拟建项目的财务可行性。

1. 项目财务评价的目的和作用

项目的财务评价无论是对项目投资主体，还是对为项目建设和生产经营提供资金的其他机构或个人，均具有十分重要的作用。其主要表现在以下几方面。

(1) 从企业或项目角度出发，分析投资效果，评价项目竣工投产后的获利能力。

(2) 确定进行某项目所需资金来源，制定资金规划。

(3) 估算项目的贷款偿还能力。

(4) 为协调企业利益和国家利益提供依据。

(5) 编制项目国民经济评价的基础。

(6) 确定中外合资项目必要性与可行性的依据。

2. 财务评价的主要内容

1) 财务预测

收集预测进行财务分析所必需的基础数据。基础数据的收集预测是建立在对投资项目的总体了解和对市场、环境、技术方案、组织管理充分调查和分析的基础之上的(如销售量、产量、价格及其变动情况、投资、成本等)。预测数据可用投资估算表、固定资产折旧表、利润表等归纳整理。

2) 编制资金规划与计划

首先，对可能的资金来源与数量进行调查与估算(可筹集到的银行贷款种类、数量，可能发行的股票、债券，可能用于投资的自有资金数量)。其次，根据财务预测数据，结合项目实施计划，估算逐年投资额，企业未来各年可用于偿还债务的资金，计算逐年债务偿还额。

3) 计算和分析财务效果

根据前两项内容，编制财务现金流量表和资产负债表，据此计算财务分析的经济效果指标。

7.4.2 财务评价的基本步骤

财务评价大致可分为四个步骤。

(1) 进行财务基础数据预测，熟悉拟建项目的基本情况。通过项目的市场调查预测分析和技术与投资方案分析，确定产品方案和合理的生产规模，选择生产工艺方案、设备选型、工程技术方案、建设地点和投资方案，拟订项目实施进度计划等。

(2) 编制财务评价的辅助报表。根据财务预测，获得项目投资、生产成本、销售收入和利润等一系列财务基础数据。在对这些财务数据进行分析、审查、鉴定和评估的基础上，完成财务评价辅助报表的编制工作。

(3) 编制和评估财务评价的基本报表。对上述辅助报表中的基础数据进行汇总，编制出现金流量表、利润表、资产负债表及外汇平衡表等主要财务基本报表，并对这些报表进行分析评估。一是要审查基本报表的格式是否符合规范要求；二是要审查所填列的数据是否准确。为了保证辅助报表与基本报表间数据的一致性和联动性，可使用专门的制表工具，完成表格间的数据链接。

(4) 计算财务评价的各项指标，分析项目的财务可行性。通过基本财务报表计算各项评价指标及财务比率，进行各项财务分析。例如，计算财务内部收益率、资产负债率等指标和比率，进行财务盈利能力、清偿能力、外汇平衡的分析等。

7.4.3 项目财务评价基本财务报表

为做好建设项目的财务评价，可采用以下基本报表进行分析计算。

1. 现金流量表

现金流量表反映项目计算期内各年的现金收支，是进行项目财务盈利能力分析的主要报表。现金流量表可分为全投资现金流量表和自有资金现金流量表。在进行盈利能力分析时一般分两步进行：第一步，通过全投资现金流量表，分析在项目全部资金都为自有资金的情况下，项目本身的盈利能力。它排除了财务条件（筹资成本）对项目盈利能力的影响，客观地反映项目本身的盈利能力。如果由此得出的项目盈利能力大于或等于资本成本率，则有继续进行财务分析的必要；反之，即可考虑否定此项目。第二步，通过自有资金现金流量表，考察企业自有资金的获利性，反映企业自身可得到的利益。

全部投资现金流量不分投资资金来源，以全部投资作为计算基础，用以计算全部投资内部收益率、财务净现值及投资回收期等评价指标，考察项目全部投资的盈利能力。因此，不必计算利息支出，从而为各个投资方案（不论其资金来源及利息高低）进行比较建立了共同基础。自有资金现金流量从投资者角度出发，以投资者自有资金作为计算基础，把国内外借款利息支付和本金偿还作为现金流出，用以计算自有资金投资财务内部收益率、财务净现值等评价指标，考察项目自有资金的盈利能力，现金流量表见表7-5。

表7-5 现金流量表

现 金 流 量 表

编制单位：　　　　　　　　　　　　年　　　月　　　　　　　　　　单位：元

项　　　　目	行　次	金　　额
一、经营活动产生的现金流量：		
销售商品、提供劳务收到的现金	1	
收到的税费返还	3	
收到的其他与经营活动有关的现金	8	
现金流入小计	9	
购买商品、接受劳务支付的现金	10	
支付给职工以及为职工支付的现金	12	
支付的各项税费	13	
支付的其他与经营活动有关的现金	18	
现金流出小计	20	
经营活动产生的现金流量净额	21	
二、投资活动产生的现金流量：		
收回投资所收到的现金	22	
取得投资收益所收到的现金	23	
处置固定资产、无形资产和其他长期资产所收回的现金净额	25	
收到的其他与投资活动有关的现金	28	
现金流入小计	29	
购建固定资产、无形资产和其他长期资产所支付的现金	30	
投资所支付的现金	31	
支付的其他与投资活动有关的现金	35	
现金流出小计	36	
投资活动产生的现金流量净额	37	
三、筹资活动产生的现金流量：		
吸收投资所收到的现金	38	

续表

项　　目	行　次	金　　额
借款所收到的现金	40	
收到的其他与筹资活动有关的现金	43	
现金流入小计	44	
偿还债务所支付的现金	45	
分配股利、利润或偿付利息所支付的现金	46	
支付的其他与筹资活动有关的现金	52	
现金流出小计	53	
筹资活动产生的现金流量净额	54	
四、汇率变动对现金的影响	55	
五、现金及现金等价物净增加额	56	

2. 利润表

利润表是反映项目计算期内各年的利润总额、所得税及税后利润的分配情况，用以计算投资利润率、投资利税率、资本金利润率和资本金净利润率等静态财务指标的表格，见表7-6。

表7-6　利润及利润分配表
利润及利润分配表

编制单位：　　　　　　　　　　　年　　　月　　　　　　　　　　　　单位：元

项　　目	行　次	上年同期累计	本月数	本年累计数
一、主营业务收入	1			
减：主营业务成本	4			
主营业务税金及附加	5			
二、主营业务利润	10			
加：其他业务利润	11			
减：营业费用	14			
管理费用	15			
财务费用	16			
三、营业利润	18			
加：投资收益	19			
补贴收入	22			
营业外收入	23			
减：营业外支出	25			
四、利润总额	27			
减：所得税	28			
五、净利润	1			
加：年初未分配利润	2			
其他转入	4			
六、可供分配的利润	8			

续表

项　　目	行　次	上年同期累计	本月数	本年累计数
减：提取法定盈余公积	9			
提取法定公益金	10			
提取职工奖励及福利基金	11			
提取储备基金	12			
提取企业发展基金	13			
利润归还投资	14			
七、可供投资者分配的利润	16			
减：应付优先股股利	17			
提取任意盈余公积	18			
应付普通股股利	19			
转作资本（或股本）的普通股股利	20			
八、未分配利润	25			

1）利润总额

利润总额是项目在一定时期内实现盈亏总额，即产品销售（营业）收入扣除销售税金及附加、增值税和总成本费用之后的数额，用公式表示为

利润总额＝销售（营业）收入－销售税金及附加－增值税－总成本费用

2）项目亏损及亏损弥补的处理

项目在上一年度发生亏损，可用当年获得的所得税前利润弥补，当年所得税前利润不足弥补的，可以在5年内用所得税前利润延续弥补；延续5年未弥补的亏损，用缴纳所得税后的利润弥补。

3）所得税的计算

利润总额按照现行财务制度规定进行调整（如弥补上年的亏损）后，作为计算项应缴纳所得税税额的计税基数，用公式表示为

所得额＝利润总额－补以前年度亏损

所得税税率按照国家规定执行。国家对特殊项目有减免所得税规定的，按国家主管部门的有关规定执行，用公式表示为

所得税＝应纳税所得额×所得税税率

4）所得税后利润的分配

缴纳所得税后的利润，按照下列顺序分配：①提取法定盈余公积金；②提取公益金；③提取任意盈余公积金；④向投资者分配利润，即应付利润；⑤未分配利润即可为可供分配利润减去应付利润后的余额，用公式可表示为

税后利润＝应纳税所得额－所得税；

可供分配利润＝税后利润－盈余公积金－应付利润＋未分配利润

3．借款还本付息表

借款还本付息表是反映项目借款偿还期内借款支用、还本付息和可用于偿还借款的资金来源情况，用以计算借款偿还期或者偿债备付率和利息备付率指标，进行偿债能力分

析的表格。按现行财务制度的规定,归还建设投资借款的资金来源主要是当年可用于还本的折旧费和摊销费,当年可用于还本的未分配利润、以前年度结余可用于还本资金和可用于还本的其他资金等。由于流动资金借款本金在项目计算期末一次性回收,因此不必考虑流动资金的偿还问题。

1) 借款

在项目的建设期,年初借款本息累计等于上年借款本金和建设期利息之和;在项目的生产期,年初借款本息累计等于上年尚未还清的借款本金。本年借款和建设期本年应计利息应根据"资金投入计划与资金筹措表"填列;生产期本年应计利息为当年的年初借款本息累计与借款年利率的乘积;本年还本可以根据当年偿还借款本金的资金来源填列;年末本息余额为年初本息余额与本年还本数额的差。

2) 债券

借款偿还计划表中的债券是指通过发行债券来筹措建设资金,因此债券的性质应该等同于借款。两者之间的区别是,通过债券筹集建设资金的项目,是向债权人支付利息和偿还本金,而不是向贷款的金融机构支付利息和偿还本金。

3) 还本资金来源

当年可用于还本的未分配利润和可用于还本的以前年度结余资金,可根据"损益表"填列,当年可用于还本的折旧和摊销可根据"总成本费用估算表"填列。

4) 资产负债表

该表反映了企业在某一特定日期的财务状况,即企业资产、负债和所有者权益(或股东权益)的静态报表。资产负债表的基本结构是"资产=负债+所有者权益",见表7-7。

表 7-7 资产负债表

资产负债表

编制单位: _____年_____月_____日 单位:元

资产	行次	期末余额	年初余额	负债及所有者权益	行次	期末余额	年初余额
流动资产:				**流动负债:**			
货币资金	1			短期借款	31		
短期投资	2			应付票据	32		
应收票据	3			应付账款	33		
应收账款	4			预收账款	34		
预付账款	5			应付职工薪酬	35		
应收股利	6			应交税费	36		
应收利息	7			应付利息	37		
其他应收款	8			应付利润	38		
存货	9			其他应付款	39		
其中:原材料	10			其他流动负债	40		
在产品	11			流动负债合计	41		
库存商品	12			**非流动负债**			
周转材料	13			长期借款	42		

续表

资产	行次	期末余额	年初余额	负债及所有者权益	行次	期末余额	年初余额
其他流动资产	14			长期应付款	43		
流动资产合计	15			递延收益	44		
非流动资产：				其他非流动负债	45		
长期债券投资	16			非流动负债合计	46		
长期股权投资	17			负债合计	47		
固定资产原价	18						
减：累计折旧	19						
固定资产账面价值	20						
在建工程	21						
工程物资	22						
固定资产清理	23						
生产性生物资产	24			**所有者权益（或股东权益）：**			
无形资产	25			实收资本（或股本）	48		
开发支出	26			资本公积	49		
长期待摊费用	27			盈余公积	50		
其他非流动资产	28			未分配利润	51		
非流动资产合计	29			所有者权益（或股东权益）合计	52		
资产总计	30			负债和所有者权益（或股东权益）总计	53		

7.4.4 财务评价指标体系

利用财务评价的基本报表，可以计算一系列评价指标，这些指标归结为以下方面。

1. 盈利能力分析指标

1) 投资利润率

投资利润率一般是项目达到设计生产能力后的一个正常生产年份的利润总额或项目生产期内的年平均利润总额与项目总资金的比率。对生产期内各年利润总额变化幅度较大的项目应计算生产期年平均利润总额与项目总资金的比率。其计算公式为

$$E = R/C_0 \tag{7-14}$$

式中：E——投资利润率；

C_0——建设项目的总投资；

R——年净收益（等于运营正常年现金流入－现金流出）。

2) 投资利税率

投资利税率是指建设项目投产后，在运营正常年获得的年净收益及当年税金之和与项目总投资之比。其计算公式为

$$E = (R + X)/C_0 \tag{7-15}$$

式中：X——年税金。

投资利税率可根据损益表中的有关数据计算求得。在财务评价中，将投资利税率与行业平均投资利税率对比，以判别单位投资对国家积累的贡献是否达到本行业的平均水平。

3）财务净现值和净现值率

财务净现值是项目按设定的折现率，将各年的净现金流量折现到建设起点（建设期初）的现值之和。其表达式为

$$\text{NPV} = \sum_{t=1}^{n}(\text{CI} - \text{CO})_t(1+i)^{-t} \tag{7-16}$$

式中：i——折现率，取部门或行业的基准收益率或根据资金的来源和构成确定的某数值；

n——计算期年数，一般取 10~20 年。

评价标准：NPV≥0，则项目可行；

NPV<0，则项目不可行。

$$\text{NPVE} = \frac{\text{NPV}}{I_P} \tag{7-17}$$

式中：I_P——投资（包括固定资产投资和流动资金）的现值。

净现值的实质可以理解为一旦投资该项目，就能立即从该项目获得的净收益。折现的意义在于从现时立场来看，扣除掉由于资金的时间价值所带来的那一部分收益，剩余部分才真正反映了投资该项目的收益。因此，净现值的大小，可以作为判别该项目经济上是否可行的依据。利用财务现金流量表可以计算出财务净现值。

【例 7-5】 某建设项目的初始投资为 1 000 万元，年收入 500 万元，年支出 200 万元，该建设项目的寿命周期为 5 年，5 年末残值为 200 万元，试问：折现率为 8% 的情况下，该建设项目的净现值为多少？

【解】 NPV=-1 000+(500-200)×(P/A,8%,5)+200(P/F,8%,5)=334(万元)

4）投资回收期

投资回收期（T_P）（或投资返本年限）是以项目的净收益抵偿全部投资（包括固定资产投资和流动资金）所需的时间，也就是说，为补偿项目的全部投资而要积累一定的净收益所需的时间。它是反映项目财务上投资回收能力的重要指标。投资回收期（以年表示）的表达式为

$$\sum_{t=1}^{T_P}(\text{CI} - \text{CO})_t = 0 \tag{7-18}$$

式中：CI——现金流入量；

CO——现金流出量；

t——投资回收期，年。

评价标准：$T_p \leqslant T_b$，则项目可以考虑接受；$T_p > T_b$，则项目应予以拒绝，T_b 为基准投资回收期。

【例 7-6】 某建设项目总投资 1 000 万元，建设期 3 年，第 1 年投资 300 万元，第 2 年

投资500万元,第3年投资200万元,项目建成后,第1年净收益100万元,第2年100万元,第3年300万元,第4年300万元,第5年400万元,第6年400万元,试问:该建设项目的投资回收期为多少?

【解】 该建设项目的累计净现金流量表如表7-8所示。

表7-8 累计净现金流量表

年份	0	1	2	3	4	5	6	7	8
投资	300	500	200						
净收益	0	0	0	100	100	300	300	400	400
累计净收益	−300	−800	−1 000	−900	−800	−500	−200	200	600

$$T_p = 7 - 1 + |-200|/400 = 6.5(年)$$

5) 财务内部收益率

财务内部收益率(IRR)是反映工程项目经济效果的一项基本指标,指投资项目在建设和生产服务期内,各年净现金流量现值累计等于零时的贴现率。这种分析方法考虑了货币的时间价值,可以测算各方案的获利能力,因此它是投资预测分析的重要方法之一。其表达式为

$$NPV = \sum_{t=1}^{n}(CI-CO)_t(1+IRR)^{-t} = 0 \tag{7-19}$$

式中:IRR——内部收益率。

若 IRR>i,则 NPV>0,说明项目可行。

若 IRR=i,则 NPV=0,说明项目可以考虑接受。

若 IRR<i,则 NPV<0,说明项目不可行。

2. 清偿能力分析指标

1) 流动比率

流动比率是反映项目流动资产在短期债务到期以前可以变为现金用于偿还流动负债的能力。流动比率可由资产负债表求得,其计算公式为

$$\frac{流动资产}{流动负债} \times 100\%$$

流动负债一般属于项目的短期负债,对项目的清偿压力较大。流动资产是项目资产中变动程度较强的资产,包括速动资产和存货。因此,流动比率比资产负债率更能反映建设项目的清偿能力。流动比率越大,说明清偿能力越强。

2) 速动比率

速动比率是反映项目流动资产中可以立即用于偿付流动负债的能力。速动比率可由资产负债表求得,其计算公式为

$$速动比率 = \frac{流动资产总额-存货}{流动负债总额} \times 100\%$$

速动比率是最能反映建设项目清偿能力的指标。

3) 资产负债率

资产负债率是反映项目利用债权人提供资金进行经营活动的能力,并反映债权人发放贷款的安全程度。资产负债率可由资产负债表求得,其计算公式为

$$资产负债率 = \frac{负债总额}{资产总额} \times 100\%$$

资产负债率越小,说明该项目中负债数额越小,债权人的财务风险越小,建设项目的清偿债务能力越强。但如果过小,也说明该项目利用财务杠杆的能力较差。

4) 贷款偿还期

(1) 国内贷款偿还期。国内贷款偿还期是指在国家财政规定和建设项目具体财务条件下,以项目投产后可用于还款的资金偿还固定资产投资国内贷款本金和建设期利息所用的时间。其计算公式为

$$国内贷款偿还期 = 偿清债务年份数 - 1 + \frac{偿清债务当年应付本息}{当年可用于偿债的本金}$$

(2) 国外贷款偿还期。建设项目如果利用外资,其外币贷款部分的还本付息,应按已经明确的或预计可能的贷款偿还条件计算。贷款偿还条件包括要求的偿还方式和偿还期限。

5) 利息备付率

利息备付率是在借款还期内的息税前利润与应付利息的比值,它从付息资金来源的充裕性角度反映项目偿付债务利息的保障程度。其计算公式如下:

$$利息备付率 = \frac{息税前利润}{当期应付利息费用} \times 100\%$$

通常情况下,利息备付率高表明利息偿还的保障程度高。

6) 偿债备付率

偿债备付率是在借款还期内,可用于还本付息的资金与应还本付息金额的比值。其计算公式为

$$偿债备付率 = \frac{可用于还本付息的资金}{当期应还本付息金额} \times 100\%$$

偿债备付率表示可用于还本付息的资金偿还借款本息的保证倍数。正常情况下,偿债备付率应当大于1,且越高越好。偿债备付率低,说明还本付息的资金不足,偿债风险大。当指标值小于1时,表示当年资金来源不足以偿还当期债务,需要通过短期借款偿付已到期的债务。

3. 财务生存能力分析

财务生存能力分析,应在财务分析辅助报表和利润与利润分配表的基础上编制财务计划现金流量表,通过考察项目计算期内的投资、融资和经营活动所产生的各项现金流入和流出,计算净现金流量和累计盈余资金,分析项目是否有足够的净现金流量维持正常营运,以实现财务可持续性。

7.5 国民经济评价

7.5.1 国民经济评价的概念

项目国民经济评价简称国民经济评价,是指从国家整体角度考察项目的效益和费用,是项目经济评价的核心组成部分。用影子价格、影子工资、影子汇率计算项目给国民经济带来的净效益,以社会折现率作为评价经济上合理性的标准。1987 年,国家计划委员会颁发的《建设项目经济评价方法与参数》规定:国民经济评价以经济内部收益率作为主要指标,以经济净现值、经济净现值率和投资效益率作为辅助指标。如系出口创汇和替代进口节汇项目,增加经济外汇净现值和经济换汇成本两个外汇效果分析辅助指标。国民经济评价应与财务评价同时进行,只有财务评价和国民经济评价都可行的项目,才允许建设。当两种评价的结果发生矛盾时,应按国民经济评价的结论考虑项目的取舍。

7.5.2 费用—效益分析

费用—效益分析是项目国民经济分析的基本理论。它是从整个国民经济和社会发展的角度出发,通过比较各种备选项目或方案的全部预期效益和费用的现值,来决定项目取舍或选择最后实施方案的一种方法。所以,费用和效益的范围比财务分析中的成本和收益要宽得多。国民经济效益分为直接效益和间接效益,国民经济费用分为直接费用和间接费用。直接效益和直接费用可称为内部效果,间接效益和间接费用可称为外部效果。

1. 内部效果

直接效益是项目产出物直接生成,并在项目范围内计算的经济效益。其一般表现为:增加项目产出物或者服务的数量以满足国内需求的效益;替代效益较低的相同或类似企业的产出物或者服务,使被替代企业减产(停产),从而减少国家有用资源耗费或者损失的效益;增加出口或者减少进口,从而增加或者节支的外汇等。

直接费用是项目使用投入物所形成,并在项目范围内计算的费用。其一般表现为:其他部门为本项目提供投入物,需要扩大生产规模所耗费的资源费用;减少对其他项目或者最终消费投入物的供应而放弃的效益;增加进口或者减少出口,从而耗用或者减少的外汇等。

2. 外部效果

外部效果是指项目对国民经济作出的贡献与国民经济为项目付出的代价中,在直接效益与直接费用中未得到反映的那部分效益(间接效益)与费用(间接费用)。外部效果应包括以下几个方面。

(1) 产业关联。例如,建设一个水电站,一般除发电、防洪灌溉和供水等直接效果外,还必然带来养殖业和水上运动的发展,以及旅游业的增进等间接效益。此外,农牧业还会因土地淹没而遭受一定的损失(间接费用)。

(2) 环境和生态。例如，发电厂排放的烟尘可使附近田园的作物产量减少、质量下降，化工厂排放的污水可使附近江河的鱼类资源骤减。

(3) 技术扩散。技术扩散和示范效果是由于建设技术先进的项目会培养和造就大量的技术人员和管理人员。他们除了为本项目服务外，由于人员流动、技术交流对整个社会经济发展也会带来好处。

7.5.3 国民经济评价重要参数

1. 影子价格概述

影子价格是一种能够确切地反映社会的效益和费用的合理价格，它是在社会最优的生产组织情况下，供应与需求达到均衡时的产品和资源的价格。从理论上求解模型得到影子价格，按目前的条件，几乎是不可能的。西方经济学认为，在完全竞争条件下，由市场供需状况调节的价格能反映其社会价值，因而这种情况下的价格就是影子价格。但是，完全竞争的条件在各国国内市场都是不存在的。一般地说，国际市场的价格，受垄断、干预、控制的情况较少，因而实际上常以国际市场价格代表影子价格。

2. 影子价格的确定方法

1) 外贸货物的影子价格

(1) 产出物（按出厂价计算）。产出物包括项目生产的直接出口产品、间接出口产品、替代进口产品等，其影子价格计算方法如下。

直接出口产品（外销产品）的影子价格：按照离岸价格乘以影子汇率，减去国内运输费用及其贸易费用计算。

间接出口产品（包括内销产品及能替代其他货物从而促进其他货物增加出口的产品）的影子价格：按照离岸价格乘以影子汇率，减去从供应厂到口岸的运输费及其贸易费用，加上从供应厂到用户的运输费用及其贸易费用，再减去项目到用户的运输费用及其贸易费用计算。

替代进口产品（内销产品，以产顶进，减少进口）的影子价格：按照原进口货物的到岸价格乘以影子汇率，加上口岸到用户的运输费用及其贸易费用，再减去拟建项目到用户的运输费用及其贸易费用计算。

(2) 投入物（按到厂价格计算）。投入物包括项目投入的直接进口产品、间接进口产品、减少出口产品等，其影子价格计算方法如下。

直接进口产品（国外产品）的影子价格：按照到岸价格乘以影子汇率，加上国内运输费用及其贸易费用计算。

间接进口产品（属国内产品，但以前进口过，现在也大量进口）的影子价格：按照到岸价格乘以影子汇率，加上口岸到用户的运输费用及其贸易费用，减去供应厂到用户的运输费用及其贸易费用，再加上供应厂到拟建项目的运输费用及其贸易费用计算。

减少出口产品（国内产品，以前出口过，现在也能出口）的影子价格：按照离岸价格乘以影子汇率，减去从供应厂到口岸的运输费用及其贸易费，再加上从供应厂到拟建项目的运输费用及其贸易费用计算。

2) 非外贸货物的影子价格

(1) 产出物。增加供应数量满足国内消费的产出物。对于供求均衡的产出物,按照财务价格定价。对于供不应求的产出物,参照国内市场价格并考虑价格变化的趋势定价,但不应高于相同质量产品的进口价格。对于无法判断供求情况的产出物,按照取上述价格中较低者定价。不增加国内供应数量,只替代类似企业的产品的产出物,对于质量与被替代产品相同的项目运营产出物应按被替代企业相应的产品可变成本的分解结果定价。对于已经提高了质量的产出物,原则上应按替代产品的可变成本加提高产品质量而带来的国民经济效益定价。

(2) 投入物。能通过企业挖潜(不增加投资)增加供应的投入物。可按照该企业的可变成本分解去定价。企业其他项目能够提供的投入物可按全部成本分解定价。当难以获得分解成本资料时,可参照国内市场价格定价。

3. 影子汇率

影子汇率是指能反映外汇增加或减少对国民经济贡献或损失的汇率,也可以说是外汇的影子价格,体现了从国家角度对外汇价格的估量。国民经济评价中涉及外汇与人民币之间的换算均应采用影子汇率。同时影子汇率又是经济换汇成本或经济节汇成本指标的判据。影子汇率取值的高低,会影响项目评价中的进出口选择,影响采用进口设备还是国产设备的选择,影响产品进口型项目和产品出口型项目的决策。国家计委(2003年3月改组为国家发展和改革委员会)和建设部(2008年3月改为住房和城乡建设部)统一发布了影子汇率换算系数,即影子汇率与国家外汇牌价的比值系数。根据现阶段外汇供求情况、进出口结构和换汇成本,影子汇率换算系数取为1.08。在项目评价中,将外汇牌价乘以影子汇率换算系数即得影子汇率。

4. 社会折现率

社会折现率是社会对资金时间价值的估值。对以优化配置资源为目的的国民经济分析来说,社会折现率是从整个国民经济角度对资金的边际投资内部收益率的估值。社会折现率是资金的影子价格,也即投入资金的机会成本。

社会折现率是工程项目决策的重要工具。适当的社会折现率可以促进资源的合理分配,引导资金投向对国民经济净贡献大的工程项目。原则上,选取的社会折现率应使投资资金的供需基本平衡。如果社会折现率定得过高,投资资金供过于求,将导致资金积压,也会过高估计货币的时间价值,使投资者偏爱短期项目;如果定得过低,在国民经济分析中有过多的项目通过检验,将导致投资资金不足,同时也会过低地估计货币的时间价值,使投资者偏爱长期项目。社会折现率的确定体现国家的政策、目标和宏观调控意图,并且既要符合基本理论,又要符合我国的实际情况,应该考虑我国近期的投资收益水平、社会资金的机会成本、国际金融市场上的长期贷款利率以及国内外的资金供求状况等因素。

7.5.4 国民经济评价指标

1. 国民经济盈利能力分析指标

国民经济评价以经济内部收益率为主要指标。根据项目特点和实际需要，可计算经济净现值、经济净现值率、外汇效果及外部效果与无形效果等指标。

经济内部收益率系经济净现值累计等于零时的折现率。其经济含义是：项目占用的投资对国民经济的净贡献能力。经济内部收益率大于或等于社会折现率，表明项目投资对国民经济的净贡献能力达到了要求的水平，因而该项目是可以接受的。经济内部收益率的表达式为

$$\sum_{t=1}^{n}(\text{CI}-\text{CO})_t(1+\text{EIRR})^{-t}=0 \tag{7-20}$$

式中：CI——现金流入量；
  CO——现金流出量；
  $(\text{CI}-\text{CO})_t$——第 t 年的净现金流量；
  n——计算期。

经济净现值是反映项目对国民经济所做贡献的绝对指标，它是用社会折现率将项目计算期内各年的净收益折算到建设起点（建设初期）的现值之和。当经济净现值大于零时，表示国家为拟建项目付出代价后，除得到符合社会折现率的社会盈余外，还可以得到以现值计算的超额社会盈余。经济净现值率是反映项目单位投资为国民经济所做贡献的相对指标，它是经济净现值与投资现值之比。其表达式为

$$\text{ENPV}=\sum_{t=1}^{n}(\text{CI}-\text{CO})_t(1+i_s)^{-t}$$

$$\text{ENPVR}=\frac{\text{ENPV}}{I_P} \tag{7-21}$$

式中：i_s——社会折现率；
  I_P——投资（包括固定资产和流动资金）的现值；
  n——计算期。

2. 外汇效果分析指标

它是涉及产品创汇及替代进口节汇的项目，包括计算经济外汇净现值、经济换汇成本、经济节汇成本等指标，以进行外汇效果分析。

（1）经济外汇净现值。经济外汇净现值是按国民经济评价中效益、费用的划分原则，采用影子价格、影子工资和社会折现率计算、分析、评价项目实施后对国家外汇收支影响的重要指标。通过经济外汇流量表可以直接求得经济外汇净现值，用以衡量项目对国家外汇真正的净贡献（创汇）或净消耗（用汇）。经济外汇净现值的表达式为

$$\text{ENPV}_F=\sum_{t=1}^{n}(\text{FI}-\text{FO})_t(1+i_s)^{-t} \tag{7-22}$$

式中：FI——外汇流入量；

　　　FO——外汇流出量；

　　　$(FI-FO)_t$——第 t 年的净外汇流量；

　　　n——计算期。

当有产品替代进口结汇时,可按净外汇计算经济外汇净现值。

（2）经济换汇成本。经济换汇成本是分析、评价项目实施后在国际上的竞争力,进而判断其产品应否出口的指标；它是指用影子价格、影子工资和社会折现率计算的为生产出口产品而投入的国内资源现值（人民币,单位为元）与生产出口产品经济外汇净现值（外币单位,如美元）之比,亦即换取 1 美元外汇所需要的人民币金额。其表达式为

$$经济换汇成本 = \frac{\sum_{t=1}^{n} DR(1+i_s)}{\sum_{t=1}^{n} (FI-FO)_t (1+i_s)^{-t}} \tag{7-23}$$

式中：DR_t——项目在第 t 年为出口产品投入的国内资源（包括投资、原材料、工资及其他收入）。

（3）经济节汇成本。当有产品替代进口节汇时,应计算经济节汇成本,即节约 1 美元外汇所需的人民币金额,它等于项目计算期内生产替代进口产品所投入的国内资源的现值与生产替代进口产品的经济外汇净现值之比。经济换汇成本或经济节汇成本（元/美元）小于或等于影子汇率,表明该项目国际竞争力强。

（4）外部效果与无形效果。一个项目,除了由其投入和产出所产生的直接费用和直接效益外,还会对社会其他部门产生间接费用和间接效益,称为外部效果,也称外在效果。外部效果的识别和计算只适用于从全社会利益出发的经济分析,而不在项目的财务账目中反映,可以作为辅助指标,如劳动就业、分配效果等,要另行计算。

由于项目的费用和效益的不能定量或无形而无法衡量者称为无形效果,可在评价总结中予以定性评述和估量。

本 章 小 结

工程项目的可行性研究是项目前期的主要工作内容,也是决定投资成败的关键环节,对于项目的科学决策有着至关重要的作用。本章主要介绍了可行性研究的概念、作用、编制步骤以及主要内容,并重点讲述了国民经济评价与财务评价的关系、费用与效益分析、影子价格以及计算、国民经济评价和财务评价的基本报表与指标。

本 章 习 题

1. 机会研究、初步可行性研究与详细可行性研究有何联系与区别？
2. 如何应用定量和定性的预测方法进行需求预测？
3. 简述资源条件评估与原材料、燃料、动力供应条件评估的主要内容。

4. 投资项目的资金筹措渠道有哪些？各有什么优缺点？

5. 国民经济评价与财务评价的主要不同的有哪些？

6. 某彩电厂家，设计生产能力为月产 6 000 台，产品售价为 4 500 元/台，每月的固定成本为 360 万元。单位产品变动成本为每台 2 000 元，试求出月产量、生产能力利用率、销售价格、单位产品变动成本表示的盈亏平衡点。

7. 如何识别国民经济评价中的费用和效益？

8. 某房地产开发公司以 BOT 方式，投资 13 000 万元，获得某学校新校区公寓区的 20 年经营使用权，20 年后返还给学校，预计当公寓第 3 年正常运营后，每年的纯收益为 2 300 万元，从第 3 年起，纯收益每 5 年增长 5%，该公寓园区的建设期为 2 年，总投资分两年投入：一期 7 000 万元，二期为 6 000 万元。试计算项目的财务净现值、财务内部收益率和动态投资回收期，并判断项目的财务可行性。（假设投资发生在年初，其他收支发生在年末，基准收益率取 12%）

请完成：

（1）计算项目生产运营期内的销售税金及附加和所得税。

（2）计算项目现金流量表中的其余各项值。

（3）计算项目的静态、动态投资回收期，以及财务净现值和财务内部收益率，并判断项目的可行性。

即 测 即 练

第 8 章

资产更新、租赁与改扩建项目评价

本章关键词

资产磨损(assets wear);资产更新(asset update);资产租赁(capital lease);改扩建项目的经济评价(economic evaluation of reconstruction project)。

本章要点

通过本章的学习,理解资产磨损、资产更新和租赁的概念和内涵;掌握资产更新评价与资产租赁评价;了解资产更新决策。理解改扩建项目的概念及其特点,学习改扩建项目的范围界定以及财务评价;掌握改扩建项目经济评价的方法:总量法与增量法。培养学生运用理论知识对企业的改扩建项目决策问题进行公正、客观评价的能力,进一步提升理论自信和文化自信。

8.1 资产设备磨损与补偿

8.1.1 资产设备磨损

资产设备磨损是指资产设备在使用或闲置过程中所发生的损耗。磨损有有形磨损和无形磨损两种形式,我们通常所讲的磨损实则是两种磨损的综合,即综合磨损。

1. **资产设备的有形磨损**

有形磨损又称物质磨损,是资产设备在使用或闲置过程中发生的实体损耗。造成有形磨损的原因有两个方面。

(1)在生产过程中对资产设备的使用。机器资产设备在运转过程中,受到外力的作用,其零部件会发生摩擦、振动和疲劳,导致机器资产设备的实体发生磨损,这就是第一种有形磨损。其具体表现有:①零部件原始尺寸发生变化,甚至形状也发生变化;②公差配合性质发生改变,精度降低;③零部件损坏等。第一种有形磨损的后果是使资产设备精度降低、生产能力下降。当这种磨损达到一定程度,整个机器的性能就会下降,导致故障发生率上升,使用费用剧增,甚至失去正常工作的能力,丧失使用价值。

(2)自然力的作用。机器资产设备在闲置过程中,由于自然力的影响也会发生磨损,这就是第二种有形磨损。其主要表现有金属件生锈、腐蚀、橡胶件老化等，第二种有形磨损与生产过程中的使用无关，甚至与使用程度成反比。

有形磨损会导致机器资产设备使用价值的降低或丧失，使资产设备的原始价值贬值或基本丧失。对资产设备有形磨损进行补偿的办法是支出相应的补偿费用进行维护修理。

2. 资产设备的无形磨损

无形磨损是指由于技术进步的原因所引起的资产设备贬值。无形磨损又称经济磨损或精神磨损，它不是由于在生产过程中的使用或闲置过程中的自然力影响造成的，所以无形磨损不表现为资产设备实体的变化，而是表现为资产设备原始价值的贬值。

造成资产设备无形磨损的原因有以下两个方面。

(1) 在科学技术进步的影响下，劳动生产率不断提高，工艺不断改进，生产同样效能资产设备的社会必要劳动时间相对减少，生产成本和销售价格相应降低，致使现有资产设备的价值相应贬值。这种无形磨损称为第一种无形磨损。第一种无形磨损虽然使现有资产设备相对贬值，但资产设备本身的技术性能并未受影响，资产设备的使用价值也并未下降，因此这种无形磨损并不影响资产设备的正常使用，一般情况不需提前更新。但是，如果资产设备价值贬值的速度很快，以致影响到资产设备使用的经济性，就要及时淘汰。

(2) 由于技术进步，社会上出现了性能更完善、技术更先进、生产效率更高的新型资产设备，从而使现有机器资产设备在技术性能上相对落后、价值相对贬值。这种无形磨损称为第二种无形磨损。第二种无形磨损不仅造成现有资产设备的贬值，而且如果继续使用该资产设备，往往会导致其工程经济效果的降低。这是因为，虽然现有资产设备仍能正常使用，但其生产的产品在质量、性能等方面均不如新型资产设备，所耗费的原材料、燃料、动力等均比新型资产设备多，产品成本会高于社会平均成本，从而导致产品失去竞争能力，严重影响企业的发展。这就意味着现有资产设备实际上已部分或全部丧失其使用价值，必须考虑是否提前淘汰的问题。

当然，并不是说出现第二种无形磨损就必须淘汰现有资产设备，是否淘汰，应视其使用价值降低的幅度，而现有资产设备使用价值降低的幅度与技术进步的具体形式有关：①当技术进步表现为不断出现性能更完善、效率更高的新资产设备，但加工方法没有原则变化时，将使现有资产设备的使用价值大幅度降低，如果这种技术进步的速度很快，则继续使用现有资产设备就可能是不经济的，应在经济分析的基础上决定是否淘汰；②当技术进步表现为采用新的加工对象，如新材料时，则加工旧材料的资产设备必然被淘汰；③当技术进步表现为以新的加工工艺代替旧的生产方法时，则只适合于旧工艺的资产设备将失去使用价值，也应被淘汰；④当技术进步表现为产品换代时，不能适用于新产品生产的原有资产设备也应被淘汰。

3. 资产设备的综合磨损

机器资产设备在使用过程中，通常既要遭受有形磨损又要遭受无形磨损，两种磨损的共性是会引起资产设备原始价值的贬值。所不同的是，有形磨损比较严重的资产设备，在修复补偿之前，往往不能正常运转，大大降低使用性能。而遭受无形磨损的资产设备，如果其有形磨损程度比较小，则无论其无形磨损的程度如何，均不会影响其正常使用，但其经济性能必定发生变化，需要经过经济分析以决定其是否继续使用下去。

8.1.2 资产设备磨损的补偿方式

资产设备发生磨损后，需要进行补偿，以恢复资产设备的生产能力。由于资产设备遭受磨损的形式不同，补偿磨损的方式也不一样。补偿分为局部补偿和完全补偿。资产设备有形磨损的局部补偿是修理，资产设备无形磨损的局部补偿是现代化改装。资产设备有形磨损和无形磨损的完全补偿是更新，见图 8-1。资产设备大修理时更换部分易磨损的零部件和调整资产设备，以恢复资产设备的生产功能和效率为主；资产设备现代化改造是对资产设备的结构做局部的改进和技术上的革新，如添加新的、必需的零部件，以增加资产设备的生产功能和效率为主；更新是对整个资产设备进行更换。

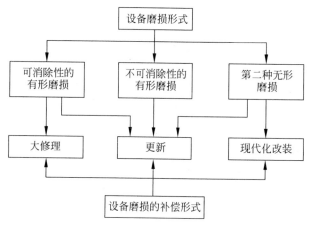

图 8-1 资产设备磨损的补偿

由于资产设备总是同时遭受有形磨损和无形磨损，因此，对综合磨损后的补偿形式应进行更深入的研究，以确定恰当的补偿方式。对于陈旧落后的资产设备，即消耗高、性能差、使用操作条件不好、对环境污染严重的资产设备，应当用较先进的资产设备尽早替代；对整机性能尚可、有局部缺陷、个别工程经济指标落后的资产设备，应选择适应技术进步的发展要求，吸收国内外的新技术，不断地加以改造和现代化改装。在资产设备磨损补偿工作中，最好的方案是有形磨损期和无形磨损期接近，这是一种理想的"无维修设计"（也就是说，当资产设备需要进行大修理时，恰好到了更换的时刻）。大多数的资产设备，通常通过修理可以使有形磨损期达到 20～30 年甚至更长，但无形磨损期却比较短。在这种情况下，就存在如何对待已经无形磨损但物质上还可使用的资产设备的问题。此外还应看到，第二种无形磨损虽使资产设备贬值，但它是社会生产力发展的反映，这种磨损越大，表示社会技术进步越快。因此应该充分重视对资产设备磨损规律性的研究，加速技术进步的步伐。

8.2 资产更新方案评价

8.2.1 资产设备更新的概念与类型

资产设备更新是指对资产设备综合磨损的完全补偿,即用新资产设备更换旧资产设备。根据新资产设备的性能不同,资产设备更新可分为原型更新和技术更新两种类型。

资产设备的原型更新是指用相同效能、相同型号的新资产设备去更换有形磨损严重、不能继续使用的旧资产设备。这种更新又称简单更新或形式更新,解决的只是资产设备的损坏问题,不具有更新技术的性质,不能促进技术的进步。

资产设备的技术更新是指用技术上更先进,结构上更完善,效率更高,性能更好,更能节约能源和原料的新资产设备代替那些在技术或经济上不宜继续使用的旧资产设备。这种更新具有明显技术进步的性质。

8.2.2 资产设备原型更新的决策

资产设备原型更新主要解决由于有形磨损的增加而使维修费用以及其他运行费用大幅度上升所造成的资产设备使用的不经济现象,因此可以通过分析资产设备的经济寿命进行更新决策。

1. 不考虑资金时间价值

一般情况下,随着资产设备使用期的延长,运行成本每年以某种速度在增加,通常把运行成本的逐年增加称为资产设备劣化。假定每年运行成本的劣化增量是均等的,即运行成本呈线性增长。用 λ 代表每年运行成本增加额,即劣化值;T 代表资产设备使用年限,则第 T 年的运行成本是

$$C_T = C_1 + (T-1)\lambda \tag{8-1}$$

式中:C_T——第 T 年运行成本;

C_1——运行成本初始值。

则 T 年内运行成本的平均值是

$$\overline{C_T} = C_1 + \frac{T-1}{2}\lambda \tag{8-2}$$

资产设备每年的总费用支出除了 $\overline{C_T}$ 外,还有每年分摊的资产设备购置费 $\overline{K_r}$,有

$$\overline{K_r} = \frac{K_0 - V_L}{T} \tag{8-3}$$

式中:$\overline{K_r}$——购置费的每年分摊额;

K_0——资产设备原始价值;

V_L——T 年后的残值;

T——资产设备使用年限。

式(8-2)加式(8-3),即可得出资产设备每年的总费用公式:

$$AC = \frac{K_0 - V_L}{T} + C_1 + \frac{T-1}{2}\lambda \tag{8-4}$$

式(8-2)、式(8-3)、式(8-4)之间的关系可用图 8-2 表示。

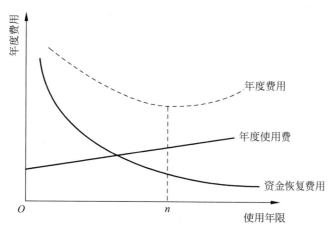

图 8-2 年运行成本随使用年限的变化

由图 8-2 可见,随着资产设备使用时间的延长,分摊到每年的购置费 $\overline{K_r}$ 是下降的,而每年的运行费 $\overline{C_T}$ 用是上升的,因此每年的总费用支出 AC 是先降后升的趋势,呈 U 形曲线。

设 V_L 是一常数,令 d(AC)/dT=0,则

$$T_{\text{opt}} = \sqrt{\frac{2(K_0 - V_L)}{\lambda}} \tag{8-5}$$

式中:T_{opt}——资产设备经济寿命。

由于原型更新只考虑经济性,因此资产设备的经济寿命就是最佳更换时机。

【例 8-1】 若资产设备原始价值 $K_0=8\,000$ 元,预计残值 $V_L=800$ 元,运行成本初始值 $C_1=800$ 元/年,年运行成本劣化值 $\lambda=300$ 元/年,则资产设备的经济寿命是

$$T_{\text{opt}} = \sqrt{\frac{2(8\,000-800)}{300}} = \sqrt{48} \approx 7(\text{年})$$

如果 V_L 不能视为常数,运行成本不呈线性增长,各年 λ 不同,且无规律可循,这时应列表逐年计算。

【例 8-2】 某资产设备原始价值 10 000 元,物理寿命 10 年,运行成本初始值 700 元,各年运行成本初始值与劣化值之和见表 8-1 第 1 栏,年末残值见表 8-1 第 3 栏,求该资产设备的经济寿命。

计算可见,资产设备在使用期限为 8 年时年总费用最低,是 2 326 元,因此,该资产设备经济寿命是 8 年。

表 8-1　资产设备经济寿命的计算　　　　　　　　　　　　　元

使用年限	运行成本初始值与劣化值之和	年末残值	运行成本及劣化值的年平均值	年平均设备费用	年平均总费用
A	B	C	$D=\dfrac{\sum B}{A}$	$E=10\,000-C$	$F=D+E$
1	700+0=700	72 000	700	2 800	3 500
2	700+100=800	5 300	750	2 350	3 100
3	700+150=850	3 500	783	2 167	2 950
4	700+250=950	2 200	825	1 950	2 775
5	700+400=1 100	1 100	880	1 780	2 660
6	700+600=1 300	900	950	1 517	2 467
7	700+850=1 550	700	1 036	1 329	2 365
8	700+1 150=1 850	500	1 138	1 188	2 326
9	700+1 500=2 200	300	1 256	1 078	2 334
10	700+2 000=2 700	100	1 400	990	2 390

2. 考虑资金时间价值

如果考虑资金的时间价值，i_0 为基准折现率，则使用资产设备年平均总费用的公式是

$$AC=K_0(A/P,i_0,n)-V_L(A/F,i_0,n)+C_1+\sum W_j(P/F,i_0,j)(A/P,i_0,n) \tag{8-6}$$

式中：W_j——第 j 年的运行成本劣化值。

令 $\mathrm{d}(AC)/\mathrm{d}n=0$，解此方程所得 n 的值，即为使 AC 最小的使用年限，也就是在给定的折现率 i_0 的前提下的资产设备经济寿命。

如果 W_j 呈线性变化，以 λ 代表年劣化值增量，则 $W_j=(j-1)\lambda$，可得

$$AC=K_0(A/P,i_0,n)-V_L(A/F,i_0,n)+C_1+\lambda(A/Q,i_0,n) \tag{8-7}$$

式中：$(A/P,i_0,n)$——资金回收系数；

$(A/F,i_0,n)$——偿债基金系数；

$(A/Q,i_0,n)$——等差序列年金系数。

同样令 $\mathrm{d}(AC)/\mathrm{d}n=0$，则 n 即为资产设备的经济寿命。

8.2.3　技术更新决策

在技术不断进步的条件下，由于第二种无形磨损的作用，很可能在资产设备运行成本尚未升高到该原用资产设备之前，就已出现工作效率更高和经济效益更好的资产设备，这时应分析继续使用原资产设备和购置新资产设备两种方案，判断哪个方案更经济。这就是技术更新决策要解决的问题。

技术更新决策一般采用年费法和更新收益率法。

1. 年费法

年费法是通过分别计算原有旧资产设备和备选新资产设备对应于各自的经济寿命期内的年均总费用,并进行比较的方法。如果使用新资产设备的年均总费用小于继续使用旧资产设备的年均总费用,应当立即进行更新;反之,则应继续使用旧资产设备。

1) 旧资产设备年总费用的计算

一般来讲,旧资产设备在决策时已经使用多年,其年总费用已处于 U 形曲线谷底以后的时期,在大多数情况下,旧资产设备的年均总费用将随着资产设备使用年限的延长而逐年增加。所以,在进行资产设备更新决策时,旧资产设备的经济寿命通常只有一年。因此,同新资产设备经济寿命期的年均总费用相比的旧资产设备的费用,实际上就用下一年的总费用即可。

旧资产设备年总费用的计算公式是

$$\mathrm{AC}_0 = V_{00} - V_{01} + \frac{V_{00} + V_{01}}{2} i + \Delta c \tag{8-8}$$

式中: AC_0 ——资产设备下一年运行的总费用;

　　　V_{00} ——旧资产设备在决策时可出售的价值;

　　　V_{01} ——旧资产设备一年后可出售的价值;

　　　Δc ——旧资产设备再续使用一年在运行费用方面的损失,也就是使用新资产设备可带来的运行成本的节约额和销售收入的增加额;

　　　i ——年利率;

　　　$\dfrac{V_{00} + V_{01}}{2}$ ——继续使用旧资产设备所占用的资金;

　　　$\dfrac{V_{00} + V_{01}}{2} i$ ——占用资金的利息损失。

【例 8-3】 利用表 8-2 的数值,计算旧资产设备的年总费用。计算过程也列于表中。($i = 10\%$)

表 8-2　旧资产设备的年费用计算表　　　　　　　　　　元

项　　目	下年度运行的有利性	
	新设备	旧设备
(收入)产量增加收入	1 100	
质量提高收入	550	
(费用)直接工资节约	1 210	
简化工序带来的节约	4 400	
维修费节约	3 300	
动力费节约		1 100
设备占地节约	550	
合计	11 110①	1 100(②)
旧设备运行损失		10 010(③=①-②)

续表

项目	下年度运行的有利性	
	新设备	旧设备
旧设备现出售价值	7 700	
旧设备一年后出售价	6 600	
下年度设备出售价减少额		1 100(④)
继续使用旧设备利息损失		715(⑤)
旧设备的使用费		1 815(⑥=④+⑤)
旧设备年总费用		11 825(⑦=③+⑥)

2) 新资产设备年均总费用的计算

新资产设备年均总费用包括以下三方面。

(1) 运行劣化损失。假定劣化值逐年按同等数额增加,λ 代表劣化值增额,T 代表资产设备使用年限,则 T 年间劣化值的平均值为

$$\bar{\lambda} = \frac{(T-1)}{2}\lambda \tag{8-9}$$

(2) 资产设备价值损耗。假定资产设备残值每年以同等的数额减少,则 T 年内每年的资产设备价值损耗为

$$\bar{K} = (K_n - V_L) \tag{8-10}$$

式中:K_n——新资产设备的原始价值;

V_L——新资产设备使用 T 年后的残值。

(3) 利息损失。新资产设备在使用期内平均资金占用额为 $(K_n - V_L)/2$,则因占用资金造成的利息损失为

$$I = [(K_n - V_L)/2]i \tag{8-11}$$

将式(8-9)、式(8-10)、式(8-11)相加,则得到新资产设备的年均总费用:

$$AC_n = [(T-1)/2]\lambda + (K_n - V_L)/T + [(K_n - V_L)/2]i \tag{8-12}$$

令 $d(AC_n)/dT = 0$,则

$$T = \sqrt{\frac{2(K_n - V_L)}{\lambda}} \tag{8-13}$$

T 即新资产设备的经济寿命。将式(8-13)代入式(8-12),可以得到按资产设备经济寿命计算的新资产设备的年均费用:

$$AC_n = \sqrt{2(K_n - V_L)\lambda} + [(K_n - V_L)i - \lambda]/2 \tag{8-14}$$

如果残值等于 0,则式(8-14)可以简化为

$$AC_n = \sqrt{2K_n\lambda} + \frac{K_n i - \lambda}{2} \tag{8-15}$$

由于当年劣化值增量 λ 不易求得,可根据经验决定新资产设备的合理使用年数 T,再求年劣化值增量 λ。将 λ 值代入式(8-13),整理后再代入式(8-12),则新资产设备的年均总费用是

$$\mathrm{AC}_n = \frac{(K_n - V_L)}{T} + \frac{K_n + V_L}{2}i - \frac{K_n - V_L}{T} \tag{8-16}$$

【例 8-4】 新资产设备价格 $K_n = 41\,800$ 元，估计合理使用年数 $T = 15$ 年，残值 $V_L = 3\,700$ 元，$i = 10\%$，将数代入式(8-16)，则得该新资产设备的年均总费用：$\mathrm{AC}_n = 7\,186$ 元。

将 AC_n 与表 8-2 中旧资产设备年总费用相比较，如果用新资产设备代替旧资产设备，则每年可节约开支 $11\,825 - 7\,186 = 4\,639$ 元。

2. 更新收益率法

更新收益率法是通过计算更新与不更新两种方案的差额投资的收益率判别是否应进行资产设备更新的方法。这种方法给出的是一个收益率指标，可用于同其他各种投资方案进行比较以寻求最有利的方案，因此，它具有更为广泛的适用性。

更新收益率的基本公式是

$$i_m = \Delta R / \Delta K = (B_r + B_e - \Delta T_a - \Delta K_n) / \Delta K \tag{8-17}$$

式中：i_m——更新收益率；

ΔK——更新方案的增量投资；

ΔR——更新方案的增量收益；

B_r——运行性收益，即使用新资产设备相对于使用旧资产设备在第一年收益增加额和运行费用节约额的合计；

B_e——运行外收益，即因资产设备更新在第一年避免的资产价值损失；

ΔT_a——使用新资产设备相对于使用旧资产设备在第一年缴纳税金的增加额；

ΔK_n——新资产设备使用一年的价值损耗。

其中：

$$\Delta K = K_n - (V_{L0} + K_{r0}) \tag{8-18}$$

$$B_e = V_{L0} - V_{L1} + \Delta K_{r0} \tag{8-19}$$

$$\Delta T_a = (B_r - D)r_T \tag{8-20}$$

$$\Delta K_n = \Delta K - K_1 \tag{8-21}$$

式中：K_n——新资产设备的购置安装投资；

V_{L0}——旧资产设备在更换年份的残值；

K_{r0}——继续使用旧资产设备当年必须追加的投资；

V_{L1}——旧资产设备继续使用一年后的残值；

ΔK_{r0}——继续使用旧资产设备所需追加投资在第一年的分摊额；

D——新旧资产设备年折旧额的差额；

r_T——所得税税率；

K_1——新资产设备第一年末的保留价值。

式(8-21)可改写成

$$\Delta K_n = \Delta K(1 - K_1/\Delta K) \tag{8-22}$$

式(8-22)中，$(1 - K_1/\Delta K)$ 称为新资产设备价值损耗系数，表示新资产设备在第一年的价值损耗占更新投资额的比例。这一系数的确定是计算更新收益率的关键。由于实际中新资产设备价值损耗系数的计算比较复杂,可以用计算机预先制成"新资产设备价值损失系数图",再根据新资产设备预计的使用年限和期末残值率由图中直接查出资产设备价值损耗系数。

采用更新收益率法进行资产设备技术更新决策的原则是,如果更新收益率大于最低期望收益率,则认为这一更新方案在经济上是可行的,应购置新资产设备,停止原资产设备的使用;如果更新收益率不大于最低期望收益率,则应继续使用原有资产设备。

8.3 资产租赁方案评价

8.3.1 资产设备租赁的概念与特点

1. 资产设备租赁的概念

资产设备租赁是一种以一定的费用借贷资产设备的经济行为。在这种经济行为中,出租人将自己所拥有的资产设备交与承租人使用,承租人由此获得在一段时期内使用该资产设备的权利,但资产设备的所有权仍保留在出租人手中。承租人为其所获得的使用权需向出租人支付一定的费用(租金)。

2. 资产设备租赁的特点

现代企业进行资产设备租赁的主要特点有以下几个。

(1) 资产设备租赁一般采用融通资产设备使用权的租赁方式,以达到融通资产的主要目的。对出租人来说,它是一种金融投资的新手段;对承租人来说,它是一种筹措资产设备的新方式。

(2) 租赁资产设备的使用限于工商业、公共事业和其他事业,排除个人消费途径。

(3) 租金是融通资金的代价,具有贷款本息的性质。

(4) 租期内,资产设备的所有权归出租人,使用权归承租人。

3. 资产设备租赁的意义

1) 资产设备租赁对承租者的意义

(1) 有利于企业的技术改造。企业采用租赁的方式引进资产设备,可以在资金有限的情况下经常替换残旧和过时的资产设备,使资产设备保持技术上的先进性和使用上的经济性,保证企业产品的竞争力。尤其是经济寿命较短或技术密集型的资产设备,用经营租赁方式引进最新资产设备,出租者负责维修,更能使企业的技术改造有所保证。

(2) 减少资金占用,降低投资风险。现代资产设备特别是技术密集型资产设备的造价很高,如果采用购买的方式引进资产设备,需要企业有较强的承担风险的能力。而租赁方式虽然也要支付租赁费(租金),但其数额小得多,节省下的资金可用于其他领域以获取利益。

(3) 节省维修费用。租期内的资产设备维修由出租方负责,承租方可节省维修费用,同时也减少了维修人员,有利于承租方降低产品成本。

(4) 有利于避免通货膨胀的影响。租赁合同一经双方认可，根据租赁时资产设备的售价和银行利息而确定的金额，在签订书面合同后就确定下来，固定不变。遇到价格、利率变动的情况也不变动合同规定的数额。

(5) 有利于适应暂时性和季节性的需要。有些资产设备在生产中的使用次数不多，且又不可缺少；有些资产设备则受生产的季节性影响较大，闲置时间比较多。如果购置资产设备，则造成积压浪费，而采用租赁方式，则可减少浪费，并可消除无形磨损以及自然力所造成的第二种有形磨损。

2) 资产设备租赁对出租者的意义

(1) 扩大资产设备销路的新途径。机器资产设备的造价一般比较高，如果需要资产设备的用户资金不足，则难以达成协议。采用租赁的方式，以租金的形式回收资金可以解决需要资产设备用户的资金困难，同时也使出租者获得一定的利益。

(2) 获得较高的收益。出租者在资产设备出租期间所得到的租金总和，一般比出售该资产设备的价格要高，而资产设备的所有权仍属于出租者，使其收益更加安全可靠。同时，在租期内，出租者还可向承租方提供技术服务，获得一定的额外收入。

(3) 得到缴纳税金的优惠待遇，可以享受税赋和加速折旧的优惠。采用融资租赁形式出租的资产设备，国家一般不将其作为企业的资产处理，可获得免税待遇。

8.3.2 资产设备租赁的方式

资产设备租赁的方式主要有两种，即融资租赁和经营租赁。

1. 融资租赁

1) 融资租赁的特点

融资租赁是资产设备租赁的基本形式，以融通资金为主要目的。其特点有以下几个。

(1) 不可撤销。这是一种不可解约的租赁，在基本租期内，双方均无权撤销合同。

(2) 完全付清。在基本租期内，资产设备只租给一个用户使用，承租人支付租金的累计总额为资产设备账款、利息及租赁合同的手续费之和。承租人付清全部租金后，资产设备的所有权即归承租人。

(3) 租期较长。基本租期一般相当于资产设备的有效寿命。

(4) 承租人负责资产设备的选择、保险、保养和维修等，出租人只负责垫付货款，购进承租人所需资产设备，按期出租，以及享有资产设备的期末残值。

在融资租赁中，出租人实际上已将租赁所有权所引起的成本和风险全部转让给了承租人。拥有一项固定资产需要承担一定的风险和成本。所有权成本主要有因租赁物的维修、保险所花费的成本。所有权风险则包括两个方面。

(1) 出售风险。企业拥有某项资产后，如因某种原因须将其脱手，往往要承受一定的损失，以低于买进价在市场上脱手。

(2) 技术陈旧风险。其主要指无形磨损所引起的损失。

2) 融资租赁与分期付款的区别

(1) 分期付款是一种买卖交易，买者不仅获得了所交易物品的使用权，而且获得了所有权。融资租赁则是一种租赁行为,尽管承租人承担了由租赁所有权引起的成本与风险,但从法律上讲,租赁物所有权名义上仍归出租人所有。

(2) 二者的会计处理不同。融资租赁中租赁物所有权属于出租人所有,因此,作为出租人资产纳入其资产负债表中,并对租赁物摊提折旧,承租人将租赁费用计入生产成本。而分期付款购买的物品归买主所有,因而列入买方的资产负债表并由买方负责摊提折旧。

(3) 税务待遇不同。融资租赁中的出租人可将摊提的折旧从应计收入中扣除,而承租人则可将租赁费用从应税收入中扣除。在分期付款中则是买方可将摊提折旧从应税收入中扣除,买方还能将所花费的利息成本从应税收入中扣除。

(4) 期限不同。分期付款的付款期限往往短于交易物品的经济寿命期限,而融资租赁的租赁期限则往往和租赁物品的经济寿命相当。因此,同样的物品采用融资租赁方式较采用分期付款方式所获得的信贷期限要长。

(5) 分期付款不是全额信贷,买方通常要即期支付货款的一部分;而融资租赁则是一种全额信贷,它对租赁物价款的全部甚至运输、保险、安装等附加费用都提供资金融通。虽然融资租赁通常也在租赁开始时支付一定的保证金,但这笔费用一般较分期付款所需的即期付款额要少得多。因此,同一种物品,采用融资租赁方式提供的信贷总额一般比分期付款方式所能提供的要大。

(6) 付款时间有差别。分期付款一般在每期期末,而在付款前还有一段宽限期;融资租赁一般没有宽限期,租赁开始后就要支付租金,因此,租金支付一般在每期期初。

(7) 融资租赁期满时租赁物通常留有残值,承租人一般不能对租赁物任意处理,需办理交换手续或购买等手续。而分期付款的买者在规定的分期付款后即拥有所交易的物品,可任意处置。

2. 经营租赁

经营租赁以获得租赁物的使用权为目的,其特点有以下几个。

(1) 可撤销性。经营租赁是一种可解约的租赁,在合理条件下,承租人预先通知出租人即可解除租赁合同,或要求更换租赁物。

(2) 经营租赁的期限一般比较短,远短于租赁物的经济寿命。

(3) 不完全付清性。经营租赁的租金总额一般不足以弥补出租人的租赁物成本并使其获得正常收益,出租人在租赁期满时将其再出租或在市场上出售才能收回成本,因此,经营租赁不是全额清偿的租赁。

(4) 出租人不仅负责提供租金信贷,而且要提供各种专门的技术资产设备。

经营租赁中租赁物所有权引起的成本和风险全部由出租人承担,其租金一般较融资租赁高。经营租赁的对象主要是那些技术进步快、用途较广泛、使用具有季节性的资产设备。

8.3.3 租赁成本的计算及租赁费的支付方法

1. 租赁成本的计算

在经营租赁中,租赁费通常支付在年初,租赁折旧率和其他费用成本都包含在租赁费

用中。按照一般租费支付在前的方法,租赁成本可表示为

$$P_0 = \sum_{t=0}^{n-1} \frac{L_t}{(1+i)^t} \tag{8-23}$$

式中:P_0——租赁成本;

L_t——第 t 年的租赁费;

i——承租人负担的实际利率;

n——租赁年数。

式(8-23)中的租赁成本,没有考虑折旧、残值、维修保养费和税收等因素,因此,需对其进行修正。

1) 折旧对租赁成本的影响

因为租赁不能把折旧计入成本,所以企业在计算租赁成本时,应将式(8-24)修正为

$$P_0 = \sum_{t=0}^{n-1} \frac{L_t}{(1+i_a)^t} + \sum_{t=1}^{n-1} \frac{D_t \times T}{(1+i)^t} \tag{8-24}$$

式中:D_t——第 t 年的折旧费用;

T——所得税率。

计算折旧费时,一般可按租赁资产设备的折旧年限,用直接法进行计算,折旧年限可大于租赁期限。

2) 税收对租赁成本的影响

因为租赁费用全部发生在税前,对式(8-24)修正,得

$$P_0 = \sum_{t=0}^{n-1} \frac{L_t}{(1+i_a)^t} + \sum_{t=1}^{n-1} \frac{D_t \times T}{(1+i)^t} - \sum_{t=1}^{n-1} \frac{L_{t-1} \times T}{(1+i_a)^t} \tag{8-25}$$

式中:i_a——税后的租赁成本;

L_{t-1}——前一年的租费。

3) 残值和维修保养费对租赁成本的影响

在租赁中,企业没有残值收益,在经营性租赁中,出租人对出租资产设备提供维修等服务,可以使承租人节约这方面的开支。式(8-25)修正为

$$P_0 = \sum_{t=0}^{n-1} \frac{L_t}{(1+i_a)^t} + \sum_{t=1}^{n-1} \frac{D_t \times T}{(1+i)^t} - \sum_{t=1}^{n-1} \frac{L_{t-1} \times T}{(1+i_a)^t} - \sum_{t=1}^{n-1} \frac{E_t \times (1-T)}{(1+i_a)^t} + \frac{S(1-T)}{(1+i_a)^n} \tag{8-26}$$

式中:E_t——第 t 年的维修费用;

S——资产设备的残值。

式(8-26)是租赁成本的完整模式,可根据不同情况对式(8-26)进行选择。对于融资性租赁,维修费用由承租人负责支付,这样承租人就得不到这方面优惠,所以,融资性租赁成本是

$$P_0 = \sum_{t=0}^{n-1} \frac{L_t}{(1+i_a)^t} + \sum_{t=1}^{n} \frac{D_{t-1} \times T}{(1+i)^t} - \sum_{t=1}^{n-1} \frac{L_{t-1} \times T}{(1+i_a)^t} - \frac{S(1-T)}{(1+i_a)^n} \tag{8-27}$$

2. 租赁费的支付方法

1) 租赁费支付在前

租赁费支付在前是指在合约签订以后,必须立即支付首期的租赁费。一年支付一次的租赁费计算公式是

$$R = \frac{P_i(1+i)^{n-1}}{(1+i)^n - 1} \tag{8-28}$$

式中:R——租赁费;
P_i——资产设备价格;
i——利率;
n——年数。

如果半年支付一次,则其计算公式是

$$R = \frac{P_i(\frac{i}{2})(1+\frac{i}{2})^{2n-1}}{(1+\frac{i}{2})^{2n} - 1} \tag{8-29}$$

2) 租赁费支付在后

租赁费支付在后是指合同签约生效后,可以不马上支付租赁费,长期租赁费在半年或一年以后支付。一年支付一次的计算公式是

$$R = \frac{P_i(1+i)^n}{(1+i)^n - 1} \tag{8-30}$$

半年支付一次时,将式(8-30)中 i 换成 $\frac{i}{2}$、n 换成 $2n$ 即可。

3) 考虑有残值的租赁费

有些租赁资产设备有一定的残值,如果出租人同意按预先规定的残值价格进行租赁,那么承租方只要支付租赁资产设备总价的 95%、90%、85%、80%,就可以得到资产设备。

有残值的租赁费计算公式,可分为支付在前和支付在后两种情况。

(1) 租赁费支付在前。一年支付一次时,计算公式是

$$R = \frac{P_i(1+i)^{n-1} - S}{(1+i)^n - 1} \tag{8-31}$$

半年支付一次时,将式(8-31)中的 i 换成 $\frac{i}{2}$,n 换成 $2n$ 即可。

(2) 租赁费支付在后。一年支付一次时,计算公式为

$$R = \frac{P_i(1+i)^n - S}{(1+i)^n - 1} \tag{8-32}$$

半年支付一次时,将式(8-32)中的 i 换成 $\frac{i}{2}$,n 换成 $2n$ 即可。

在利率不变的情况下,如果租赁费支付在前,则支付次数越多,支付数额越大;如果支付在后,则支付次数越多,支付数额越小。

4）租赁费按一定增长率逐年增加

租赁费支付在前的计算公式是

$$R = \frac{P(i-g)(1+i)^{n-1}}{(1+i)^n - (1+g)^n} \tag{8-33}$$

式中：g——租赁费逐年增长率。

租赁费支付在后的计算公式是

$$R = \frac{P(i-g)(1+i)^n}{(1+i)^n - (1+g)^n} \tag{8-34}$$

5）租赁费延期支付

有些资产设备在开始使用时并不产生效益，运行一段时间后才能产生好的效益，这样承租人会希望延期支付租赁费用。这种租赁费支付有一段宽限期的支付方法，称为租赁费延期支付，一年支付一次，计算公式为

$$R = \frac{P_i(1+i)^{m+n}}{(1+i)^{m+n} - 1} \tag{8-35}$$

式中：m——宽限期的年数。

半年支付一次，则将式(8-35)中的 i 换成 $\frac{i}{2}$、$m+n$ 换成 $2m+2n$ 即可。

8.4 改扩建方案评价

8.4.1 改扩建方案的概念与内涵

改扩建项目是指利用既有企业的原有资产与资源，投资形成新的生产（服务）能力，包括改建、扩建、迁建和停产后复建等，其或有目标效果为：增加产出、提高产出的质量、降低资源消耗、改善劳动条件和生产环境等。改扩建和更新改造的方案决策实质上是方案比选的问题，至少有三个方案。

（1）保持现状，即不立项或不改建扩建，采用除拟议项目以外的其他措施来延续，这种措施应是可行的、合理的或者说是次优的。

（2）关停并转。

（3）立项，实施拟议的改扩建项目方案。

通常假设方案(2)不可行或不存在，那就是方案(1)（无项目）与方案(3)（有项目）的比较。由于这两个方案对原有部分或全部资产都加以利用，相同利用的资产不论其价值如何确定，都不影响比较的结论，一般不对此重估，不存在沉没成本和机会成本概念的差别。如果出现两个方案对原有资产的不同利用，则对这部分资产要按机会成本原则进行重估，按重估价作为利用该资产方案的投资费用。按有无对比，形成增量现金流决定改与不改，产出和投入相同的可不参与比较，只比较差异部分。

【例 8-5】某企业因外购的原材料、燃料和动力的价格不断上涨，致使主营业务利润出现下滑。目前企业的账面资产净值为 1 500 万元。工程部门提出一个新的生产工艺和资产设备的改造方案，增加投资估算 1 000 万元，可节省材料等的投入，节省经营成本，每

年由此增加税后净现金流约 160 万元，因改造的停产损失约 50 万元。投资资金来源的平均成本为 8%，计算期为 10 年。试讨论是否采纳该改造方案。

【解】 假定不存在关停的可能，只能进行改与不改的增量分析，利用原有账面 1 500 万元的资产不必重估。增量投资是 1 000 万元，增量效益每年 160 万元（第一年扣除停产损失 50 万元后为 110 万元）。可以算得增量内部收益率为 8.58%，即按净现金流量 ($-1\,000, 110, 160, 160, \cdots, 160$) 算得 $\Delta IRR = 8.58\% > 8\%$。因此，从经济上说，改造更新是可行的。

当存在对原有企业关停并转可能性时，上述增量的比较并不能保证改造项目值得进行。这时出现了保持现状、关停并转和进行更新改造等三个互斥方案的比较。

【例 8-6】 假定例 8-5 的原企业可以停产清算，资产变卖（主要是厂房、土地使用权和通用资产设备等）扣除债务和必要的职工安置和补偿费用后的净收入可达 600 万元，并假定利用原资产继续生产的税后净现金流每年为 65 万元。目前提出的改造方案同例 8-5，求证这样的改造是否值得进行。

【解】 现在是下列三个方案的比较问题：

方案 1 维持原状生产；
方案 2 停产清算；
方案 3 改造更新。

按互斥方案比选原则，方案 1 减方案 2 得差额净现金流为 ($-600, 65, 65, \cdots, 65$)，算得 $IRR_{1-2} = 1.48\% < 8\%$，说明方案 2 停产方案胜出，不值得继续生产。然后，方案 3，即改造更新方案与停产清算的方案 2 比较，此时改造更新方案的投资总量要包括利用原有资产的机会成本，因此总量投资为 $1\,000 + 600 = 1\,600$（万元），相应的改建后生产运营期间的净现金流为 $160 + 65 = 225$（万元），投资的净现金流为 ($-1\,600, 175, 225, 225, \cdots, 225$)，按此算得的 $IRR_{3-2} = 6.1\% < 8\%$，说明不值得改造，不如停产清算，即方案 2 最优，尽管按方案 3 减方案 1 算得的 $IRR_{3-1} = 6.1\% < 8\%$。

通常所说的局部改扩建项目是假定不存在关停并转的考虑，因此只需收集增量资料，避免原有资产的重估，也不必收集原状态的现金流，但是这种比较只能得出"改比不改好"的结论。

8.4.2 改扩建项目经济评价的特点

改扩建项目是在原有企业的基础上进行建设的，它与新建项目相比，具有以下特点。

（1）在不同程度上利用了原有资产和资源，以增量调动存量，以较小的新增投入取得较大的新增效益。

（2）原来已在生产经营，而且其状况还会发生变化，因此项目效益和费用的识别、计算较复杂。

（3）建设期内建设与生产同步进行。

（4）项目与企业既有区别又有联系，有些问题的分析范围需要从项目扩展至企业。

因此改扩建项目的经济评价除应遵循新建项目经济评价的原则和基本方法外，还必须针对以上特点，在具体评价方法上做一些特殊规定。

8.4.3 改扩建项目经济评价方法及需注意的问题

改扩建项目经济评价的基本方法与新建项目经济评价方法相同,也分为财务评价和国民经济评价。财务评价进行盈利能力分析、清偿能力分析;对涉及外汇收支的项目,还应进行外汇平衡分析。财务评价计算的评价指标有财务内部收益率、财务净现值、投资回收期、投资利润率、投资利税率、资本金利润率、资产负债率、固定资产借款偿还期、流动比率、速动比率。国民经济评价进行盈利分析;涉及产品出口创汇的项目,还应进行外汇效果分析。国民经济评价计算的评价指标有经济内部收益率、经济净现值、经济外汇净现值、经济换汇(节汇)成本。

改扩建项目经济评价必须注意以下几个问题。

1. 项目与企业的关系

改扩建项目与原有企业之间存在既相对独立又相互依存的特定关系,在项目评价中应特别注意。除企业进行总体改造外,一般改扩建项目并不涉及整个企业,在经济评价中,项目范围的界定应以说明项目的效益与费用为准。这样可减少数据采集和计算的工作量,又不影响评价结论。

2. 项目财务考核范围

改扩建项目不仅考核项目,还要考核法人的财务状况。

3. 关于"有无对比"

进行"有无对比"时,应注意:①和现状相比,"无项目"情况下的效益和费用在计算期内可能增加、可能减少,也可能保持不变。必须预测这些趋势,以避免人为地低估或夸大项目的效果。②"有项目"与"无项目"两种情况下,效益和费用的计算范围、计算期应保持一致,具有可比性。

为使计算期保持一致,应以"有项目"的计算期为基准,对"无项目"的计算期进行调整。一般情况下,可通过追加投资(局部更新或全部更新)来维持"无项目"的生产经营,延长其寿命期到与"有项目"的计算期相同,并在计算期末将固定资产余值回收。在某些情况下,通过追加投资延长其寿命期在技术上不可行或经济上明显不合理时,应使"无项目"的生产经营适时终止,其后各年的现金流量为零。

8.4.4 改扩建项目的财务评价

1. 有关的几种数据

改扩建项目评价中,关于效益和费用的数据可分为以下几种。

(1) 现状数据。它反映项目实施前的效益和费用现状,是单一的状态值。具体计算时,一般可用实施前一年的数据,当该年数值不具有代表性时,可以选用有代表性年份数值或近几年数据的平均值。

(2)"无项目"数据。它是指不实施项目时,在现状基础上,考虑计算期内效益和费用的变化趋势(其变化值可能大于、等于或小于零),经预测得出的数值序列。

(3)"有项目"数据。它是实施项目后的总量和费用,是一个数值序列。

(4)新增数据。它是通过"有项目"效益和费用分别减去现状效益和费用得到的差额。有些数据是先有新增值,再计算出"有项目"的数值。

(5)增量数据。它是通过"有项目"效益和费用分别减去"无项目"效益和费用得到的差额,即"有无对比"数据。

2. 关于盈利能力分析

改扩建项目的盈利能力分析从本质上讲是对"建项目"和"不建项目"两个方案进行比较,优选其中一个方案。方案比较最基本的方法是差额分析,在这里,也就是"有项目"相对于"无项目"的"有无对比",计算增量效益和费用。通过盈利能力分析指标可以反映项目在财务和经济上是否合理,是否应该投资建设。因此,盈利能力分析的结论对投资决策起主导作用。

进行"有无对比",计算增量效益和费用时,可选用以下两种方法之一。

(1)先计算改扩建后(即"有项目")和不改扩建(即"无项目")两种情况下的效益和费用,然后通过这两套数据的差额(即增量数据,包括增量效益和增量费用),计算增量指标。

(2)有改扩建项目,如新建生产车间或生产线,新增一种或数种产品,其效益和费用能与原企业分开计算的,可视同新建项目,直接采用增量效益和增量费用,计算增量评价指标。

3. 关于清偿能力分析

清偿能力分析是在现状的基础上对项目实施后的财务状况作出评价,判断清偿能力和财务风险。分析的范围原则上是整个企业而不仅仅是项目本身。可用于还款的资金除项目新增以外,还包括原企业所能提供的还款资金。

4. 固定资产投资和折旧的计算

在不涉及产权转移时,原有固定资产价值采用账面值(原值和净值)计算。固定资产投资和折旧计算时需要注意以下几点。

(1)项目范围内的原有固定资产可分为"继续利用"和"不再利用"两部分。计算"有项目"投资时,原有资产无论其利用与否,均与新增投资一起计入投资费用。"不再利用"的资产如果变卖,其价值按变卖值和变卖时间另行计入现金流入及资金来源栏目,不能冲减新增投资。

(2)"有项目"情况下,不再利用的原有固定资产只要不处理(报废或变卖),就仍然是固定资产的一部分,但是不能提取折旧,因而导致新增折旧不等于新增固定资产的折旧。新增折旧是指"有项目"折旧与现状折旧的差额,它等于新增固定资产的折旧减去不再利用的原有固定资产本来应该提取的折旧。只有在原有固定资产全部利用的情况下,这两个数值才相等。在清偿能力分析中用到新增折旧数值时,如果不再利用的原有固定资产的价值较小,为简化计算,也可直接采用新增固定资产的折旧。

(3) 增量数据和新增数据计算中对沉没费用和生产固定成本的处理。改扩建项目经济评价中所用到的增量数据和新增数据是对企业总体而言的,但改扩建项目的范围可能是一条生产线或一个车间,因此在项目评价中计算费用时,要注意识别属于企业范围的沉没费用或生产成本中的固定部分新增费用。当企业进行局部改造时,应特别注意这个问题。

(4) 停产或减产损失。改扩建与生产同时进行的项目,其停产或减产造成的损失,反映在"有项目"改造期内各年的销售收入和经营费用中,因此不需要单独列项计算。如果直接计算增量效益和费用,则可将停产或减产造成的损失列为项目的费用。

5. 重估值的计算

国有资产管理机构对国有资产主体变动或国家资产经营、使用主体变动的项目,规定有以下几种评估办法。在改扩建项目经济评价中,如需要对原有固定资产价值进行重估,可参照使用。

(1) 收益现值法。收益现值法即按被评估时资产预期盈利能力和平均资金利润率计算出资产的现值并以此确定重估价值。应用收益现值法评估资产必须具备两个基本条件:①被评估资产必须是能以货币衡量其未来期望收益的单项或整体资产;②产权所有者所承担的风险必须是能用货币量衡量的。

(2) 重置成本法。重置成本法即根据估价时该项目固定资产在全新情况下的市场价格或重置成本,减去按重置成本计算的已使用年限的累计折旧额,并考虑资产功能变化等因素,确定重估价值。应用重置成本法评估资产的前提条件有两个:①被评估的资产将是持续使用的;②实体特征与新购建设效能相同的资产能够进行直接比较。在应用现行市价法和收益现值法的客观条件尚不具备时,应广泛应用重置成本法。

(3) 现行市价法(也称市场比较法)。现行市价法即参照市场上同一的或类似的资产交易价格确定重估价值。应用现行市价法进行资产评估必须具备两个条件:①有一个充分发育活跃的资产市场;②参照物及其与被评估资产相比较的指标(项目)、技术参数等资料是可收集的。

(4) 清算价格法。清算价格法即按企业破产清算时其资产可变的价值确定重估价格。清算价格法适用于企业破产、融资抵押品、企业清理及用实物资产来冲抵双方现金债务行为等特殊情况下的资产评估,不适用于一般情况下的资产评估。

(5) 其他国家国有资产管理局规定的评估方法。

8.4.5 改扩建项目评价的总量法与增量法

1. 总量法

总量法是对整体项目的经济效益的考查,即对在"无项目"和"有项目"两种状态下,项目和既有企业的综合——"整体项目"的经济效益分别进行考察。总量法通过"无项目"和"有项目"两种状态下"整体项目"计算期内的现金流量来分别考查"整体项目"的总量经济性,考量改扩建项目实施前后"整体项目"的经济状况,以此判断改扩建项目的经济可行性及改扩建项目对既有企业的贡献。

总量法反映的是改扩建与否这两个方案的总量经济状况,因此在计算"无项目"的经济效益指标时,需要将既有资产视为投资;同样,在计算"有项目"的经济效益指标时,对投资的估算也应该是在现有资产评估值基础上加上改扩建新增投资。

2. 增量法

增量法是对改扩建项目的增量经济效益的考查,即对增量投资(即改扩建项目投资)带来的增量效应进行考查来判断改扩建项目的经济性。增量法通过"有项目"和"无项目"两种状态下的现金流的识别与估算所得到的增量现金流来考查改扩建项目的经济可行性。

【例 8-7】 某企业现有资产估价为 1 000 万元,拟投资 250 万元进行整体改造以实现企业扭亏目标。改造前企业的年营业收入和年经营成本分别为 650 万元和 500 万元,改造后分别增加 100 万元和 50 万元。项目寿命期 10 年,不改造时期末残值为 200 万元,改造后预计增加 150 万元。财务基准折现率为 10%。试对改造项目的盈利能力进行分析并判断项目对企业的贡献。

【解】 (1) 总量法。

① 根据"无项目"数据计算评价指标。

$$\text{NPV} = [-1\,000 + (650 - 500) \times (P/A, 10\%, 10) + 200 \times (P/F, 10\%, 10)]$$
$$= -1.21(\text{万元})$$

② 根据"有项目"数据计算评价指标。

$$\text{NPV} = [-1\,250 + (750 - 550) \times (P/A, 10\%, 10) + 350 \times (P/F, 10\%, 10)]$$
$$= 113.845(\text{万元})$$

③ 判断改造项目的财务可行性。

由上述计算结果可以看出,由于改扩建项目的实施,"整体项目"在计算期内比以前增加了 113.845−(−1.21)=115.055 万元的净现值,所以基准收益率为 10% 时,改扩建项目在财务上可行,并且根据有项目的数据计算结果,改扩建项目实施使企业实现了扭亏目标,项目对企业的贡献是显著的。

(2) 增量法。

① 计算项目的增量现金流,如表 8-3 所示。

表 8-3 项目的增量现金流   万元

项 目	投 资	年营业收入	年经营成本	期末残值
"有项目"数据	1 250	750	550	350
"无项目"数据	1 000	650	500	200
增量数据	250	100	50	150

② 计算增量评价指标。

$$\Delta \text{NPV} = [-250 + (100 - 50) \times (P/A, 10\%, 10) + 150 \times (P/F, 10\%, 10)]$$

$=115.055$(万元)

③ 判断改造项目的财务可行性。

由于 $\Delta NPV \geq 0$,在基准收益率为 10% 时,项目在财务上可行,并且项目实施可以使年营业收入提高 100 万元,所以项目对企业是有贡献的。但项目实施能否实现企业的扭亏目标及改扩建项目实施后"整体项目"的经济效益状况,用增量法无法判断。

本 章 小 结

本章首先对资产磨损的概念进行了界定,并且介绍了有形磨损和无形磨损两种方式。其次对资产更新和资产租赁的概念与内涵进行了详细的叙述,资产更新决策一般通过年费法和更新收益率法来进行计算;资产租赁的方式主要有两种,即融资租赁和经营租赁。最后对改扩建项目的概念和内涵进行了描述,介绍了改扩建项目的特点和需要注意的问题;着重介绍了改扩建项目的财务评价和改扩建项目评价的两种方法。其中,财务评价包括盈利能力分析和清偿能力分析;改扩建项目评价的两种方法是总量法与增量法。

本 章 习 题

1. 设备的磨损有哪几种主要形式?
2. 什么是加速折旧?企业采用加速折旧法有何好处?
3. 什么是资产更新?资产更新决策可以通过哪些方法计算?
4. 资产租赁的方式有哪些?
5. 在进行改扩建项目评价时需注意哪些问题?
6. 普通型的调控设备价格是 162 000 元,使用寿命预计为 10 年;如果增加 65 000 元就可以购买一台耐用型的调控设备,在 10 年使用期中每年可以比普通型的设备节约使用费 22 000 元。假设基准折现率为 25%,试问:哪种设备比较经济?
7. 比较表 8-4 中两个项目的优劣,利率为 10%,经济寿命均为 10 年。

表 8-4 两个项目比较 元

项 目	初始投资	年费用	年收入
项目 A	15 000	6 500	11 000
项目 B	23 000	8 250	15 700

8. 某工厂生产需要安置一台压缩机。该压缩机的购置成本为 6 000 元,第 1 年的使用费用为 1 000 元,以后每年以 300 元的金额增加。开始使用 1 年后净残值 3 600 元,以后每年以 400 元的金额减少,压缩机的最大使用年限为 8 年。已知折现率为 15%,试求该压缩机的经济寿命。

9. 某机器的购置成本 40 000 元,使用年限估计为 10 年,净残值为 4 000 元,试用年限平均法、年数总和法、双倍余额递减法分别计算:① 前 5 年的各年折旧费用;② 前 5 年各年末的账面价值。

10. 一台新机器能按 15 000 元购置,经济寿命为 10 年,到时的净残值为 3 000 元,年使用费用为 10 000 元。如果现有设备不替换,尚可继续服务 10 年,年度使用费用为 14 000 元,10 年后其残值为零。如果花费 4 000 元对现有设备进行大修和改造,将使年使用费减为 12 000 元,经济寿命仍为 10 年,到时净残值为 1 500 元。最低希望收益率为 25%。试问:应选择哪个方案?

11. 某设备目前的价值为 9 000 元,如保留使用 3 年,各年年末残值及运行成本见表 8-5。现有一种新设备,其价值为 15 000 元,使用过后的残值为 2 500 元,年运行成本 1 900 元,寿命为 5 年,资金利率为 10%,设备是否要更新?如要更新,何时更新最好?

表 8-5 某设备各年年末残值及运行成本   元

保留使用年份	年末残值	各年运行成本
1	6 000	3 000
2	3 000	5 000
3	0	7 000

12. 某企业目前年营业收入为 3 000 万元,年经营成本 2 200 万元,财务效益较好。现计划引进一条生产线进行扩建。拟引进设备的离岸价格为 160 万美元,海上运输及保险费用为 17 万美元。到我国境内后发生的费用包括:①关税,计价税率为 3%;②运输费 13 万元;③外贸手续费,费率为 3%;④增值税及附加 88 万元。扩大规模后,企业年营业收入增加到 4 500 万元,年经营成本提高到 3 200 万元。扩建投资发生在初期,当年即可达产。扩建项目实施时,企业原有一些设备可出售,价值为 10 万元。

市场分析表明,该产品还有 5 年的市场空间。5 年后生产线残余价值为 45 万元。已知美元兑人民币的官方汇率为 8.0,财务基准折现率为 10%。试评价改扩建项目的财务可行性。

即 测 即 练

第 9 章

工程项目后评价

本章关键词

工程项目后评价（construction project post evaluation）；经济效益后评价（economic benefit post evaluation）；社会影响后评价（social impact post assessment）；环境影响后评价（environmental impact post assessment）。

本章要点

可行性研究和项目前评价是在项目建设前进行的，其判断、预测是否正确，项目的实际效益如何，需要在项目竣工投产后根据现实数据资料进行再评估检验，这种再评估就是项目后评价。项目后评价可以全面总结项目投资管理中的经验教训，并为以后改进项目管理和制订科学的投资计划提供现实依据。

9.1 工程项目后评价概述

9.1.1 工程项目后评价的基本概念

项目后评价是判别项目投资目标实现程度的一种评价方法，即在项目竣工投产并运营一段时间后，对项目立项、准备、决策、实施直到投产的运行全过程进行总结评价，对项目取得的经济效益、社会效益和环境效益进行全面、系统的综合评价，从而判断项目预期目标的实现程度，总结经验教训，提高未来项目投资管理水平的一系列工作的总称。项目后评价是项目经济评价的一个重要组成部分。

项目后评价是一种微观层次上的评估，是对项目过去或现行的活动进行回顾、审查，是对某项目具体的决策或一组决策的结果进行评价的活动。项目后评估的主要目的是从已经完成的项目中总结正、反两方面的经验教训，提出建议、改进工作，不断提高投资决策水平和投资效果。

项目的后评价是对项目决策前的评价报告及其设计文件中规定的技术经济指标进行再评价，并通过对整个项目建设过程的各个阶段工作的回顾，对项目全过程的实际情况与预计情况进行比较研究，衡量分析实际情况与预计情况发生偏离的程度，说明项目成功与失败的原因，全面总结项目管理的经验与教训，再将总结的经验与教训反馈到将来的项目中去,作为其参考和借鉴,为改善项目管理工作和制订科学合理的工程计划及各项规定提供重要的依据和改进措施,以达到提高项目投资决策水平、管理水平和投资效益的目的。

9.1.2 工程项目后评价与工程项目前评价的区别

虽然工程项目后评价与工程项目前评价是对同一项目所做的评价,但两者在评价内容、方法等方面存在着明显的区别,主要表现在以下几个方面。

1. 评价的主体不同

工程项目前评价是由投资主体(投资者、贷款机构、项目审批机构)组织实施的;而项目后评价则是由项目投资运行的监理机构或单设的后评价权威机构或上一层决策机构实施,并会同计划、财政、审计、设计和质量等有关部门进行。这样一方面保证工程项目后评价的全面性,另一方面也可以确保工程项目后评价工作的客观性与公正性。

2. 评价的目的不同

工程项目前评价的目的是确定项目是否可以立项,它是站在项目的起点,主要应用预测技术来分析项目未来的效益,以确定项目投资是否值得并可行。工程项目后评价则是在项目建成之后,总结项目的准备、实施、完工和运营,并通过预测对项目的未来进行新的分析评价,其目的是总结经验教训,为改进决策和管理服务。所以工程项目后评价要同时对项目进行回顾总结和前景预测。

3. 评价的侧重点不同

工程项目前评价以定量指标为主,侧重于项目的经济效益分析与评价,其作用是直接作为项目投资决策的依据;而工程项目后评价则要结合行政和法律、经济和社会、建设和生产、决策和实施等方面的内容进行综合评价。它是以现有事实为依据,以提高经济效益为目的,对项目实施结果进行鉴定,并间接作用于未来的投资决策,为其提供反馈信息。可见工程项目前评价的重要判别标准是投资者要求获得的收益率或基准收益率(社会折现率),而工程后评价的判别标准则重点是前评估的结论,主要采用对比的方法。

4. 评价的内容不同

工程项目前评价主要是对项目建设的必要性、可行性、建设条件、项目的技术方案等方面的问题进行评价,并在此基础上对项目产生的经济效益和社会效益进行科学的预测,工程项目前评价的经济性较强;工程项目后评价不仅评价项目前评价所涉及的全部内容,而且要对项目决策、项目实际运行情况、项目实施效率、项目管理工作以及项目全过程和其产生的效益进行深入分析,是一种综合性的评价。

5. 评价的依据不同

工程项目前评价是在项目决策阶段进行的,它主要以历史资料、经验资料和运用预测方法获得的有关项目经济效益和社会效益的预测数据为评价依据,对项目作出技术经济评价；而工程项目后评价则是在项目实施后和实施中进行的，依据的是项目的实际投入产出的真实资料，以及根据已发生的实际资料与情况预测未来的数据。因此，后评价所用的资料与前评价比较起来，具有较高的真实性和可靠性。

6．评价的阶段不同

工程项目的前评价是在项目决策的前期工作阶段进行的，是项目前期工作的重要内容之一，是为项目投资决策提供依据的评价；项目后评价是站在项目完工的时点上，一方面对项目全过程（包括项目的工程建设期和生产期）的总体情况进行评价，另一方面，找出问题，分析产生问题的原因。

9.1.3　工程项目后评价的产生和发展

美国政府在 20 世纪 30 年代第一次有目的地开始对工程项目进行后评价，到 20 世纪 70 年代中期后，评价才广泛地被许多国家以及世界银行、亚洲开发银行等组织在评价其世界范围的资助活动中使用。

1．发达国家的后评价

发达国家的后评价主要是对国家的预算、计划和项目进行评价。一般而言，这些国家有评价的法律和系统的规则、明确的管理机构、系统的方法和程序，一般是将资金预算、监测、审计和评价结合在一起，形成一个有效和完整的管理循环和评价系统。

20 世纪 30 年代、60 年代，美国政府两次对主要由政府控制的工程计划进行后评价，主要做法是在计划实施的同时进行了以投资效益评价为核心的后评价，这种效益评价的原则延续至今。20 世纪 70 年代以后，某些公益项目的决策由美国联邦政府下放到州政府或地方政府，后评价的过程也相应扩展到地方，不少州的后评价方法体系中有许多创新，如加利福尼亚州政府对主要社会福利项目的评价更为密切和直接，评价更注重对项目的过程研究，而不是等到项目结束时才进行，这些评价得到了联邦政府评价执行部门的全力支持。

此外，一些发达国家在其国家预算中有一部分资金用于欠发达国家的工程建设，这些资金的使用由一个单独的机构管理，如美国国际开发署、英国海外开发署、加拿大国际开发署等，为保证资金使用的合理性和有效性，各国在这些部门中一般设立一个相对独立的办公室专门从事海外援助项目的后评价。

2．发展中国家的后评价

许多发展中国家成立了从属或挂靠政府的中央评价机构，相对独立的后评价机构和体系尚未真正形成。这些政府机构大都只是根据世界银行等外部要求组织相关项目的后评价。

3．国际金融组织的后评价

许多国际金融组织依靠后评价来检查工程活动的结果。英国海外开发署对全世界

24个多边金融机构的评价体系进行了专门研究,结果表明后评价费用占同期工程的0.17%。这些金融组织的评价目的分为两个方面:①总结经验教训;②对项目价值的评价。真实有效的评价应指出工程活动的缺点,由此导致评价者和被评价者之间的矛盾。因此,评价单位对所做的评价报告的质量应有严格的控制,内容应与所用的资料来源相一致,评价结果应有很高的可信度。在各国际金融组织中,世界银行和亚洲开发银行由于工程贷款额大、后评价任务重,在项目评价方面积累了大量的经验。

4. 中国的工程项目后评价

中国工程项目后评价的目的是全面总结工程项目的决策、实施和运营情况,分析项目的技术、经济、社会和环境效益的影响,为投资决策和项目管理提供经验教训,改进并完善建成项目,提高其可持续性。中国于1988年开始工程项目后评价,当时,国家计委正式委托中国国际工程咨询公司进行第一批国家重点建设项目的后评价。我国近年来的后评价主要有以下几类。

(1) 国家重点建设项目。这类项目由国家有关部门制定评价规定,编制评价计划,委托独立的评价机构来完成。目前主要委托中国国际工程咨询公司实施项目后评价。国家重点项目的后评价有多种类型,包括项目后评价、项目效益调查、项目跟踪评价、行业专题研究等,这些工作为政府有关部门投资决策提供了有益的反馈信息。

(2) 国际金融组织贷款项目。这类项目主要是指世界银行和亚洲开发银行在华的贷款项目。国际金融组织贷款项目按其规定开展项目后评价,中方项目管理和执行机构主要做一些后评价的准备和资料收集工作。许多情况下,国际金融组织的贷款项目也是我国的重点建设项目,政府有关管理也要对其中部分项目进行国内的后评价。

(3) 银行贷款项目。中国建设银行从1978年起对大中型项目的效益进行后评价工作,目前已形成了自己的评价体系。1994年国家开发银行成立,对国家政策性投资进行统一管理。开发银行担负起对国家政策性投资业务的后评价工作,已经在后评价机构建设、人员配备和业务开发方面取得了重大进展。

(4) 国家审计项目。中华人民共和国审计署对国家投资和利用外资的大中型项目进行正规审计工作。审计署对这些项目的审计,主要包括项目开工、实施和竣工等财务方面的审计。

(5) 行业部门和地方项目。由行业部门和地方政府安排的工程项目一般由部门和地方政府安排后评价。开展比较好的有农林、能源、交通等部门和黑龙江、云南等地区。

5. 国内项目后评价机构和管理

到1995年,国家开发银行、中国国际咨询公司和中国人民建设银行等相继成立了后评价机构。这些机构大多类似世界银行的模式,具有相当的独立性。国家一级后评价管理机构和组织正在酝酿之中。

国家重点建设项目和政策性贷款项目的后评价已经走上正轨。国家发改委和国家开发银行选择后评价项目的原则包括以下几个方面:①国家特大型项目,尤其是跨地区、跨行业的项目;②与国家产业政策密切相关的项目,特别是带有引导发展方向的项目;

③有特点的项目,如采用新技术、新融资渠道、新政策的项目;④国家急需了解的项目等。

国内后评价一般分为四个阶段。

第一阶段为项目自评阶段：由项目业主会同执行管理机构按照国家发改委或国家开发银行的要求编写项目的自我评价报告,报行业的主管部门或开发银行。

第二阶段为行业或地方初审阶段：由行业或省级主管部门对项目自评报告进行初步审查,提出意见,一并报送。

第三阶段为正式后评价阶段：由相对独立的后评价机构组织专家对项目进行后评价,通过资料收集、现场调查和分析讨论,提出项目的后评价报告。

第四阶段为成果反馈阶段：在项目后评价报告的编写过程中,要广泛征求各方面的意见,在报告完成之后要以召开座谈会等形式进行发布,同时散发成果报告。

9.1.4 工程项目后评价的作用

工程项目后评价对于提高项目决策的科学化水平、改进项目管理水平、监督项目的正常生产经营、降低工程项目的风险和提高投资效益水平等方面发挥着非常重要的作用。具体地说,工程项目后评价的作用主要表现在以下几个方面。

1. 总结工程项目建设管理的经验教训,对项目本身有监督和促进作用

工程项目管理是一项十分复杂的、综合性的工作活动。它涉及计划和主管部门、银行、物资供应部门、勘察设计部门、施工单位、项目和有关地方行政管理部门等较多单位。项目能否顺利完成并取得预期的工程经济效果,不仅取决于项目自身因素,而且取决于这些部门能否相互协调、密切合作、保质保量地完成各项任务和工作。工程项目后评价通过对已建成项目的分析研究和论证,较全面地总结项目管理各个环节的经验教训,指导未来项目的管理。同时,也可对一些因决策失误,或投产后经营管理不善,或环境变化造成生产、技术或经济状况处于困境的项目通过工程项目后评价为其找出生存和发展途径,这也会对工程项目起到一定的监督作用。

2. 提高项目投资决策的科学化水平,对项目决策有着示范和参考作用,有利于降低项目的风险程度

工程项目的前评价是项目投资决策的依据,但前评价中所做的预测和结论是否准确,需要通过项目后评价来检验。因此,通过建立和完善项目的后评价制度和科学的方法体系,一方面,可使决策者和执行者预先知道自己的行为和后果要受到事后的审查和评价,从而增强他们的责任感,促使评价和决策人员努力做好前评价工作,提高项目预测的准确性;另一方面,可通过项目的后评价的反馈信息,及时纠正项目决策中存在的问题,从而提高未来工程项目决策的准确程度和科学化水平,并对类型相似的工程项目决策起到参考和示范作用。

3. 为国家制订工程计划、产业政策和技术经济参数提供重要依据，对国家建设项目的工程管理工作起着强化和完善作用

通过工程项目的后评价能够发现宏观工程管理中存在的某些问题，从而使国家及时修正某些不适合经济发展的技术经济政策，修订某些已经过时的指标参数。同时，国家还可以根据项目后评价所反馈的信息，合理确定工程规模和工程流向，协调各产业、各部门之间及其内部的各种比例关系。此外，国家还可以充分运用法律的、经济的和行政的手段，建立必要的法规、制度和机构，促进工程管理的良性循环。

9.2 工程项目后评价的基本内容

工程项目性质、规模、特点不同，项目评价的目的和评价的内容不尽相同。针对项目的不同阶段，项目后评价的内容也有所不同。一般而言，工程项目的全面后评价包括以下几方面的内容。

9.2.1 工程项目前期工作的后评价

工程项目前期工作是指工程项目从开始酝酿决策到开工建设以前所进行的各项工作，是项目建设过程的重要阶段。前期工作的质量对项目的成败起着决定性作用。因此，前期工作的后评价是工程项目后评价的重点内容。工程项目前期工作后评价的内容主要由工程项目立项条件后评价、工程项目决策程序和方法后评价、工程项目决策阶段经济和环境后评价、工程项目勘察设计后评价和工程项目建设准备工作后评价等内容组成。

1. 工程项目立项条件后评价

工程项目立项条件后评价是从实际情况出发，对当初认可的立项条件和决策目标是否正确，项目的产品方案、工艺流程、设备方案、资源情况、建设条件、建设方案等是否适应项目需要，产品是否符合市场需求等进行评价和分析。

2. 工程项目决策程序和方法后评价

该部分主要分析和评价当初工程项目决策的程序和方法是否科学，是否符合我国现行有关制度和规定要求，项目的审定是否带有个人意志和感情色彩等。

3. 工程项目决策阶段经济和环境后评价

其主要包括两部分的内容：①评价和分析工程项目决策前，是否对项目的经济方面进行了科学的可行性研究工作，实际的资金需求及到位情况与前期的预测是否一致，从而检验前期经济评价结论的正确程度；②前期决策时，是否全面、深入地对工程项目的环境影响进行了客观、科学的估计和评价，是否提出了降低不利影响、避免风险的措施，并根据项目运行过程中对环境的实际影响分析当初的环境评价是否科学。

4. 工程项目勘察设计后评价

工程项目勘察设计后评价主要包括：承担工程项目的勘察设计单位是否经过招标优选，勘察设计工作的质量如何，设计的依据、标准、规范、定额、费率是否符合国家有关规定，并根据施工实践和工程项目的生产使用情况，检验设计方案在技术上的可行性和经济上的合理性。

5. 工程项目建设准备工作后评价

工程项目建设准备工作后评价主要是对项目筹建工作、征地拆迁工作、安置补偿工作、工程招标工作、"三通一平"（水通、电通、路通和场地平整）工作、建设资金筹措及设备、材料落实工作是否满足工程实施要求，项目的总进度计划是否能够控制工程建设进度、保证工程按期竣工等方面进行后评价。

9.2.2 工程项目实施阶段的后评价

工程项目实施阶段是指从项目开工到竣工验收的全过程，是项目建设程序中耗时较长的一段时间，也是建设投资最为集中的一个时期。这个阶段能够集中反映项目前期工作的深度、工程质量、工程造价、资金到位情况以及影响项目投资效益发挥的各个方面问题。

1. 工程项目施工及监理工作后评价

其主要是对工程项目施工准备工作、施工单位和监理单位的招标和资质审查工作进行回顾和检查，对工程质量、工程进度、工程造价、施工安全、施工合同工作进行评价，着重对工程实施过程中发生的超工期、超概算、质量差等原因进行分析。

2. 投产准备工作后评价

其主要检查和分析工程项目投产前生产、技术人员的培训工作是否及时、到位，投产后所需要材料、燃料、动力条件是否在项目竣工验收之前已经落实，是否组建了合理的生产管理机构并制定了相应的生产经营制度等。

3. 工程项目竣工验收工作后评价

其主要回顾检查工程项目竣工验收是否及时，配套工程及辅助设施工程是否与主体工程同时建成使用，工程质量是否达到设计要求，是否达到设计生产能力，验收时遗留问题是否妥善处理，竣工决算是否及时编制，技术资料是否移交等。在此基础上对工程项目在造价、质量、工期方面存在的问题进行分析。

9.2.3 工程项目运营阶段的后评价

工程项目运营阶段是指从项目竣工投产直到进行后评价之前的一段时间。这一时期是项目投资建设阶段的延续，是实现项目投资经济效益和投资回收的关键时期。因此，这一时期的后评价是项目后评价的关键部分，主要包括以下几方面的内容。

1. 工程项目生产经营管理的后评价

工程项目生产经营管理的后评价主要包括：项目生产条件及达标情况后评价，项目生产经营和市场情况以及品种、数量和质量是否与当初预测相符，生产技术和经营管理系统能否保证生产正常进行和提高经济效益，项目资源的投入和产出情况后评价等。

2. 工程项目经济效益后评价

工程项目经济效益后评价是工程项目后评价的主要内容，是以工程项目投产或交付使用后实际数据(包括实际投资额、资金筹集和运营情况、实际生产成本、销售收入、税金及利润情况等)重新计算项目各有关经济效益指标，将其与当初预测的投资效益情况进行比较和分析，从中发现问题、分析原因，提出提高投资经济效益的具体建议和措施。

3. 工程项目对社会、环境影响的后评价

工程项目对社会、环境影响的后评价，主要是将投资项目对社会、环境的实际影响与当初预测的情况进行对比分析，找出变化的原因，并对存在社会经济和环境不利影响的项目，提出解决和防范措施。此外，还要对项目与社会、环境的相互适应性及项目的可持续性进行分析，说明项目能否持续发挥投资效益。

9.2.4 工程项目后评价的主要指标

主要的工程项目后评价指标如下所述。

1. 实际设计周期

实际设计周期是指从设计合同生效直到设计完成提交建设单位实际经历的时间。将实际设计周期与预测的设计周期或合同约定的设计周期进行比较，从中找出设计周期延长或缩短的原因，并指出对工程项目实施造成影响的类别及大小。

2. 实际建设周期

实际建设周期是指从开工到竣工验收所经历的时间。通过这一指标来反映实际工期与计划工期的偏离程度。

3. 实际建设成本

将实际建设成本与计划建设成本相比较，可以反映建设成本的偏离程度。

4. 实际工程合格率及优良率

实际工程合格率及优良率反映了实际的工程质量。

5. 实际返工损失率

实际返工损失率是因项目质量事故停工或返工而增加的项目投资额与项目累计完成投资额的百分比。

6. 实际投资总额

实际投资总额是指工程项目竣工投产后审定的实际完成投资总额。将其与计划投资总额相比较,可以判断项目投资增加或减少的程度。

7. 实际单位生产能力投资

实际单位生产能力投资是竣工验收项目实际投资总额与该项目实际形成的生产能力的比值。该指标越小,项目实际投资效果越好;反之,实际投资效果则越差。

8. 实际达产年限

实际达产年限是指从项目投产达到设计生产能力所需要的时间,通过与预计达产年限相比较,可以发现实际达产年限与计划的偏离程度。

9. 实际生产能力利用率

实际生产能力利用率是指项目投产后实际产量与设计生产能力的百分比,从中可以看出生产能力是不足还是过剩。

10. 实际产品价格变化率

实际产品价格变化率反映实际价格与预测价格的偏离程度及其对实际利润的影响。

11. 实际产品成本变化率

实际产品成本变化率反映产品实际成本与预测成本的偏离程度及其对实际利润的影响。

12. 实际的销售数量变化率

实际的销售数量变化率反映产品实际销售数量与预测数量的偏离程度及其对实际利润的影响。

13. 实际销售利润变化率

实际销售利润变化率反映实际销售利润与预测值的偏离程度。

14. 实际投资利润率

实际投资利润率是实际的年均利润总额与实际投资总额的比值。该指标通过与预测投资利润率的比较,反映投资利润率的偏离程度。

15. 实际投资利税率

实际投资利税率是实际的年均利税总额与实际投资总额的比值。该指标通过与预测投资利税率的比较，反映投资利税率的偏离程度。

16. 实际净现值

实际净现值是根据项目投产后实际的年净现金流量以及实际情况重新预测的剩余寿命期内各年的净现金流量，按照重新选定的折现率计算出的建设期初的净现值。该指标越大，说明实际投资效益越好。

17. 实际净现值率

实际净现值率等于实际净现值与建设期初投资现值的百分比，表示单位实际投资额的现值所带来的净现值的多少。

18. 实际投资回收期

实际投资回收期具体包括实际静态投资回收期和实际动态投资回收期两个指标。其具体表示用项目实际净收益或重新预测的净收益来回收项目实际投资所需要的时间。

19. 实际内部收益率

实际内部收益率是根据项目投产后实际的年净现金流量或重新预测的剩余寿命周期内各年的净现金流量计算出的净现值等于零时的折现率。该指标大于重新选定的基准收益率时，说明该项目实际效益较好。

20. 实际借款偿还期

实际借款偿还期是指用项目投产后实际的或重新预测的可用作还款的资金数额来偿还项目投资实际借款本息所需要的时间，该指标反映的是项目的实际清偿能力。

9.3 工程项目后评价的程序和方法

9.3.1 工程项目后评价的程序

工程项目后评价是一项综合性较强的工作，为使工程项目后评价工作更为客观地反映项目的实际情况，在评价过程中必须遵循一定的程序。

1. 组建后评价机构

工程项目后评价主要是为了总结经验教训，因此项目后评价机构的组建，应该遵循客观、公正、民主和科学的原则来进行。工程项目后评价一般分为两个阶段：自我后评价阶段和独立后评价阶段。

1) 自我后评价阶段

自我后评价是从使用者的角度来进行的后评价,因此自我后评价阶段的工作通常由项目建设单位和项目使用单位来完成,并以项目使用单位为主。

2) 独立后评价阶段

为保证评价公正性,独立后评价阶段要求评价机构成员与被评价项目没有直接经济和社会利益关系。后评价机构可以是由相关专家组成的后评价小组,也可以直接聘请机构以外的独立后评价咨询机构。

2. 制订后评价计划

制订后评价计划是项目后评价工作的重要环节。项目后评价机构应该根据项目的特点,尽快制订出项目的后评价计划。项目的后评价从项目的可行性论证开始,就要注意收集和保存项目有关的信息资料。后评价计划的内容包括后评价工作的进度安排、后评价的内容和范围、项目后评价所采用的方法和评价指标等方面。

3. 选择项目后评价的对象

工程项目后评价应纳入管理程序之中,原则上对所有投资项目都要进行后评价,但实际上,往往由于条件的限制,只能有选择地确定评价对象,一般在选择项目后评价对象时应优先考虑以下类型项目。

(1) 政府投资项目中会规定要进行后评价的项目。

(2) 可为即将实施的国家预算、宏观战略和规划制定提供信息的项目。

(3) 具有未来发展方向的代表性项目。

(4) 对行业或地区的投资发展有重要意义的项目。

(5) 竣工运营后与前评估的预测结果有重大变化的项目。

(6) 特殊项目(如大型项目、复杂项目和实验性的新项目)。

4. 收集有关项目建设和项目效益的资料

根据制订的计划,项目后评价人员应制定出详细的调查提纲,确定调查对象和调查方法,收集与项目有关的各方面实际资料。

1) 收集与项目建设有关的资料

与项目建设有关的资料包括已经批准的项目建议书、可行性研究报告、项目评估报告、项目的设计文件、工程合同文件、项目竣工验收报告、项目建设资金来源与运用资料、设备材料情况及其他价格资料等方面内容。

2) 收集项目建成后与项目运行有关的资料

与项目建成后运行有关的资料包括项目投产后的销售收入、生产(或经营)成本、利润、缴纳税金和项目贷款本息偿还情况等。这类资料可以从项目的年度财务报表、资产负债表和损益表等有关会计报表中反映出来。

3) 收集国家经济政策与规定等相关资料

这方面的资料主要包括:与项目有关的国家宏观政策、产业政策、金融政策、投资政策、税收政策以及其他有关政策与规定等,以便了解项目当初的建设背景和投资环境、历年的技术经济资料和国家发布的国民经济参数等方面内容。

4) 收集项目所在行业的资料

项目所在行业的资料主要包括国内外同行业项目的劳动生产率水平、技术水平、经济规模和运营状况等。

5) 收集其他有关资料

根据项目的特点和后评价的要求,还要收集其他有关资料,如项目的技术资料、设备运营资料等。

5. 对后评价资料的分析论证

项目后评价人员应对所收集的资料进行整理和归纳。在资料的整理过程中,要注意分析鉴别资料的证实性和有效性,非正常条件下或偶然因素作用下获取的不可靠信息数据不能作为项目后评价的依据。如发现资料不足或存有异议,应做进一步补充调查。在充分占有资料的基础上,项目后评价人员应根据国家有关部门制定的后评价方法,按照现行的建设项目经济评价方法与参数,计算相关评价指标,根据评价指标,找出项目实际效果与预期目标的差距,分析产生偏差的原因,对项目进行全面的定性和定量分析。

分析论证主要从三方面进行:①项目后评价结果与项目前评价预测结果的对比分析;②对项目后评价本身结果所做的分析;③对项目未来发展的分析。

6. 编写项目后评价报告

编写项目后评价报告是后评价阶段的最后一项工作,是项目后评价的最终成果。项目后评价报告要客观、全面、公正地描述被评价项目的实施状况,客观反映项目建设全过程。项目后评价人员应当按照客观、公正和科学的原则,对分析论证的结果进行汇总,总结经验教训,提出包括问题和建议在内的综合评价结论,提交委托单位和被评价单位。项目后评价报告要具有项目绩效评价、改善项目后续发展状况和提高项目决策水平的功能和作用。

9.3.2 工程项目后评价的方法

工程项目后评价的方法是进行后评价的手段和工具,没有切实可行的后评价方法,就无法开展后评价工作。工程项目后评价包含的内容十分广泛,分析方法上通常采用定量分析与定性分析相结合的方法。工程项目后评价最常用的方法主要有对比分析法、逻辑框架法(Logical Framework Approach,LFA)、成功度评价法和综合评价法。

1. 对比分析法

工程项目后评价采用的对比分析法有前后对比法、有无对比法及横向对比法。

1) 前后对比法

前后对比法是将项目可行性研究和评估阶段所预测的项目的投入、产出、效益、费用等和相应的评价指标与项目竣工投产运行后的实际结果进行对比。这种对比一般用于项目的效益评价和影响评价,是后评价的一个重要方法。

2) 有无对比法

有无对比法是将项目竣工投产运行后实际发生的情况与没有运行投资项目可能发生的情况进行对比,以度量项目的真实效益。有无对比的关键是要求投入费用与产出效果的口径一致,即所度量的效果真正是由该项目所产生的。

3) 横向对比法

横向对比法是将项目实施后所达到的技术经济指标与国内同类项目的平均水平、先进水平、国际先进水平等进行比较,在当前世界经济一体化的年代里,这一点显得十分必要,也为项目持续性评价提供了更高的参考。运用横向对比法进行项目后评价时,必须注意可比性的问题,比较时要把不同时期的数据资料折算到同一时期,使项目评价的价格基础保持同期性,同时也要保持费用、效益等计算口径相同。这既是技术经济效益分析的基本原则,也是工程项目后评价时必须遵循的原则。

2. 逻辑框架法

逻辑框架法是美国国际开发署在 1970 年开发并使用的一种设计、计划和评价的工具。目前大部分的国际组织把该方法应用于援助项目的计划管理和后评价。逻辑框架法不是一种机械的方法程序,而是一种综合、系统地研究和分析问题的思维框架,它将几个内容相关且必须同步考虑的动态因素组合起来,通过分析相互之间的关系,从设计、策划、目标等方面来评价项目。逻辑框架法的核心是分析项目营运、实施的因果关系,揭示结果与内外原因之间的关系。

逻辑框架法把目标及因果关系分为四个层次。

(1) 目标。目标通常是指高层次的目标,即宏观计划、规划、政策和方针等。

(2) 目的。目的是指建设项目的直接效果和作用,一般应考虑项目为受益群体带来的效果。

(3) 产出。产出是指项目建成后提供的可直接计量的产品或服务。

(4) 投入。这是指该项目实施过程中的资源投入量、项目建设的起止时间及工期。逻辑框架法的模式一般可用矩阵表来表示,如表 9-1 所示。

表 9-1 逻辑框架法的矩阵表

层次描述	客观验证指示	验证方法	重要外部条件
目标/影响	目标指示	监测和监督手段及方法	实现目标的主要条件
目的/作用	目的指示	监测和监督手段及方法	实现目标的主要条件
产出/结果	产出物定量指示	监测和监督手段及方法	实现产出的主要条件
投入/措施	投入物定量指示	监测和监督手段及方法	实现投入的主要条件

表 9-1 表示了逻辑框架法的结构模式,它是由 4×4 的模式组成的。在垂直方向横行代表项目目标层次,它按照因果关系,自下而上地列出项目的投入、产出、目的和目标四个层次,包括达到这些目标所需要的检验方法和指标,说明目标层次之间的因果关系和重要的假定条件及前提;在水平方向各竖行代表如何验证这些不同层次的目标,自左到右列

出项目各目标层次的预期指标和实际达到的考核验证指标、信息资料和验证方法,以及相关的重要外部条件。采用专门的客观验证指标及其验证方法分析研究项目的资源消耗数量、质量和结果,对项目各个目标层次所得的结论进行专门分析和详细说明。

项目后评价通过逻辑框架法来分析项目原定的预期目标、各种目标的层次、目标实现程度和原因,评价项目的效果、作用和影响,国际上很多组织把逻辑框架法作为后评价的方法论原则之一。

国家对中央企业固定资产投资项目后评价工作制定了工作指南,其中对逻辑框架法通过投入、产出、直接目的、宏观影响四个层面对项目进行分析和总结的模式给出了参考格式,如表9-2所示。

表 9-2 国资委项目后评价逻辑框架表

项目描述	可客观验证的指标			原因分析		
	原定指标	现实指标	差别或变化	内部原因	外部原因	项目可持续能力
项目宏观目标						
项目直接目的						
产出/建设内容						
投入/活动						

3. 成功度评价法

成功度评价法是一种综合评价方法,是以逻辑框架法分析的项目目标的实现程度、经济效益分析的结论为基础,以项目目标和效益为核心进行的全面系统评价,得出项目成功度。

进行项目成功度分析首先必须明确项目成功的标准,再选择与项目相关的评价指标并确定其对应的重要性权重,通过指标重要性分析和单项成功度结论的综合,即可得到整个项目的成功度指标。

成功度评价法是依靠评价专家或专家组的经验,根据项目各方面的执行情况并通过系统准则或目标判断表来评价项目总体的成功度。进行成功度分析时,首先确定项目绩效衡量指标,然后根据如下评价等级对绩效衡量指标进行专家打分。

(1)成功。它表明项目各个目标都已经全面实现或超过,与成本相比,项目取得了巨大效益和影响。

(2)基本成功。它表明项目的大部分目标已经实现,与成本相比,项目达到了预期的效益和影响。

(3)部分成功。它表明项目实现了原定的部分目标,与成本相比,项目取得了一定的效益和影响,未取得预期的效益。

(4)不成功。它表明项目实现的目标非常有限,主要目标没有达到,与成本相比,项目几乎没有产生什么效益和影响。

(5)失败。它表明项目的目标无法实现,即使建成后也无法正常运营,目标不得不终止。

项目的成功度评价是工程项目后评价中一项重要工作,是项目专家组对项目后评论结论的集体定性。一个大型项目一般要对多个重要的和次要的综合评价指标进行定性分析,判断各项指标的等级。这些综合评价指标如表 9-3 所示。

表 9-3 项目成功度评价指标

项目执行指标	相关重要性	成功度	项目执行指标	相关重要性	成功度
宏观经济影响			进度管理		
扩大或增加能力			预算内费用管理		
良好的管理			项目依托条件		
对扶贫的影响			成本与效益		
教育			财务内部收益率		
卫生与健康			经济内部收益率		
对妇女儿童的影响			财务持续性		
环境影响			机构的持续性		
社会影响			项目总持续能力		
对机构的影响			项目的总成功度		
技术进步					

4．综合评价法

综合评价就是在建设项目的各分项分部工程、项目施工的各阶段以及从项目组织各层次评价的基础上,寻求项目整体优化。其一般步骤为：①确定目标；②确定评价范围；③确定评价指标和范围；④确定评价指标的权重；⑤确定综合评价的判据。

综合评价一般采用定性分析或定性分析与定量分析相结合的办法,常用的方法有德尔菲法、层次分析法和模糊综合评判法等。

9.4 经济效益后评价

9.4.1 项目财务后评价

项目财务后评价是项目后评价的一项重要内容,它是对建成投产后的项目投资财务效益的再评价。项目财务后评价从企业角度出发,根据项目投产后的实际财务数据,如产品价格、生产成本、销售收入、销售利润等重新预测整个项目生命期的财务数据,计算项目投产后实际的财务评价指标,然后与项目前评价中预测的财务效益指标进行对比,分析二者偏离的原因,以对财务评价作出结论,吸取其经验教训,提高今后项目财务预测水平和项目微观决策科学化水平。但财务后评价中采用的数据不能简单地使用实际数,应扣除物价指数的因素,以使各项评价指标在前评估和后评价的不同时点上具有可比性。

在营利性分析中,通过全投资和自有资金现金流量表计算全投资税前内部收益率、净现值、自有资金税后内部收益率等指标；通过编制损益表,计算资金利润率、资金利税率、资本金利润率等指标,以反映项目和投资者的获利能力。

偿债能力分析主要是通过资产负债表、借款还本付息计算表,计算资产负债率、流动比率、速动比率等指标来反映建设项目的清偿能力。

财务后评价指标及与前评估的对比可按表 9-4 的形式列出。

表 9-4　财务后评价与前评估的对比

序号	分析内容	名　称　报　表	评价指标名称	指标值		偏离值	偏离原因
				前评估	后评价		
1	营利性分析	全投资现金流量表	全部投产回收期				
2			财务内部收益率(税前)				
3			财务净现值(税前)				
4		自有资金现金流量表	财务内部收益率(税后)				
5			财务净现值(税后)				
6		损益表	资金利润率				
7			资金利税率				
8			资本金利润率				
9	偿还能力分析	资金来源与运用表	借债偿还期、偿还准备率				
10		资产负债表	资产负债率				
11			流动比率				
12			速动比率				

9.4.2　项目经济后评价

项目经济后评价的内容主要是通过编制全投资和国内投资经济效益和费用流量表、外汇流量表、国内资源流量表等计算出项目实际的国民经济营利性指标——全投资和国内投资经济内部收益率和经济净现值、经济换汇成本、经济节汇成本等，此外还应分析项目的建设对当地经济发展、所在行业和社会经济发展的影响，对收益公平分配的影响(提高低收入阶层收入水平的影响)，对提高当地人口就业的影响和推动本地区、本行业技术进步的影响等。其主要作用是通过项目后评价指标与前评估指标的比较，分析项目前评估和项目决策质量以及项目实际的国民经济效益费用情况。国民经济后评价结果与前评估指标对比见表 9-5。

表 9-5　国民经济后评价结果与前评估指标对比

序号	分析内容	名　称　报　表	评价指标名称	指标值		偏离值	偏离原因
				前评估	后评价		
1	经济盈利性分析	全投资社会经济效益费用流量表	经济内部收益率				
2			经济净现值				
3		国内投资社会经济效益费用流量表	经济内部收益率				
4			经济净现值				
5	外汇效果分析	出口产品国内资源流量表及出口产品外汇流量表	经济换汇成本				
6		替代出口产品国内资源流量表及替代出口产品外汇流量表	经济节汇成本				

9.5 项目社会及环境影响后评价

9.5.1 项目社会影响后评价

项目社会影响后评价主要从两个方面进行分析：一是项目实施后对社会影响的实际结果；二是这种实际结果与前评估预测分析结果的差距及其原因。其具体内容包括以下几项。

1. 对社会就业的影响

项目对社会就业的影响包括直接和间接的影响，评价指标可采用新增就业人数或被剔除投资额影响的单位投资就业人数，前者为绝对量指标，后者为相对量指标。其计算公式为

$$\text{新增就业人数} = \text{项目直接就业人数} + \text{项目引起的其他就业人数} \tag{9-1}$$

$$\text{单位就业人数} = \frac{\text{新增就业人数}}{\text{项目总投资}} \tag{9-2}$$

该指标可反映项目对区域或地区社会就业率的影响程度，分析时可与同地区或同行业的类似项目评价指标对比，项目对间接影响的其他就业人数要注意严格区分。

2. 对地区收入分配的影响

项目对地区收入分配的影响，主要是从国家对社会公平分配和扶贫政策的角度考虑。项目所处地区是处于相对富裕或贫困的状况用地区(省级)收益分配系数中的人均国民收入来描述，通过重新计算引入地区收益分配系数后的经济净现值指标(IDR)，对项目的社会影响后评价进行分析。其计算公式为

$$D_i = \left(\frac{G}{G'}\right)^m \tag{9-3}$$

$$\text{IDR} = \text{ENPV} \times D_i = \sum_{i}^{n}(B-C)i \cdot (1+i_s) \cdot D_i \tag{9-4}$$

式中：D_i——第 i 个地区(省级)收益分配系数；

G——项目评价时的全国人均国民收入；

G'——同一时间项目省份的人均国民收入；

IDR——地区收入分配效益(地区经济净现值)；

ENPV——项目经济净现值；

n——地区数量；

B——经济效益流量；

C——费用效益流量；

i_s——社会折现率；

m——国家规定的贫困省份的收入分配系数，由国家定期分布，其值代表国家对贫困地区的投资扶贫政策。

3. 对居民生活条件和生活质量的影响

项目对于当地居民生活条件和生活质量的影响后评价主要考察项目实际引起的居民收入变化、人口增长率变化、住房条件和服务设施的改善、体育和娱乐设施的改善等。此外,同样也须做项目前评估与后评价的分析对比。

4. 项目对地方和社区发展的影响

评价项目实施后对当地社区发展的影响主要分析地方和社区的社会安定、社区福利、地方政府和社区的参与程度、社区的组织机构和管理机制等。

5. 项目对文化教育和民族宗教的影响

项目对文化、教育水平是否具有促进作用,对妇女社会地位的影响特别是对当地风俗习惯、宗教信仰的影响以及对少数民族团结的影响等,以定性分析为主,也须从项目实施后的状况和项目前评估的预测情况及其对比的角度来分析。

9.5.2 项目环境影响后评价

项目环境影响后评价是指在规划、建设活动实施后,对照项目前评估时批准的项目环境影响报告书,对其对环境造成的实际影响程度进行系统调查和评价,检查减小环境影响措施的落实程度和实施效果,验证环境影响预测评估结论的正确性、可靠性,判断提出的环保措施的有效性,并对前评估时未认识到的一些环境影响进行分析研究,对项目竣工之后的各类变化情况进行补充完善,以达到改进环境质量和管理水平,并采取进一步的技术和经济措施,改善或减小项目对环境造成的不利影响。

项目环境影响后评价的主要内容有以下几项。

1. 项目对环境污染的影响

从污染源分析,项目对环境污染的影响后评价包括以下内容。

(1) 噪声环境影响后评价。对建设项目环境影响后评价工作来说,噪声环境评价是比较重要的一项工作。根据前评估的项目环境影响报告,在确定主要噪声环境敏感区的基础上,对敏感区测点进行监测和评价。针对大型施工机具产生的工程噪声,也要进一步评价噪声影响状况和治理效果,以及前评估报告中已制订的针对防噪声的措施是否合理、有效等。

(2) 空气环境影响后评价。项目竣工投产后,对周边地区空气环境的污染,有害、有毒气体的排放量等检测结果与前评估结果的对比评价。

(3) 污水环境影响后评价。项目建成后,集中排放的污水处理情况及对周边地区环境的影响;项目区路面径流对周围水体水质的影响,以及其他(固体)污染物的排放对地区环境的影响,后评价的同时也要与前评估报告的预测结果进行对比分析。

对环境污染的影响可用环境质量指数来评价。环境质量指数的数值是相对于某一个环境质量标准而言的,当选取的环境质量标准变化时,尽管某种污染物的浓度并未变化,环境质量指数的取值也会不同，因此在进行横向比较时需注意各自采用的标准。环境质量标准根据项目所处地区或城市可能有所差别，受到社会、经济等因素的制约。环境质量指数的计算公式为

$$IEQ = \sum_{i=1}^{n} Q_i / Q_{i0} \quad (9\text{-}5)$$

式中：IEQ——环境质量指数；

Q_i——第 i 种污染物的排放量；

Q_{i0}——第 i 种污染物政府允许的最大排放量；

n——项目排放的污染物种类。

2. 项目对自然资源的利用和保护

项目对自然资源的利用和保护是指对包括水、海洋、土地、森林、草原、矿产、渔业、野生动植物等自然界中对人类有用的一切物质和能量的合理开发、利用、保护和再生增值。项目对资源利用与保护的后评价分析重点是节约能源和水资源、土地利用和资源的综合利用等。

3. 项目对生态平衡的影响

项目对生态平衡的影响，是指由于人类的各种项目活动对自然界已形成的生态平衡的影响。它包括的范围有人类、植物和动物种群（特别是珍稀濒危的野生动植物）、重要水源涵养区、具有重大科教文化价值的地质构造（如溶洞、冰川、火山、温泉等自然景观）、人文遗迹、气候、土壤、植被等。

本 章 小 结

工程项目后评价又称事后评价。它是指工程项目建成投产并运行一段时间后，对项目立项、准备、决策、实施直到投产运行全过程的工程活动进行总结评价，对工程项目取得的经济效益、社会效益和环境效益进行综合评价，从而作为判别项目投资目标实现程度的一种方法。

工程项目后评价不同于项目决策前的可行性研究和项目评价，由于评价时点的不同，具有现实性、独立性、可信性、全面性、反馈性等特点。

各个项目的工程额、建设内容、建设规模等不同，其后评价的程序也有所差异，但大致都经过确定后评价计划、收集与整理有关资料、分析论证和编制项目后评价报告等过程。

项目后评价的方法主要有对比分析法、逻辑框架法、成功度评价法和综合评价法等。

工程项目的发展周期一般可划分为工程项目前期工作阶段、工程项目实施阶段和工程项目运营阶段三个阶段。项目后评价工作主要根据这三个阶段来进行。各个阶段有各自的评价内容、评价方法和评价体系。

项目后评价报告是项目后评价的最终成果，要做到公正、客观、全面、系统，以实现后评价的目标。项目的类型、规模不同，其后评价的内容与格式也不尽相同。

本 章 习 题

1. 什么是工程项目后评价？工程项目后评价有何作用？
2. 工程项目后评价与前评价的区别是什么？
3. 工程项目后评价有哪些特点？
4. 工程项目后评价的基本内容是什么？
5. 工程项目后评价常采用的方法有哪些？
6. 怎样选择工程项目后评价的对象？
7. 如何进行工程项目后评价？
8. 对比分析法有哪三种形式的对比？
9. 逻辑框架法的核心概念是什么？
10. 工程项目后评价包括哪些程序？
11. 什么是项目环境影响后评价？

即 测 即 练

下篇

工程经济学案例分析

案例一

某新建工业项目财务评价

一、项目概况

某新建项目,其可行性研究已完成市场需求预测、生产规模、工艺技术方案、建厂条件和厂址方案、环境保护、工厂组织和劳动定员以及项目实施规划诸方面的研究论证和多方案比较。项目财务评价在此基础上进行。项目基准折现率为12%,基准投资回收期为8.3年。

二、基础数据

(1) 生产规模和产品方案。生产规模为年产1.2万吨某工业原料。产品方案为A型及B型两种,以A型为主。

(2) 实施进度。项目拟两年建成,第3年投产,当年生产负荷达到设计能力的70%,第4年达到90%,第5年达到100%。生产期按8年计算,计算期为10年。

(3) 建设投资估算。建设投资估算表见表案1-1。其中外汇按1美元兑换8.30元人民币计算。

表案1-1 建设投资估算表

序号	工程或费用名称	估算价值					其中外汇/万美元	占总值比/%
		建筑工程	设备费用	安装工程	其他费用	总值		
1	建设投资(不含建设期利息)	1 559.25	10 048.95	3 892.95	3 642.30	19 143.45	976.25	100
1.1	第一部分工程费用	1 559.25	10 048.95	3 892.95	0.00	15 501.15		81
1.1.1	主要生产项目	463.50	7 849.35	3 294.00		11 606.85		
	其中:外汇		639.00	179.25		818.25	818.25	
1.1.2	辅助生产车间	172.35	473.40	22.95		668.70		
1.1.3	公用工程	202.05	1 119.60	457.65		1 779.30		
1.1.4	环境保护工程	83.25	495.00	101.25		679.50		
1.1.5	总图运输	23.40	111.60			135.00		

续表

序号	工程或费用名称	估算价值					其中外汇/万美元	占总值比/%
		建筑工程	设备费用	安装工程	其他费用	总 值		
1.1.6	厂区服务性工程	117.90				117.90		
1.1.7	生活福利工程	496.80				496.80		
1.1.8	厂外工程			17.10		17.10		
1.2	第二部分其他费用				1 368.90	1 368.90	158.00	7
	其中：土地费用				600.00	600.00		
	第一、第二部分合计	1 559.25	10 048.95	3 892.95	1 368.90	16 870.05		
1.3	预备费用				2 273.40	2 273.40		12
2	建设期利息					1 149.74	99.02	
	合计(1+2)	1 559.25	10 048.95	3 892.95	3 642.30	20 293.19	1 075.27	

(4) 流动资金采用分项详细估算法进行估算，估算总额为 3 111.02 万元。流动资金借款为 2 302.7 万元。流动资金估算表见表案 1-2。

表案 1-2　流动资金估算表　　　　　　　　　　　　　　　　　万元

序号	项目	最低周转天数	周转次数	投产期		达到设计生产能力期	
				3	4	5	6
1	流动资产			2 925.50	3 645.15	4 001.22	4 001.22
1.1	应收账款	30	12	769.17	951.03	1 040.03	1 040.03
1.2	存货			2 117.99	2 655.78	2 922.85	2 922.85
1.3	现金	15	24	38.34	38.34	38.34	38.34
2	流动负债			622.80	800.93	890.20	890.20
2.1	应付账款	30	12	622.80	800.93	890.20	890.20
3	流动资金(1−2)			2 302.70	2 844.22	3 111.02	3 111.02
4	流动资金增加额			2 302.70	541.52	266.80	0.00

(5) 资金来源。项目资本金为 7 121.43 万元，其中用于流动资金 808.32 万元，其余为借款。资本金由甲、乙两个投资方出资，其中甲方出资 3 000 万元，从还完建设投资长期借款年开始，每年分红按出资额的 20% 进行，经营期末收回投资。外汇全部通过中国银行向国外借款，年利率为 9%；人民币建设投资部分由中国建设银行提供贷款，年利率为 6.2%；流动资金由中国工商银行提供贷款，年利率 5.94%。投资分年使用计划按第 1 年 60%、第 2 年 40% 的比例分配。资金使用计划与资金筹措表见表案 1-3。

(6) 工资及福利费估算。全厂定员 500 人，工资及福利费按每人每年 8 000 元估算，全年工资及福利费估算为 400 万元(其中福利费按工资总额的 14% 计算)。

表案 1-3　资金使用计划与资金筹措表

单位：万元

序号	项目	合计 人民币	合计 外币	合计 折人民币	1 人民币	1 外币	1 折人民币	1 小计	2 人民币	2 外币	2 折人民币	2 小计	3 人民币	3 外币	3 折人民币	3 小计	4 人民币	4 外币	4 折人民币	4 小计	5 人民币	5 外币	5 折人民币	5 小计
1	总投资	23 404.21	612.11	5 080.50	6 712.28	463.16	3 844.25	11 792.78	4 656.16	4 416.23	3 241.15	8 500.41	2 302.70	0.00	2 302.70	541.52	0.00	541.52	266.80	0.00	266.80
1.1	建设投资（未含利息）	19 143.45	585.75	4 861.73	6 624.35	390.50	3 241.15	11 486.07	4 416.23	239.93	7 657.38										
1.2	建设期利息	1 149.74	26.36	218.78	87.93	72.66	603.10	306.71	843.03												
1.3	流动资金	3 111.02							239.93								541.52		541.52	266.80		266.80
2	资金筹措	23 404.21																				
2.1	自有资金	7 121.43			3 787.87		3 787.87		2 525.24	2 525.24			808.32	808.32								
	其中：用于流动资金	0.00			0.00		0.00		0.00	0.00			0.00	0.00								
2.1.1	资本金	7 121.43			3 787.87		3 787.87		2 525.24	2 525.24			808.32	808.32								
2.1.2	资本溢价	0.00											0.00									
2.2	借款	16 282.78	612.11	5 080.50	2 924.41	463.16	3 844.25	8 004.91	2 130.92	4 416.23	3 241.15	5 975.17	1 494.38	0.00	1 494.38	541.52	0.00	541.52	266.80	0.00	266.80
2.2.1	长期借款	12 830.34	585.75	4 861.73	2 836.48	390.50	3 241.15	7 698.20	1 890.99	4 416.23	3 241.15	5 132.14	1 494.38	1 494.38								
2.2.2	流动资金借款	2 302.70													1 494.38	1 494.38	541.52	541.52	266.80	266.80
2.2.3	用于建设期利息	1 149.74	26.36	218.78	87.93	72.66	603.10	306.71	239.93	843.03			0.00	0.00							
2.3	其他																					

注：各年流动资金在年初投入。

(7) 年销售收入和年销售税金及附加。产品售价以市场价格为基础,预测到生产期初的市场价格,每吨出厂价按 15 850 元计算(不含增值税)。产品增值税税率为 13%。本项目采用价外计税方式考虑增值税。城市维护和建设税按增值税的 7% 计算,教育费附加按增值税的 3% 计算。年销售收入和年销售税金及附加和增值税估算表见表案 1-4。

表案 1-4 年销售收入和年销售税金及附加和增值税估算表

序号	项目	单价/元	生产负荷 70%(第 3 年)		生产负荷 90%(第 4 年)		生产负荷 100%(第 5～10 年)	
			销售量/吨	金额/万元	销售量/吨	金额/万元	销售量/吨	金额/万元
1	产品销售收入	15 850.00	8 400.00	13 314.00	10 800.00	17 118.00	12 000.00	19 020.00
2	销售税金及附加			76.06		97.58		108.42
	增值税销项			1 730.82		2 225.34		2 472.6
	增值税进项			970.32		1 249.56		1 388.4
	增值税			760.5		975.78		1 084.2
2.1	城市维护建设税(增值税×7%)			53.24		68.31		75.89
2.2	教育费附加(增值税×3%)			22.82		29.27		32.53

注:1. 增值税仅为计算城市维护建设税和教育费附加的依据。
2. 本报表税金的计算方法采用不含增值税的计算方法。

(8) 产品成本估算。总成本费用估算表见表案 1-5。成本估算说明如下。

① 固定资产原值中除工程费用外还包括建设期利息、预备费用以及其他费用中的土地费用。固定资产原值为 19 524.29 万元,按年限平均法计算折旧,折旧年限为 8 年,残值率为 5%,折旧率为 11.88%,年折旧额为 2 318.51 万元。固定资产折旧费估算表见表案 1-6。

② 其他费用中其余部分均作为无形资产及递延资产。无形资产为 368.90 万元,按 8 年摊销,年摊销额为 46.11 万元。递延资产为 400 万元,按 5 年摊销,年摊销额为 80 万元。无形资产及递延资产摊销费估算表见表案 1-7。

③ 修理费计算。修理费按年折旧额的 50% 提取,每年 1 159.25 万元。

④ 借款利息计算。流动资金年应计利息为 136.78 万元,长期借款利息计算见表案 1-8。生产经营期间应将利息计入财务费用。

⑤ 固定成本和可变成本。可变成本包含外购原材料、外购燃料、动力费以及流动资金借款利息。固定成本包含总成本费用中除可变成本外的费用。

(9) 损益和利润分配。损益和利润分配表见表案 1-9。利润总额正常年为 3 617.36 万元。所得税按利润总额的 25% 计取,盈余公积金按税后利润的 10% 计取。

表案1-5 总成本费用估算表

单位：万元

序号	项目	合计	投产期		达到设计生产能力期						
			3	4	5	6	7	8	9	10
	生产负荷/%		70	90	100	100	100	100	100	100
1	外购原材料	71 811.00	6 614.40	8 503.80	9 448.80	9 448.80	9 448.80	9 448.80	9 448.80	9 448.80
2	外购燃料、动力	9 357.00	861.60	1 108.20	1 231.20	1 231.20	1 231.20	1 231.20	1 231.20	1 231.20
3	工资及福利费	3 200.00	400.00	400.00	400.00	400.00	400.00	400.00	400.00	400.00
4	修理费	9 274.04	1 159.25	1 159.25	1 159.25	1 159.25	1 159.25	1 159.25	1 159.25	1 159.25
5	折旧费	18 548.07	2 318.51	2 318.51	2 318.51	2 318.51	2 318.51	2 318.51	2 318.51	2 318.51
6	摊销费	768.90	126.11	126.11	126.11	126.11	126.11	46.11	46.11	46.11
7	财务费用（利息、汇兑损失）	3 820.30	1 205.42	1 017.02	702.06	348.68	136.78	136.78	136.78	136.78
7.1	其中：利息支出	3 820.30	1 205.42	1 017.02	702.06	348.68	136.78	136.78	136.78	136.78
8	其他费用	4 161.60	520.20	520.20	520.20	520.20	520.20	520.20	520.20	520.20
9	总成本费用(1+2+3+4+5+6+7+8)	120 940.91	13 205.50	15 153.09	15 906.14	15 552.76	15 340.86	15 260.86	15 260.86	15 260.86
	其中：固定成本	35 952.61	4 524.08	4 524.08	4 524.08	4 524.08	4 524.08	4 444.08	4 444.08	4 444.08
	可变成本	84 988.30	8 681.42	10 629.02	11 382.06	11 028.68	10 816.78	10 816.78	10 816.78	10 816.78
10	经营成本(9−5−6−7)	97 803.64	9 555.45	11 691.45	12 759.45	12 759.45	12 759.45	12 759.45	12 759.45	12 759.45

表案1-6 固定资产折旧费估算表

单位：万元

序号	项目	合计	折旧率/%	投产期			达到设计生产能力期					
				3	4	5	6	7	8	9	10
1	固定资产合计	19 524.29									
1.1	原值			17 205.78	14 887.27	12 568.76	10 250.25	7 931.74	5 613.23	3 294.72	976.21
1.2	折旧费	18 548.07	11.88	2 318.51	2 318.51	2 318.51	2 318.51	2 318.51	2 318.51	2 318.51	2 318.51
	净值										

表案1-7 无形资产及递延资产摊销费估算表

单位：万元

序号	项目	原值	摊销年限	投产期			达到设计生产能力期					
				3	4	5	6	7	8	9	10
1	无形资产	368.90	8	46.11	46.11	46.11	46.11	46.11	46.11	46.11	46.11
1.1	摊销			322.79	276.68	230.56	184.45	138.34	92.22	46.11	0.00
1.2	净值										
2	递延资产（开办费）	400.00	5	80.00	80.00	80.00	80.00	80.00			
2.1	摊销			320.00	240.00	160.00	80.00	0.00			
2.2	净值										
3	无形资产及递延资产合计	768.90		126.11	126.11	126.11	126.11	126.11	46.11	46.11	46.11
3.1	摊销			642.79	516.68	390.56	264.45	138.34	92.22	46.11	0.00
3.2	净值										

案例一 某新建工业项目财务评价

表案 1-8 全部资金财务现金流量表

单位：万元

序号	项目	合计	建设期 1	建设期 2	投产期 3	投产期 4	达到设计生产能力期 5	6	7	8	9	10
	生产负荷/%				70	90	100	100	100	100	100	100
1	现金流入	148 639.23	0	0	13 314	17 118	19 020	19 020	19 020	19 020	19 020	23 107.23
1.1	产品销售收入	144 552			13 314	17 118	19 020	19 020	19 020	19 020	19 020	19 020
1.2	回收固定资产余值	976.21										976.21
1.3	回收流动资金	3 111.02										3 111.02
2	现金流出	121 135.64	11 486.07	7 657.38	11 934.2	12 330.55	13 134.67	12 867.87	12 867.87	12 867.87	12 867.87	12 867.87
2.1	建设投资（不含建设期借款利息）	19 143.45	11 486.07	7 657.38								
2.2	流动资金	3 111.02			2 302.7	541.52	266.8					
2.3	经营成本	97 803.64			9 555.45	11 691.45	12 759.45	12 759.45	12 759.45	12 759.45	12 759.45	12 759.45
2.4	销售税金及附加	824.15			76.05	97.58	108.42	108.42	108.42	108.42	108.42	108.42
3	净现金流量	27 503.6	−11 486.07	−7 657.38	1 379.8	4 787.45	5 885.33	6 152.13	6 152.13	6 152.13	6 152.13	10 239.36
4	累计净现金流量		−11 486.07	−19 143.45	−17 763.65	−12 976.2	−7 090.87	−938.74	5 213.39	11 365.52	17 517.65	27 757.01

注：计算指标：全部资金财务内部收益率（FIRR）=17.62%；全部资金财务净现值（FNPV）(i_c=12%)=￥4 781.34 万元；全部资金静态投资回收期（从建设期算起）=6.17 年。

表案 1-9　损益和利润分配表

单位：万元

序号	项目	合计	投产期			达到设计生产能力期					
			3	4	5	6	7	8	9	10
1	生产负荷/%		70	90	100	100	100	100	100	100
1	产品销售收入	144 552	13 314	17 118	19 020	19 020	19 020	19 020	19 020	19 020
2	销售税金及附加	824.15	76.05	97.58	108.42	108.42	108.42	108.42	108.42	108.42
3	总成本费用	120 940.91	13 205.5	15 153.09	15 906.14	15 552.76	15 340.86	15 260.86	15 260.86	15 260.86
4	利润总额(1−2−3)	22 533.56	9.25	1 837.31	2 972.08	3 325.46	3 537.36	3 617.36	3 617.36	3 617.36
5	所得税(25%)	5 633.39	2.31	459.33	743.02	831.37	884.34	904.34	904.34	904.34
6	税后利润(4−5)	16 900.15	6.94	1 377.98	2 229.06	2 494.09	2 653.02	2 713.02	2 713.02	2 713.02
7	可供分配利润	16 900.15	6.94	1 377.98	2 229.06	2 494.09	2 653.02	2 713.02	2 713.02	2 713.02
7.1	盈余公积金(10%)	1 079.20					265.30	271.30	271.30	271.30
7.2	应付利润	0								
7.3	未分配利润	15 820.95	6.94	1 377.98	2 229.06	2 494.09	2 387.72	2 441.72	2 441.72	2 441.72
	累计未分配利润			1 384.92	3 613.98	6 108.07	8 495.79	10 937.51	13 379.22	15 820.94

三、财务评价

(1) 全部资金财务现金流量表,见表案 1-8。根据该表计算的评价指标为:全部资金财务内部收益率(FIRR)为 17.62%,全部资金财务净现值($i_c=12\%$时)为 4 781.34 万元。全部资金财务内部收益率大于基准收益率,说明盈利能力满足了行业最低要求,全部资金财务净现值大于零,该项目在财务上是可以接受的。全部资金静态投资回收期为 6.17 年(含建设期),短于行业基准投资回收期 8.3 年,表明项目投资能按时收回。

(2) 资本金财务现金流量表见表案 1-10,根据该表计算资本金内部收益率为 18.22%。

(3) 甲方财务现金流量表见表案 1-11,根据该表计算甲方投资内部收益率为 9.80%。

(4) 根据损益和利润分配表(表案 1-9)、建设投资估算表(表案 1-1)计算以下指标:

该项目投资利润率大于行业平均利润率 8%,说明单位投资收益水平达到行业标准。

根据损益和利润分配表(表案 1-9)、资金来源与运用表(表案 1-12)、长期借款偿还计划表(表案 1-13)、固定资产折旧费估算表(表案 1-6)、无形资产及递延资产摊销估算表(表案 1-7)计算以下指标:

$$
\text{利息备付率(按整个借款期考虑)} = \frac{\text{息税前利润}}{\text{当期应付利息费用}}
$$

$$
= \frac{\text{借款利息支付} + \text{利润总和}}{\text{借款利息支付}}
$$

$$
= \frac{3\,820.30 + 22\,533.56}{3\,820.30}
$$

$$
\approx 6.90 > 2.0
$$

$$
\text{偿债备付率(按整个借款期考虑)} = \frac{\text{当期用于还本付息资金}}{\text{当期应还本付息金额}}
$$

$$
= \frac{\text{固定资产折旧费} + \text{无形及递延资产摊销} + \text{税后利息} + \text{所得税} + \text{应付利息}}{\text{借款利息支付} + \text{借款本金偿还}}
$$

$$
= \frac{18\,548.07 + 768.90 + 16\,900.17 + 3\,820.30}{3\,820.30 + 13\,980.08}
$$

$$
\approx 2.25 > 1.0
$$

式中,利息支付的计算如表案 1-14 所示。

表案 1-10 资本金财务现金流量表

单位：万元

序号	项目	合计	建设期 1	建设期 2	投产期 3	投产期 4	达到设计生产能力期 5	达到设计生产能力期 6	达到设计生产能力期 7	达到设计生产能力期 8	达到设计生产能力期 9	达到设计生产能力期 10
	生产负荷/%				70	90	100	100	100	100	100	100
1	现金流入	148 639.23	0	0	13 314	17 118	19 020	19 020	19 020	19 020	19 020	23 107.23
1.1	产品销售收入	144 552			13 314	17 118	19 020	19 020	19 020	19 020	19 020	19 020
1.2	回收固定资产余值	976.21										976.21
1.3	回收流动资金	3 111.02										3 111.02
2	现金流出	131 485.65	3 787.87	2 525.24	14 098.37	16 941	18 748.87	17 465.64	13 888.99	13 908.99	13 908.99	16 211.69
2.1	资本金	7 121.43	3 787.87	2 525.24	808.32							
2.2	借款本金偿还	16 282.78			2 450.82	3 675.62	4 435.92	3 417.72				2 302.7
2.3	借款利息支付	3 820.3			1 205.42	1 017.02	702.06	348.68	136.78	136.78	136.78	136.78
2.4	经营成本	97 803.64			9 555.45	11 691.45	12 759.45	12 759.45	12 759.45	12 759.45	12 759.45	12 759.45
2.5	销售税金及附加	824.15			76.05	97.58	108.42	108.42	108.42	108.42	108.42	108.42
2.6	所得税	5 633.39			2.31	459.33	743.02	831.37	884.34	904.34	904.34	904.34
3	净现金流量	17 153.58	−3 787.87	−2 525.24	−784.37	177	271.13	1 554.36	5 131.01	5 111.01	5 111.01	6 895.54

注：计算指标：资本金内部收益率为 18.22%。

表案 1-11　甲方投资财务现金流量表

万元

序号	项目	合计	建设期		投产期			达到设计生产能力期				
			1	2	3	4	5	6	7	8	9	10
	生产负荷/%				70	90	100	100	100	100	100	100
1	现金流入	6 000						600	600	600	600	600
1.1	股利分配	6 000						600	600	600	600	3 600
1.2	资产处置收益分配											
1.3	租赁费收入											
1.4	技术转让收入											
1.5	其他现金流入											
2	现金流出	3 000	1 500	1 500								
2.1	股权投资	3 000	1 500	1 500								
2.2	租赁资产支出											
2.3	其他现金流出											
3	净现金流量	1 800	−1 500	−1 500				600	600	600	600	3 600

注：计算指标：甲方投资内部收益率为 9.80%。

表案 1-12 资金来源与运用表

单位：万元

序号	项目	合计	建设期 1	建设期 2	投产期 3	投产期 4	投产期 5	达到设计生产能力期 6	达到设计生产能力期 7	达到设计生产能力期 8	达到设计生产能力期 9	达到设计生产能力期 10
	生产负荷/%					70	90	100	100	100	100	100
1	资金来源	69 341.98	11 792.78	8 500.41	4 756.58	4 823.45	5 683.51	5 770.09	5 981.98	5 981.98	5 981.98	10 069.22
1.1	利润总额	22 533.56			9.25	1 837.31	2 972.08	3 325.46	3 537.36	3 617.36	3 617.36	3 617.36
1.2	折旧费	18 548.07			2 318.51	2 318.51	2 318.51	2 318.51	2 318.51	2 318.51	2 318.51	2 318.51
1.3	摊销费	768.9			126.11	126.11	126.11	126.11	126.11	46.11	46.11	46.11
1.4	长期借款	13 980.08	8 004.91	5 975.17	0							
1.5	流动资金借款	2 302.7			1 494.38	541.52	266.8					
1.6	其他短期借款	0										
1.7	自有资金	7 121.43	3 787.87	2 525.24	808.32							
1.8	其他	0										
1.9	回收固定资产余值	976.21										976.21
1.10	回收流动资金	3 111.02										3 111.02
2	资金运用	45 320.38	11 792.78	8 500.41	4 755.83	4 676.47	5 445.74	4 249.09	884.34	904.34	904.34	3 207.04
2.1	固定资产投资	19 143.45	11 486.07	7 657.38								
2.2	建设期利息	1 149.74	306.71	843.03								
2.3	流动资金	3 111.02			2 302.7	541.52	266.8					
2.4	所得税	5 633.39			2.31	459.33	743.02	831.37	884.34	904.34	904.34	904.34
2.5	应付利润	0										
2.6	长期借款本金偿还	13 980.08			2 450.82	3 675.62	4 435.92	3 417.72				
2.7	流动资金借款本金偿还	2 302.7						1 521				2 302.7
2.8	短期借款本金偿还	0										
3	盈余资金	24 021.6	0	0	0.75	146.98	237.77	1 521	5 097.64	5 077.64	5 077.64	6 862.18
4	累计盈余资金	24 021.6	0	0	0.75	147.73	385.5	1 906.5	7 004.14	12 081.78	17 159.42	24 021.6

案例一 某新建工业项目财务评价

表案 1-13 长期借款偿还计划表

单位：万元

序号	项　目	利率/%	建设期 1	建设期 2	投产期 3	投产期 4	达到设计生产能力期 5	达到设计生产能力期 6
1	外汇借款（折成人民币）	9						
1.1	年初借款本息累计			5 080.5	8 924.75	6 473.93	2 798.31	
1.1.1	本金			4 861.73	8 102.88	6 473.93	2 798.31	
1.1.2	建设期利息			218.78	821.87			
1.2	本年借款		4 861.73	3 241.15				
1.3	本年应计利息		218.78	603.10	803.23	582.65	251.85	
1.4	本年偿还本金				2 450.82	3 675.62	2 798.31	
1.5	本年支付利息				803.23	582.65	251.85	
2	人民币借款	6.20						
2.1	年初借款本息累计			2 924.41	5 055.33	5 055.33	5 055.33	3 417.72
2.1.1	本金			2 836.48	4 727.47	5 055.33	5 055.33	3 417.72
2.1.2	建设期利息			87.93	327.86			
2.2	本年借款		2 836.48	1 890.99				
2.3	本年应计利息		87.93	239.93	313.43	313.43	313.43	211.90
2.4	本年偿还本金						1 637.61	3 417.72
2.5	本年支付利息				313.43	313.43	313.43	211.90
3	偿还借款本金的资金来源							
3.1	利润				6.20	1 230.99	1 991.30	2 228.06
3.2	折旧费				2 318.51	2 318.51	2 318.51	2 318.51
3.3	摊销费				126.11	126.11	126.11	126.11
3.4	偿还本金来源合计(3.1+3.2+3.3)				2 450.82	3 675.62	4 435.92	4 672.68
3.4.1	偿还外汇本金				2 450.82	3 675.62	2 798.31	0.00
3.4.2	偿还人民币本金					0.00	1 637.61	3 417.72
3.4.3	偿还本金后余额(3.4-3.4.1-3.4.2)							1 254.96

注：人民币借款偿还期（从借款开始年算起）：$5 + \dfrac{3\,417.72}{4\,672.68} \approx 5.73$（年）。

表案 1-14　利息支付计算表　　　　　　　　　　　　　　万元

项目	合计	3	4	5	6	7	8	9	10
外汇长期借款利息支付（利率9%）	1 637.73	803.23	582.65	251.85					
人民币长期借款利息支付（利率6.2%）	1 152.19	313.43	313.43	313.43	211.90				
流动资金中的借款数额			1 494.38	2 035.9	2 302.7				
流动资金借款利息支付（利率5.94%）	1 030.37	88.76	120.93	136.78	136.78	136.78	136.78	136.78	136.78
各种借款利息支付总和	3 820.30	1 205.42	1 017.02	702.06	248.68	136.78	136.78	136.78	136.78

式中，借款本金偿还＝建设投资－建设投资中的资本金
　　　　　　　　　＝20 293.19－7 121.43＋808.32
　　　　　　　　　＝13 980.08（万元）

该项目利息备付率大于 2.0，偿债备付率大于 1.0，说明项目偿债能力较强。

四、财务评价说明

本项目采用量入偿付法归还长期借款本金。总成本费用估算表（表案 1-5）、损益和利润分配表（表案 1-9）及长期借款偿还计划表（表案 1-13）通过利息支出、当年还本和税后利润互相联系，通过三表联算得出借款偿还计划；在全部借款偿还后，再计提盈余公积金和确定利润分配方案。三表联算的关系如图案 1-1 所示。

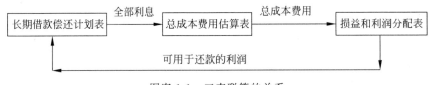

图案 1-1　三表联算的关系

五、评价结论

财务评价结论详见评价结论汇总表（表案 1-15）。从主要指标上看，财务评价效益均可行，而且生产的产品是国家急需的，所以项目是可以接受的。

表案 1-15　评价结论汇总表

财务评价指标	计算结果	评价标准	是否可行
全部资金财务内部收益率	17.62%	>12%	是
全部资金静态投资回收期	6.17 年	<8.3 年	是
国内借款偿还期	5.73 年		是
全部资金财务净现值	4 781.34 万元	>0	是

案例二

绿远公司固定资产投资可行性评价

固定资产投资具有投资金额大、影响时间长、投资风险大的特点,因此固定资产投资可行性评估十分重要。通过本案例的学习和讨论,你应该:掌握现金流量的内容及其测算;掌握折现率的确定方法;掌握折现现金流量法如 NPV 法、IRR 法的原理与应用;理解敏感性分析的必要性及分析方法;熟悉与本案例有关的政策规定。

一、项目概况

本项目(以下简称"芦荟生产项目")由某进出口(集团)总公司(以下简称"进出口公司")和云南某生物(集团)公司合作开发,共同投资成立绿远公司经营该项目。

(1) 某进出口公司成立于 1959 年,1993 年改组为综合型外经贸集团公司,注册资金为 4 亿元人民币,以"大经贸""市场多元化""以优取胜"为发展战略,大力开展技术与成套设备进出口、国际工程承包与劳务合作、实业投资及一般贸易等方面的经营业务,以平等互利为原则,积极同境内外经济组织、社会团体、工商企业开展多种形式的经济技术合作和贸易往来。集团化、国际化、实业化、多元化战略布局取得成效。

(2) 云南某生物(集团)公司是目前元江最大的芦荟种植加工企业,拥有近 1 000 亩(1 亩 ≈ 666.67 平方米)芦荟,注册资金 1 000 万元,由总经理投资 410 万元,占股份 41%,县农资公司投资 400 万元,占股份 40%,县糖厂投资 190 万元,占股份 19%,生产的"生命故事"系列芦荟产品有化妆品、保健食品等,取得了良好的经济效益。

(一) 产品市场预测(国内外市场)

芦荟是百合科草本植物,具有护肤、保湿、抗菌、防辐射、提高免疫力等多种功能,在世界范围,芦荟已广泛用于化妆品、保健食品、饮料工业等领域。芦荟产业的兴起,迎合了化妆品朝高雅、自然、温和无刺激、保湿、防衰老发展的趋势,食品工业朝绿色无污染、改善饮食结构、注重健康发展的趋势。开发和利用芦荟植物资源,符合国家生物资源产业发展方向,是人类生存的客观要求,是新兴的朝阳产业。

1. 国内市场需求预测

美、日芦荟产业发展走过了 20 年,已进入较成熟阶段,需求量将随着化妆品和保健品市场规模的扩大而增长,而我国是个后发展国家,在改革开放方针指引下,经济高增长,经济发达地区和中心城市的居民已步入小康阶段,伴随着人们收入的增加和生活水平的提高,化妆品和保健品的市场需求将迅速增加。

中国香料香精化妆品工业协会与国际咨询公司预测,中国化妆品市场今后几年以

10%～20%左右的年均增长率发展，其中，作为化妆品新生力量的芦荟化妆品，将以高于整个化妆品产业发展速度增长，这是化妆品业内人士的普遍估计。

2. 国际市场发展预测

改善健康状况，提高生活质量，追求自然与人类的和谐与统一和可持续发展已成为21世纪的主流方向。植物提取物正逐步取代化学合成品，生物技术迅速崛起，绿色、回归自然渐成时尚。由于芦荟植物能很好地迎合人们新的需求，其产品必将成为21世纪继续重点开发的对象。

从芦荟市场分布来看，当前芦荟市场主要分布在美国、欧洲、日本等少数发达国家和地区，芦荟产业的发展是不平衡的，尚未开发和潜在的市场是巨大的。

（二）项目生产能力及产品方案

从上面的市场分析可以看出，选择年产40吨芦荟冻干粉的生产规模是比较妥当的。具体产品方案如下。

(1) 芦荟浓缩液800吨(折合冻干粉40吨)，建成芦荟浓缩液生产线一条。400吨供应冻干粉生产线作为原材料，其余400吨无菌包装后外销。

(2) 年产芦荟冻干粉20吨，建成芦荟冻干粉生产线一条。

（三）厂址选择

该项目拟建于云南省玉溪市元江县城郊，距县城约3千米，在原元江县供销社农资公司仓库南侧征地20亩，新建加工厂区，元江县供销社为本项目股东之一，对其原有仓库、办公楼等建筑物进行统一规划，留作安装芦荟终端产品生产线使用。

分析：对项目财务可行性的分析，即现金流量影响、经营风险的估计。

二、对现金流量的估计

把握：现金流量在评价中的意义为何重于利润？

现金流量是指资本循环过程中现金流入、流出的数量。而利润则是一定时期内的经营成果。在财务学家们看来，利润是通过会计制度规范而由会计人员计算出来的，如果排除会计人员被指使或被其他人为操纵的因素，它只是一个账面的结果；反过来，现金净流量是通过实实在在的现金流入与流出表现出来的，它不单表现在账面上，而且实实在在地表现在企业的银行账户中，它是企业经理人员可以随时动用的企业资源。作为一个管理者，你是需要现金还是需要利润？答案当然是：两者都需要。但如果只有唯一的选择，"鱼和熊掌"之间你又作何选择？我们认为，现金净流量可能是最重要的，因为，你是在管理企业的资源，是在运作资源，而不是在运作账簿。在现金为王的今天，对于现金流量的评价一般是重于对利润评价的。在比较这个项目的时候，主要比较这个投资项目报酬率到底是多少，而并不考虑其资金是借来的还是自有的，即我们不希望由于融资的差异来影响对案例本身的判断。所以，要采用投资与筹资相分离的原则来进行评价，在现金流量估计时不考虑利息。全额计算是指这个项目不涉及卖，或不出售原有的旧项目，它只考虑新项目的全部投资所产生的现金流量，差额计算主要涉及售旧购新，是出售原有的旧项目再买新的呢？还是继续用旧的？在这种情况下，用差额计算方式。

本案例需注意以下几方面。

（1）分三期估算现金流量。

（2）全额计算法（不考虑售旧的问题）。

（3）管理费用中的开办费是按5年摊销估算。

（4）对冻干粉的原材料计算不要重复。（冻干粉是从浓缩液中提取）

三、折现率的计算

把握：在投资与筹资分离的原则下加权资金成本的作用与假设（投资所使用的资金利息及股息等成本在加权资本成本率中考虑，前面已说过，在现金流量估计时不考虑利息，那么，放在什么地方呢？就放在这个地方，即从筹资渠道来看，需要衡量债务、股权的回报。）

判定投资项目可行的基本条件：该项目的收益率必须够抵补投资者所要求的最低必要报酬率，也即公司所支付的加权资金成本率。加权资金成本率是一个底线，只有高于它，才能赚取收益。

（1）加权资金成本率的确定主要取决于市场风险，即产品的售价、进价随着产品的成本（原材料、人工费用）增加而增加的弹性。弹性越大，说明经营风险越小。例如，汉堡包的牛肉涨价了10%，那么，汉堡包的售价是否会涨？是涨5%还是涨10%？售价调整得越大，说明你的经营风险越小。

经营风险、财务风险、资本结构等决定了加权资金成本的权数；市场资金供求、平均收益率和项目投资风险等决定各单项资金成本的比率。加权资本成本率是一个预测数据，用于投资和筹资的效益比较。

（2）新项目在何时采取原有公司的加权资金成本率？必须满足下列两个条件：①新项目的经营风险与原公司大致相同 如原来是卖电脑的，本次所经营的仍然是电脑，或是相近的产品，就需要采用原有的、既定的、目标的资金结构，而不要采用新项目自身的资金结构。这是因为，投资与筹资相分离。②新项目的筹资不能极大地改变原有资本结构，因为贴现率的大小，对公司的投资项目的可行性评价影响是非常大的。

加权资本成本率的高低在净现值的计算中起何作用？加权资本成本率这个利率主要是在贴现时使用的，这个利率越大，贴现后净现值就越小，说明这个项目的风险就大，即获利的正的现金流入就比较小。

加权资金成本率在内含报酬率计算中起何作用？在这个案例中，我们是假设净现值为0的时候来求内含报酬率。当净现值=0的时候，对加权资金成本率与内含报酬率进行比较，如果内含报酬率高于加权资金成本率，说明这个项目是可取的。

四、敏感性分析

（一）意义

当一个项目的净现值大于0，或内含报酬率高于加权资金成本率，这个项目是否就是可行的？还应当做进一步的具体分析。

（二）分析方法

主要对这个项目进行敏感性测试，其目的是估计各因素风险程度、控制主要因素的风险。上文的分析在风险考虑方面存在不足。在企业的实际运营中，贴现利率可能会发生变化。例如，原先设定的贴现利率为 10%，但随着未来市场的变化，风险增加，投资者和股东对内含报酬率的要求也会相应提高。因此，投资的贴现利率也应当随之调整。

正分析方法主要用于评估各相关因素的敏感性程度。具体而言，当项目的销售量、价格、单位成本、投资额等关键因素发生 10% 的不利变化时，我们需要分析这些变化对项目可行性的影响。在此过程中，关键在于识别哪些因素对项目的影响最为显著。一般而言，在企业运营中，价格因素具有最大的影响力，其次是单位变动成本，再次是固定成本。因此，在进行成本控制和决策调整时，我们应着重关注这些主要因素。此外，正分析方法的学习还具有另一项重要价值：当某个或某些关键因素无法控制（例如原材料价格上涨）时，我们可以通过调整其他可控因素，确保项目的净现值（NPV）仍然大于 0，且内含报酬率高于加权资金成本，从而保证项目的经济可行性。

逆分析方法则是在保持原决策结论不变的前提下，分析各因素所允许的最大变动范围。具体而言，我们设定净现值（NPV）等于 0，并反推出此时净现金流量（NCF）的数值及其下限。同时，我们还需计算现值指数等于 1、内含报酬率等于资金成本率时各相关因素的取值。通过这种分析方法，我们可以清晰地了解为确保 NPV 不低于 0，产品的单价或售价不能低于某个水平，成本不能高于某个上限。这有助于我们在销售定价、成本控制和投资有效期等方面作出更为精准的决策。需要注意的是，逆分析方法应深入每一个具体项目进行分析，而不仅仅是停留在宏观层面。在成本分析方面，我们需要进一步细分成本构成，特别是变动成本，如具体的水费支出等，以便更准确地评估项目的经济可行性。

从整个案例来看，可以将其分为以下几个关键部分：首先，市场调研是项目进行的至关重要环节。尽管案例中已提供了相关资料，但在实际操作中，市场调研需要投入大量精力，组织专业人员进行深入、细致的调查，以确保获取准确、全面的市场信息。这一步骤对于项目的后续决策具有决定性影响。其次，现金流量的估计是项目评估的核心内容之一。其具体方法主要包括三期估计法（通常指建设期、运营期和回收期），并可根据项目特点选择全额计算或差额计算这两种常见方式。全额计算考虑项目的全部投入和产出，而差额计算则关注新增投入和新增收益。选择哪种方法取决于项目的具体情况和评估目的。再次，贴现率的确定也是项目评估中的关键环节。它取决于新项目与原有经营风险的比较，以及新项目筹资结构是否极大地改变了原有结构。如果原有资本结构是 40：60（假设为债务与股权的比例），而新项目资本结构变为 70：30，这可能意味着项目风险或筹资成本发生了显著变化，需要重新评估贴现率。此外，在确定贴现率时，还应充分考虑项目的风险水平、市场利率等因素。最后，敏感性分析是项目评估中不可或缺的一部分。在计算出项目的净现值（NPV）后，必须对其进行敏感性分析，以评估项目在关键变量发生变化时的风险承受能力。敏感性分析有助于揭示哪些因素对项目成功至关重要，并为决策者提供在不确定环境下制定策略的依据。因此，我鼓励同学们亲自进行敏感性分析，并认真完成相关练习，以加深对这一重要概念的理解和应用。

案例三

某造纸厂改、扩建项目技术经济评价

一、项目概况

某造纸厂是我国 25 家大型造纸厂之一。该造纸厂拟进行改、扩建：从国外引进一条年产 2.4 万吨胶印书刊纸的长网中速抄纸机生产线，并将亚硫酸盐法改为硫酸盐法制浆，而且建立碱回收系统。

项目与老厂有如下四种相互关系。

(1) 本项目建成以后需用的电力和蒸汽由正在改\扩建的自备热电站供应，该热电站还将供应老厂所需的蒸汽与电力。

(2) 由于原料供应的限制，只允许净增产 2 万吨，即新纸机达产后要停产两台年产 0.4 万吨的旧纸机。

(3) 硫酸盐法所制的纸浆除供应新纸机外还供应老厂，碱回收装置也替老厂服务，减少老厂的排污费。

(4) 碱回收燃烧炉产生的蒸汽可供发电厂发电，而且制成副产品黏合剂出售。

二、经济评价

鉴于新项目与老厂及其他项目的复杂关系，评价时按以下三项原则进行。

（一）和节能项目（热电站）合在一起计算

造纸厂拟建的热电站，虽是一个独立项目，但实际上和本技术改造项目相互依存，收益和支出难以分工，故将二者合在一起作为一个综合体进行计算。作为综合体计算了总投入的费用，热电站的产出品电和蒸汽除供应本项目所需外，还将用于替换老厂现时的消耗，新替换部门节省下来的费用作为本项目的收益，从生产成本中扣除。

（二）纸机酸增量部分的效果

该造纸厂是一家经济效益较好的工厂，具有发展前途，不存在关停并转，无须计算改、扩建前后的总经济效果来考察是否值得改造的问题，只计算增量效果即可。增量是"有项目"和"无项目"对比而言的。有了本项目，将增产新产品"胶印书刊纸"24 480 吨/年，但根据主管部门只允许净增量两万吨的指示精神，新纸机达产后，现有年产 4 000 吨有光纸的两台旧纸机将停产或拆除。据此，达产前的增量效益就是新纸机开工生产的效益。达产后增量效益将是新纸机的全效益与停产旧纸机生产效益的差额。副产品黏合剂的收入是本项目的新增益。

（三）从企业的财务角度进行评价

本项目实施后，将降低现有污水排放量70%，从而显著改善了环境保护状况，这对国民经济的效益是巨大的。但此评价只从企业的角度进行计算，即只计算减少排污费70%的数额作为本项目的收入，从生产成本中扣除。评价内容如下。

1. 新增投资部分

停产的两台旧纸机，不打算拆除，故无可回收的价值，新增投资就是本项目建设所花费的费用。其数额见表案3-1。

表案3-1　逐年投资数额　　　　　万元

项目	年份							合计
	1	2	3	4	5	6	7	
								68 716
								58 846
								9 870
								10 800
								9 500
		700						700

2. 新增收益部分

（1）胶印书刊纸售价2 000元/吨，达产年销售收入为：2 000×24 480＝48 960千元。

（2）副产品黏合剂售价1 500元/吨，年收入为：1 500×2 300＝3 450千元。

以上两项合计52 410千元。

（3）有光纸售价1 607元/吨（旧纸机产），年销售收入为：1 607×4 000＝6 428千元。新增销售收入为：新纸机达产时为52 410－6 428＝45 982千元；在新纸机达产前，旧纸机不停，这时新增收益就是新纸机生产的销售收入。

3. 新增成本部分

（1）包括热电站在内的项目投入总成本为41 941.7千元，其中固定成本7 558.4千元，变动成本为34 383.3千元。

（2）停产两台旧纸机减少产量4 000吨，相应地减少成本4 958千元（不包括折旧费）。

（3）热电站的电力和蒸汽供应老厂可替换出电力费1 400千元、蒸汽费3 300千元。

（4）减少现有排污费70%，计1 648千元。

（5）由硫酸盐法的制浆成本基本接近，略而不计。与新增收入相对应的达产年新增成本为：41 941.7－4 958－1 400－3 300－1 648＝30 635.7千元。其中：经营成本26 573千元；折旧3 493千元；流动资金利息471千元。

（6）生产第1年达产40%，第2年达产80%的生产总成本固定成本、变动成本计算得出：

第 1 年 7 558.4＋34 383.3×0.4－6 346≈14 966 千元
第 2 年 7 558.4＋34 383.3×0.8－6 346＝28 719.04 千元

(四) 新增利润

热电站较新纸机提前两年投产,不能满负荷运转,其收益和成本基本接近,故略而不计。按照以上数据,算得新增利润。

(五) 新增投资(全投资)现金流量

通过新投资(全投资)现金流量表算得新增投资内部收益率为 13.44%,投资回收期为 10.09 年。

(六) 效益本项目

把亚钠法制浆改成硫酸盐法制浆,建立了回收装置,减少了国家紧缺烧碱的用量和污染公害。从国外引进了先进的长网抄纸机生产线,把原生产落后的凸版纸换成生产国内急需的胶印书刊纸,具有明显的国民经济效益。从财务角度看,项目的投资内部收益率为 13.44%,高于造纸业的基准收益率,因此可以认为,项目在财务上是可行的。投资回收期稍长,但这与资金分 5 年逐步投入有关。建议采取措施,缩短此更新改造项目的建设期,使项目本身具有更好的财务生存能力。

案例四

房地产项目可行性分析报告

一、总论

(一) 项目建设背景

A 州新区新桥镇农工商总公司下属的新城房地产开发公司由于资金不足,不能及时启动本项目。恰逢整个地区的企业改制,有意转让本项目,这是得到这个项目的重要的外在因素。新桥镇为了改善居民的生活质量和提高本地区的房地产整体水平,希望找到能开发高品质住宅的开发商。而某省特别是 B 市的房地产开发公司不论是资金实力还是开发水平,在全国来说可谓首屈一指。这是能转让到并开发的内在因素。根据 A 州的城市总体规划发展以及新区新桥镇片区控制性规划要求,该片区将是新区乃至整个 A 州重要的住宅区。本公司经过对 A 州全面、认真的市场调研,对项目区位环境进行了反复的分析比较,根据 A 州目前的房地产现状与发展趋势,只要满足 A 州居民新的住房要求并具备高品质,同时定位准确,完全不用担心项目的销售,而且有丰厚的利润。

该项目已经取得土地使用权证和项目规划许可证,各项目谈判工作已相继展开。

(二) 项目概况

该地块位于 A 州新区何山路和塔园路交叉口。紧接 A 州科技学院,有良好的文化气氛,道路宽敞、交通便捷,有新山大桥与古城区相连。项目占地 125 亩,其中 120 亩是建住宅用地,5 亩是建配套幼儿园用地;容积率为 2.0,总建筑面积为 16 万平方米,小高层和多层相结合,沿街底层为商业配套用房(约占 5%)。其具有一定的开发规模,并能为品牌的延续提供保障,给公司带来了良好的社会效益和经济效益。

本项目的建设资金完全由本公司自筹,不足部分通过土地抵押和预售房款解决。

二、A 州市介绍

A 州位于长江三角洲中部、某省东南部,东经 119°55′~121°20′,北纬 30°47′~32°02′ 之间。东邻上海,西傍金陵,南接苏杭,北依长江,面积 8 488.42 平方千米,占全省面积的 8.27%。市区 392.3 平方千米,其中建成区 68 平方千米,古城区 14.2 平方千米。所属六县市面积为:C 市 1 094 平方千米,B 市 772.4 平方千米,D 市 620 平方千米,E 市 864.9 平方千米,F 市 1 257.42 平方千米,H 市 1 092.9 平方千米。2023 年,A 州市完成地区生产总值 24 653.4 亿元,经济总量在三角洲位居第二,列全国第六,人均 GDP 按现行汇率折算超过 5 600 美元,显示出强劲的增长势头。整个市的人口 680.53 万,城区人口为 100 万。新区的经济发展保持良好的势头,全年实现工业销售产值 600 亿元,同比增长 19%;完成地区生产总值 260 亿元,同比增长 24.2%;实现财政收入 30.5 亿元,正在启动二期开发。

三、A 州市住宅市场分析

(一) 2021 年以前 A 州市住宅市场分析

在这之前,A 州市住宅水平一直维持在工业园区 23 000 元/平方米、古城区 25 000 元/平方米。而新区住宅价格也一直在 20 000 元/平方米左右徘徊。究其原因,不外乎以下几点。

(1) 土地价格是一个首要因素。土地作为稀缺资源,政府没能做好土地供应的长期规划。开发商可以通过项目可行性报告,以很便宜的价格向政府要求划拨土地。这导致土地成本在整个项目中只占很小的一部分。

(2) 整个 A 州的住宅以零星分散建设为多,不注重整个小区环境、园林、文化方面的建设,使一大批想改善住房质量的居民找不到合适的住宅。

(3) 居民居住观念没有改变。大多数 A 州人认为,过了运河就离开了城市,到了郊区,而且也一直认为 A 州新区是一个工业区,不适宜居住。同时,新桥镇一直以来治安、环境都不好,在一定程度上限制了该区域的房价。

(4) 消费观念也限制了整个 A 州市的房价。许多 A 州居民留恋于"小桥、流水、人家",只要有地方住,不会用剩余的钱去改善居住环境和投资于房产。

(5) 这段时间里,虽然出现过许多有利于住宅发展的政策(比如货币化分房的实施),但一直没能使 A 州房地产更上一个台阶。

(二) 2021 年以来 A 州市住宅市场分析

2021 年是 A 州房价飞涨的一年。2020 年 10 月,A 州市土地全面实行招投标。这对于 A 州整个房地产市场是一个重要的转折点,开发商取得土地的唯一途径就是市场招投标,土地市场更趋于公平。与此同时,政府出台了一系列的相关政策。

(1) A 州强化"强市富民"意识,努力使全市经济继续在高平台、低波动中运行,2021 年全市经济继续走强;同时,改变全市居民的消费观念。

(2) 规范房地产开发,改善投资环境,使房地产开发逐步走上规模化、集约化经营。把房地产开发作为城市新的经济增长点,大力发展城镇建设。

(3) 在市区范围内,加快土地供应制度的改革,停止新批量土地的开发项目,对存量土地开发项目采取限制的态度,使开发总量得到控制。同时,积极引导开发企业参与园区、新区的开发建设。

(4) 加快城市建设步伐,动迁量大幅上升和货币安置政策使市场上对商品房的需求迅速膨胀。

(三) A 州新区住宅市场具体分析

A 州 2020 年 10 月拍卖的土地中还没有一块形成楼盘,而许多开发商已经闻风相继提高楼盘价格。据 A 州市建设局市场调查统计：A 州市 2021 年房价总体上涨了 14.8%。

现介绍一下 A 州新区 2021 年房价，见表案 4-1。

表案 4-1　A 州新区住宅房价

序　号	楼　盘　名　称	住　宅　类　型	价格/（元/平方米）
1	美之苑	小高层（复式）	36 000～38 000
2	星城	多层公寓	32 000（均价）
3	绿林花园	多层公寓	30 000（均价）
4	太阳水岸	小高层	35 000（均价）
5	景苑阁	高层	45 000（均价）

综上，新区的住宅均价公寓在 30 000 元/平方米，小高层在 35 000 元/平方米，复式楼中楼在 36 000 元/平方米。

（四）本项目的发展前景

新桥老镇改造被 A 州新区"十五"规划列为重大项目，估计将投资 7 亿元。同时，随着新区二期建设进行，该区块将成为连接古城和新区的中心。

2021 年上半年，B 市开发商 1 590 万元/亩的价格竞得了新区自来水地块，楼板价约为 10 000 元/平方米在地价上面我们有一定的优势。整个新区还没有出现很高品质和这么大规模的住宅。所以，根据现有市场价（未考虑房价上升），本项目住宅均价定位在 33 000 元/平方米。

四、项目建设指标

项目建设指标见表案 4-2。

表案 4-2　项目建设指标

序　号	项　　目	单　位	数　量
1	总用地面积	亩	125
2	总建筑面积	平方米	160 000
2.1	住宅面积	平方米	152 000
2.2	商铺面积	平方米	8 000
3	容积率	%	2
4	物业经营管理用房	平方米	1 120
5	可售住宅面积	平方米	150 880

五、项目投资估算及盈利分析

（一）编制依据

（1）建筑工程费用以现行建筑工程费用标准及费率为依据。

(2) 各种费率依据国家相关文件。

(二) 投资估算

项目投资估算表见表案 4-3。

表案 4-3 项目投资估算表

序号	项目	单价/(万元/亩)	数量/亩	金额/万元
1	土地费用	1 200	125	150 000
2	前期费用	1 000	160 000	16 000
2.1	勘测设计费	200	160 000	3 200
2.2	各类规费	800	160 000	12 800
3	工程费用	12 000	160 000	192 000
3.1	建安工程费	11 000	160 000	176 000
3.2	室外工程	500	160 000	8 000
3.3	机电工程	500	160 000	8 000
4	销售费用	按销售收入的2%提计		11 000
5	管理费用	按销售收入的3%提计		17 000
6	资金成本			19 000
7	总投资			405 000

(三) 销售收入

根据工程所处位置、周围环境和 A 州房地产现行市场预测,考虑到房地产销售风险和工程建设成本等综合因素,本区住宅均价定位为 33 000 元/平方米,低层商铺均价定位为 45 000 元/平方米。

销售收入见表案 4-4。

表案 4-4 销售收入

序号	项目	单位	数量	价格	金额/万元
1	住宅	元/平方米	150 880	33 000	497 904
2	低层商铺	元/平方米	8 000	45 000	36 000
3	合计				533 904

(四) 税金及附加

本项目应计城市维护建设税和教育费附加,综上本项目的综合税率为 6%,共应缴纳税金及附加 32 034 万元。

(五) 盈利能力分析

该项目盈利能力分析见表案 4-5。

表案 4-5 盈利能力分析

序 号	项 目	合 计	序 号	项 目	合 计
1	现金流入	533 904	2.1	成本投资	405 000
1.1	销售收入	533 904	2.2	税金及附加	32 034
1.2	其他收入	0	3	税前利润额	96 870
2	现金流出	437 034	4	项目税前利润率	22.2%

六、结论与建议

（1）用分期开发的方法进行本项目的开发。一方面，降低项目的风险；另一方面，降低资金的压力。

（2）做好方案规划。项目市场定位是建立在住宅小区合理的规划基础之上的，包括小区总体规划、配套环境规划、户型规划等方面，杜绝规划设计单调、缺乏完善的配套功能的方案规划，从方案的规划和户型上提高本项目的档次，赢得高档消费群，减少项目风险，提升楼盘形象。

案例五

五粮液国壮酒的可行性分析报告

这是一个可行性分析报告的范例,可为同学们写可行性分析报告提供模板或样板。

一、白酒行业的现状及发展趋势(独特的区隔市场)

(一)白酒的市场供给

目前,中国有 37 000 多家白酒生产企业、30 000 多个白酒品牌,其中白酒销售额 1/3 在四川实现;1/3 在河南、安徽、山东、广东实现;1/3 在其他省份实现。

中国白酒的产量经历了一个典型的波峰。从 1992 年开始,白酒产量持续走高,1996 年达到了最高峰 801.3 万吨,其后开始走低。1998 年开始大幅度滑坡,估计这种趋势会一直持续下去,2001 年白酒产量 420.19 万吨。预计 2004 年、2005 年白酒产量肯定会有小幅度下降,稳定在 400 万吨左右。当然,其中也因统计口径不一致,如 1998 年酒精度折合到 65 度计算,加上全国各地散酒及重复的计算:如邛崃的基酒到山东的秦池灌装后又进行计算,于是造成中国白酒市场几年时间内的巨大落差。未来 3~5 年中国白酒产量会保持在 350 万~400 万吨之间。

(二)白酒的市场需求状况

白酒需求总体上中低档白酒呈现萎缩局面,高档和超高档白酒呈现上升趋势。其主要原因是:国家产业政策的影响;替代产品的快速增长,即作为白酒替代产品的啤酒、葡萄酒、软饮料快速增长,从而限制了白酒的扩张边界;消费群体的减少和消费观念的转变;国企改革的影响等。但是,中国白酒是蕴含着浓厚的中国文化的产品,在人们日常消费中具有不可替代性的作用。

(三)国家调税对白酒行业未来的发展影响

从 2002—2003 连续两年月度产量曲线图来看,2002 年和 2003 年 1—7 月的月度产量差别不大,从 8 月白酒销售的黄金时期开始,有了较大的差别,这主要是国家调节白酒税收政策开始显现的结果。

国家调节白酒税收政策开始显现的另外一个结果是加速了地产酒和打擦边球的酒及一些小型酒厂的崛起,如小糊涂仙,连生产场地都没有,从茅台买了酒进行勾兑,借茅台镇之名迅速风靡全国;丰谷、小角楼、江口醇上升势头也较快。

从 1998 年起,全国陆续开发和形成了很多名酒系列,如五粮液集团 58 个品牌、300

多个品种；泸州老窖30个品牌、100多个品种；茅台也相继开发了很多子品牌……面对国家的税收政策，白酒企业开始寻找方式突围。其主要的方式有：发展高档酒，提高白酒的销售价格，多元化发展，后向一体化如购买原酒车间，实现一体化经营，避免双重收费，等等。

（四）领先企业运行情况

2003年前四名领先企业依然是四川省宜宾五粮液集团有限公司、贵州茅台酒厂有限责任公司、泸州老窖集团有限责任公司，剑南春股份有限公司。

（五）白酒市场竞争状况

较低的进入门槛使白酒行业本身的竞争就十分激烈。上市公司业绩下降，很多新的企业集团面对2001年中国白酒产业大调整的机会，开始进入白酒产业，于是买断经营的现象成了一道风景，如娃哈哈集团、红豆集团、广东鸿森集团、重庆力帆、万达集团等。部分买断品牌也迅速崛起并取得了瞩目的成绩，如金六福、浏阳河、金剑南、剑南娇子等，其中金六福用不到4年时间就达到近20亿元的销售。一些小型酒厂开始趁机崛起，白酒产业的竞争将更为激烈。

白酒市场的发展趋势是向高档名优白酒方向发展，一些主要生产低档酒的知名大型白酒集团开始调整产品结构，向中高档白酒市场进军。四川全兴的水井坊、泸州老窖的国窖1573、四川沱牌的舍得酒开始逐步发力，连地产酒也一样，如丰谷推出丰谷酒皇。原来的高档酒五粮液、茅台、剑南春三者垄断的格局即将打破，尤其是水井坊已初步奠定高档白酒的形象地位。

2004年，中国白酒在一片沉寂中前行，外行纷纷携资进入白酒行业，高端品牌的白酒越来越多，超高档的白酒也走上舞台。

2002年年底，买断品牌的竞争已到了白热化的地步，已经严重影响了名酒的形象，于是各大名酒企业大刀阔斧地收缩整编，对子品牌进行调整，重点推出有竞争力的子品牌并予以大力扶持。

2002年，五粮液集团将劳动服务公司的30多个品牌砍断，保留10余个主打品牌，砍掉后的品牌给白酒业带来了新的市场机会。

（六）白酒重点地区市场状况

1. 白酒的主要产区

白酒的主要产区在四川，其中"6朵金花"（五粮液、剑南春、泸州老窖、沱牌、全兴、郎酒）占据市场半壁江山。其次是贵州、山东。

地产酒的异军突起：小角楼、江口醇在调税后展示出了其较强的生命力，丰谷酒业的发展也不可小视。

川酒本身的质量是其他省份（产区）无法达到的，因为酿酒的环境非常关键，发酵过程需要特殊的窖地，加上四川的气候、泥土非常适合酿酒，所以川酒品质在全国得到了消费者的广泛认同。从市场占有率来看，十大品牌中川酒占七席，其余座次由京、黔、鲁酒所占据。

2. 川酒市场化的脚步比其他省份快

职业经理人不断加入白酒业,人才优势在白酒行业开始迈向一个新高,进一步加强了以市场导向为主的营销策略的实施。

3. 重点消费市场举例

广东地区成为白酒消费市场新的亮点。"不在广东,就是在广东的路上"这句话很好地说明了这一点。广东地区白酒年销售量在 80 万吨以上。广东人每年在酒方面的消费额超过 100 亿元,约占全国 1/10,每年喝掉各种酒 190 万吨。

(七)白酒市场营销策略

从白酒产业价值链来看,营销环节成为白酒产业最为重要的环节。白酒企业要重新考虑和运作白酒的销售渠道、营销战略和推广策略。

企业营销竞争者导向型特征明显,创新和延伸成为品牌营销的主要策略。品牌营销向文化营销纵深发展。

在普通情况下,淡季对利润较高的高档白酒影响不大,因此开发高档品牌白酒,抢夺淡季市场,把消费特种白酒引导为时尚潮流,更加具有重要的意义。

(八)白酒产品分析

由于我国酿制白酒的历史悠久,而且不同地域酿酒的程式不尽相同,因此演变至今白酒就有很多分类方式,但是 80% 为浓香型白酒,即浓香型白酒一统天下。

随着消费偏好的变化和市场的发展,中高档、高档白酒及低度白酒比例上升,低档白酒和高度白酒市场逐渐萎缩。

(九)白酒主力消费群分析

白酒主力目标消费群集中在 25～44 岁;收入越高的阶层,饮用白酒的消费者比例越大;善于交际,注重人际关系的和谐。

主力消费群白酒送礼市场大于自饮市场,自饮市场主要集中在中低档,送礼市场主要集中在中高档,两者都有向上拓展的空间;消费者购买考虑的因素主要是口味、价格、品牌等,其中口味和品牌越来越受消费者的关注,尤其是浓香型白酒,在饮用白酒的场合,消费者家庭饮用与社交饮用之比约为 4:3。

(十)白酒主力消费群消费需求价值分析

每种消费品的出现都必须要有消费需求,没有消费需求,产品就没有存在的价值,高档白酒,其消费需求价值在于以下几方面。

(1) 贫富差距的拉大,富裕阶层孕育高档消费品广阔的市场空间。以基尼系数反映的居民收入总体性差距逐年拉大,近 10 年来基尼系数上升了 1.62 倍,已超过国际公认的承受线。

(2) 财产的集中度越来越强,居民收入差距越拉越大:10% 的富裕家庭占城市居民全部财产的45%,10%的低收入家庭占城市居民全部财产的1.4%,80%的家庭占城市居民全部财产的53.6%。

(3) 城市金融资产向高收入人群集中：最多的20%的高收入人群拥有城市金融资产的66.4%；最低的20%的低收入人群拥有城市金融资产的1.3%。

(4) 以广东为例,其恩格尔系数城市为38.1%、农村49%；全省平均为46%；已经全面达到国际粮农组织界定的富裕型小康标准,消费高档消费品的能力已经形成,并将日渐扩大。

二、五粮液国壮酒的巨大优势（巧借五粮液的无形资产）

(一) 五粮液集团概况：酒林盟主五粮液

五粮液集团有限公司位于"万里长江第一城"——宜宾,它依山傍水,自然生态环境优越,拥有良好的酿酒基础。五粮液集团坐落在宜宾市北面的岷江之滨,以生产销售五粮液系列酒为主,兼制造、生物工程、药业、印刷、电子器件、物流运输,1998年在宜宾五粮液酒厂基础上经公司制改造为集团有限公司,是以五粮液系列酒生产为主业,涵盖塑胶加工、模具制造、印务、药业、果酒、电子器材、运输、外贸等多元化经营的特大型企业集团。

五粮液酒自1915年获巴拿马万国博览会金奖以来,又相继在世界各地的博览会上共获38次金奖；1995年在第十三届巴拿马国际食品博览会上再获金奖,铸造了五粮液"八十年金牌不倒"的辉煌业绩；2003年"五粮液"品牌价值达269亿元,2004年"五粮液"品牌价值达306亿元,稳居中国食品行业之首,在全国最有价值品牌中排名第四。

20世纪末到21世纪的10多年时间里,五粮液集团迈开了向现代化大型企业发展的步伐,先后实施了"质量效益型、质量规模效益型、质量规模效益多元化"发展战略,使企业得到了长足的发展。自1994年以来,五粮液集团连续9年稳居中国酒类企业规模效益之冠,取得了第一次创业的成功。

今天,以五粮液品牌为龙头的五粮液集团已经发展成为傲视群雄的"中国酒业大王"。

(二) 五粮液系列品牌概述

五粮液的形成经历了一个漫长的过程,从秦汉古道的"酱",唐时的"重碧酒",宋朝的"荔枝绿""姚子雪曲",明代的"杂粮酒",到1909年正式得名"五粮液",3 000年的历史酿出神州神酒的芬芳。

据国家文物部门鉴定,企业现存最古老的窖址为明初窖池,距今已有600年的历史。近年来,企业不断研制开发了五粮神、五粮醇、五粮春、五湖液、京酒、干一杯、火爆、东方龙、金六福、浏阳河等不同档次、不同口味、不同包装、不同规格的系列产品,以满足不同地域、不同消费者的需求。

(三) 五粮液集团国壮酒品质优势：高品质保证

五粮液集团设专人、专线负责生产新品五粮液集团国壮酒产品,首先在产品的品质上就得到了充足的保证。

(1) 产地的品质：五粮液集团强大的质量管理体系为国壮酒保驾护航。

(2) 工艺的品质：五粮液集团国壮酒在发酵工艺上采用的"老五甑法"及"跑五甑法"，再加上制曲工艺采用独一无二的"包包曲"的发酵方式，其发酵周期是浓香型酒中最长的，需要79～90天。

(3) 口味的品质：融洋酒、白酒、果酒、葡萄酒口味于一体。

(4) 包装：名师设计，融传统、时尚、潮流于一体。

三、国壮酒产品的定位

(1) 品牌定位：国壮酒，时尚新锐潮流品牌。

(2) 品牌文化定位：表象：体育、网络、数字化生活。（通过包装、CF创意体现）

(3) 内涵：激情进取。（多媒体整合传播这一内涵）

(4) 品牌口号：国壮酒，新生活的倡导者！

(5) 消费人群定位：20岁以上的热爱夜生活职业人士（科处级以上干部、商人、城市白领）。

(6) 产品主要销售省市：北京、石家庄、天津、上海/深圳/广东、山东、河南、东北三省、江苏等。

(7) 招商渠道定位：①啤酒、红酒经销商；②水、饮料经销商；③城市糖烟酒大型批发商。④五粮液系列产品经销商；⑤其他外行经营者。

(8) 造势策略定位：以公关活动造势、电视、报媒炒作为主；以户外广告为辅。

(9) 建议起名：国壮为主品牌。

(10) 建议价格定位：依据酒的年份、容量和包装来具体定价。

说明：

(1) "出厂价"与"到岸价"的价差部分作为广告、促销、进场、人员基本工资、条码等营销费用全部支出。

(2) "到岸价"和"经销商与终端结算价"价差按经销商毛利率25%计算，高档按30%计算。

(3) 经销人员奖励（中高档返盖10元/瓶、商超5元/瓶）由企业、经销商各支付50%。

(4) 终端价格估算比率为：经销商与终端结算价×15%＝商超价格经销商与终端结算价×50%＝酒店价格。

(5) 出厂价含增值税、人工、原料、包装、水电等各项成本费用。

案例六

应用价值工程进行建筑产品设计方案优选

某建筑设计院在建筑设计中进行住宅设计方案选优。

一、对象选择

该设计院依据近几年承担的设计项目建筑面积统计数据,运用百分比法来选择价值工程的研究对象。通过分析,价值工程人员决定把该建筑设计院设计项目比例最大的住宅工程作为价值工程的研究对象(表案 6-1)。

表案 6-1　某建筑设计院设计项目情况　　　　　　　　　　　%

工 程 类 别	比　　例	工 程 类 别	比　　例
住宅	38	图书馆	1
综合楼	10	商业建筑	2
办公楼	9	体育建筑	2
教学楼	5	影剧院	3
车间	5	医院	5
宾馆	3	其他	17

二、信息收集

其主要通过以下几个方面进行资料收集。

(1) 通过工程回访,收集广大用户对住宅的使用意见。

(2) 通过对不同地质情况和基础形式的住宅进行定期的沉降观察,获取地基方面的第一手材料。

(3) 收集有关住宅建设的新工艺及新材料的性能、价格和使用效果等方面的资料。

(4) 分地区按不同地质、基础形式和设计标准,统计分析近年来住宅建筑的各种技术经济指标。

三、功能分析

功能分析是价值工程人员组织设计、施工及建设单位的有关人员共同讨论,对住宅的各种功能进行定义、整理和评价分析的活动。在功能分析中,价值工程人员坚持把用户的意见放在第一位,结合设计、施工单位的意见进行综合评分,把用户、设计及施工单位三者意见的权数分别定义为 70%、20% 和 10%(表案 6-2)。

表案 6-2　住宅功能定义

功能		用户评分 F_a	设计人员评分 F_b	施工人员评分 F_c	功能重要系数 $(0.7F_a+0.2F_b+0.1F_c)/100$
适用	平面布置 F_1	41	38	43	0.406
	采光通风 F_2	16	17	15	0.161
	层高层数 F_3	4	5	4	0.042
安全	牢固耐用 F_4	20	21	19	0.201
	三防设施 F_5	4	3	3	0.037
美观	建筑造型 F_6	3	5	3	0.034
	市外装修 F_7	2	3	2	0.022
	室内装修 F_8	7	6	5	0.066
其他	环境、便于施工等 F_9	3	2	6	0.031
合计		100	100	100	1.000

四、方案设计与评价

针对某单位一郊区住宅的设计方案，价值工程人员对于提出的十几种方案初步筛选后留下五个较优方案(表案 6-3～表案 6-5)。

表案 6-3　方案造价表

方案名称	造价/(元/平方米)
A	784
B	596
C	740
D	604
E	624

表案 6-4　评价因素表

评价因素		方案名称				
功能因素	重要系数	A	B	C	D	E
F_1	0.406	10	10	9	9	10
F_2	0.161	10	9	10	10	9
F_3	0.042	9	8	9	10	9
F_4	0.201	9	9	9	8	9
F_5	0.037	7	6	7	6	6
F_6	0.034	9	7	8	6	7
F_7	0.022	7	7	7	7	7
F_8	0.066	7	6	8	7	7
F_9	0.031	9	7	8	7	7
方案总分		9.449	8.881	8.912	8.553	8.990
功能评价系数		0.211	0.198	0.199	0.191	0.201

(方案满足分数 S)

表案 6-5　价值系数表

方 案 名 称	A	B	C	D	E
单位造价	784	596	740	604	624
成本评价系数	0.234 2	0.178 0	0.221 0	0.180 4	0.186 4
功能评价系数	0.211	0.198	0.199	0.191	0.201
价值系数	0.901	1.112	0.900	1.059	1.078

根据价值系数大小选择最优方案，B方案价值系数最高，故最优。

案例七

价值工程在工程项目方案评选中应用

某城市高新技术开发区软件园电子大楼工程吊顶工程量为18 000平方米,根据软件生产工艺的要求,车间的吊顶要具有防静电、防眩光、防火、隔热、吸音等五种基本功能以及样式新颖、表面平整、易于清理三种辅助功能。工程技术人员采用价值工程选择生产车间的吊顶材料,取得了较好的经济效果。以下是他们的分析过程。

一、情报收集

工程技术人员首先对吊顶材料进行广泛调查,收集各种建筑吊顶材料的技术性能资料和有关经济资料。

二、功能分析

工程技术人员对软件生产车间吊顶的功能进行了系统分析,绘出了功能系统图,如图案7-1所示。

三、功能评价

根据功能系统图,技术人员组织使用单位、设计单位、施工单位共同确定各种功能权重。使用单位、设计单位、施工单位评价的权重分别设定为50%、40%和10%,各单位对功能权重的打分采用10分制,各种功能权重如表案7-1所示。

图案7-1 某软件生产车间吊顶功能系统图

表案7-1 吊顶功能重要程度系数

功能	使用单位评价(50%)		设计单位评价(40%)		施工单位评价(10%)		功能权重
	$F_{使用}$	$F_{使用} \times 0.5$	$F_{设计}$	$F_{设计} \times 0.4$	$F_{施工}$	$F_{施工} \times 0.1$	$\dfrac{0.5 F_{使用} + 0.4 F_{设计} + 0.1 F_{施工}}{10}$
F_1	4.12	2.060	4.26	1.704	3.18	0.318	0.408
F_2	1.04	0.520	1.35	0.540	1.55	0.155	0.122
F_3	0.82	0.410	1.28	0.512	1.33	0.133	0.106
F_4	0.91	0.455	0.55	0.220	1.06	0.106	0.078
F_5	1.10	0.550	0.64	0.256	1.08	0.108	0.091
F_6	0.98	0.490	1.12	0.448	1.04	0.104	0.104
F_7	0.64	0.320	0.48	0.192	0.53	0.053	0.056
F_8	0.39	0.195	0.32	0.128	0.23	0.023	0.035
合计	10.00	5.000	10.00	4.000	10.00	1.000	1.000

四、方案创建与评价

(一) 计算成本系数

根据车间工艺对吊顶功能的要求，吊顶材料考虑铝合金加腈棉板、膨胀珍珠岩板和PVC板三个方案。三个方案的单方造价、工程造价、年维护费等见表案 7-2。基准折现率为 10%，吊顶寿命为 10 年。

表案 7-2　各方案成本系数计算表

方　案	铝合金加腈棉板	膨胀珍珠岩板	PVC 板
单方造价/(元/平方米)	112.53	26.00	20.00
工程造价/万元	202.54	46.80	36.00
年维护费/元	35 067	23 400	36 000
折现系数	6.144 6	6.144 6	6.144 6
维护费现值/万元	3.506 7×6.144 6≈21.55	2.340 0×6.144 6≈14.38	3.600 0×6.144 6≈22.12
总成本现值	224.09	61.18	58.12
成本系数	224.09/(224.09+61.18+58.12)≈0.653	61.18/(224.09+61.18+58.12)≈0.178	58.12/(224.09+61.18+58.12)≈0.169

(二) 计算功能系数

对三个方案采用 10 分制进行功能评价。各分值乘以功能权重得功能加权分，对功能加权分的和进行指数处理后可得各方案的功能系数。计算过程见表案 7-3。

表案 7-3　各方案功能系数计算表

功　能	功能权重	铝合金加腈棉板		膨胀珍珠岩板		PVC 板	
		分值	加权分值	分值	加权分值	分值	加权分值
防静电 F_1	0.408	8	3.264	9	3.672	5	2.040
防眩光 F_2	0.122	7	0.854	9	1.098	8	0.976
防火 F_3	0.106	5	0.530	9	0.954	6	0.636
隔热 F_4	0.078	8	0.624	6	0.468	4	0.312
吸音 F_5	0.091	8	0.728	10	0.910	5	0.455
样式新颖 F_6	0.104	10	1.040	9	0.936	8	0.832
表面平整 F_7	0.056	10	0.560	9	0.504	8	0.448
易于清理 F_8	0.035	9	0.315	8	0.280	9	0.315
合计	1.000	65	7.915	69	8.822	53	6.014
加权分值指数化		7.915/(7.915+8.822+6.014)		8.822/(7.915+8.822+6.014)		6.014/(7.915+8.822+6.014)	
功能系数		0.348		0.388		0.264	

(三)计算价值系数

根据各方案的功能系数和成本系数计算其价值系数,计算结果见表案 7-4。

表案 7-4　各方案价值系数计算表

方　案	铝合金加腈棉板	膨胀珍珠岩板	PVC 板
功能系数	0.348	0.388	0.264
成本系数	0.653	0.178	0.169
价值系数	0.533	2.180	1.562
最优方案		√	

五、方案优选

根据各方案的价值系数,生产车间的吊顶材料应选膨胀珍珠岩板。

参 考 文 献

[1] 杨晓冬.工程经济学[M].北京:机械工业出版社,2021.
[2] 郭伟,侯信华.工程经济学[M].3版.北京:电子工业出版社,2023.
[3] 闫波,赵秋红,杨宇杰.工程经济学[M].北京:化学工业出版社,2020.
[4] 邵俊岗,肖敏.工程经济学[M].上海:复旦大学出版社,2020.
[5] 刘秋华.技术经济学[M].4版.北京:机械工业出版社,2022.
[6] 冯俊华.技术经济学[M].2版.北京:化学工业出版社,2021.
[7] 陈立文,陈敬武.技术经济学概论[M].北京:机械工业出版社,2021.
[8] 赵维双,宋凯,田凤权.技术经济学[M].北京:机械工业出版社,2020.
[9] 胡斌,杨坤,周敏.工程经济学[M].北京:清华大学出版社,2016.
[10] 项勇.工程经济学[M].北京:机械工业出版社,2018.
[11] 王贵春.工程经济学[M].重庆:重庆大学出版社,2018.
[12] 李慧民.工程经济与项目管理[M].北京:科学出版社,2019.
[13] 王振坡,王丽艳.建设工程经济学[M].重庆:重庆大学出版社,2019.
[14] 刘晓君.工程经济学[M].4版.北京:中国建筑工业出版社,2021.
[15] 吴锋,叶锋.工程经济学[M].2版.北京:机械工业出版社,2021.
[16] 梁学栋.工程经济学[M].3版.北京:经济管理出版社,2017.
[17] 李南.工程经济学[M].5版.北京:科学出版社,2018.
[18] 冯辉红.工程经济学[M].北京:化学工业出版社,2021.
[19] 黄有亮,徐向阳,谈飞,等.工程经济学[M].4版.南京:东南大学出版社,2021.
[20] 倪蓉,陈光.工程经济学[M].北京:化学工业出版社,2021.
[21] 王艳丽,李长花,段宗志.工程经济学[M].武汉:武汉大学出版社,2020.
[22] 张普伟.工程经济学[M].北京:机械工业出版社,2020.
[23] 魏法杰,王玉灵,郑筠.工程经济学[M].3版.北京:电子工业出版社,2020.
[24] 武献华,宋维佳,屈哲.工程经济学[M].5版.大连:东北财经大学出版社,2020.
[25] 宋永发,石磊.工程项目投资与融资[M].北京:机械工业出版社,2019.
[26] 戚安邦.项目评估学[M].2版.北京:科学出版社,2019.
[27] 李明孝,赵旭,黄湘红.工程经济学[M].北京:化学工业出版社,2017.
[28] 刘新梅.工程经济学[M].2版.北京:经济管理出版社,2017.
[29] 陆菊春,徐莉.工程经济学[M].北京:清华大学出版社,2017.
[30] 王胜,苗青,苟慧霞,等.工程经济学[M].北京:清华大学出版社,2017.
[31] 李忠富,杨晓冬.工程经济学[M].2版.北京:科学出版社,2016.
[32] 郭献芳.工程经济学[M].北京:机械工业出版社,2011.
[33] 张厚钧.工程经济学[M].北京:北京大学出版社,2009.
[34] 徐婷华,曲成平,杨淑娟.工程经济学[M].北京:科学出版社,2012.
[35] 武献华.工程经济学[M].北京:科学出版社,2010.
[36] 杜葵.工程经济学[M].重庆:重庆大学出版社,2012.
[37] 刘晓君.工程经济学[M].北京:中国建筑工业出版社,2008.
[38] 邵颖红,黄渝祥,邢爱芳.工程经济学[M].上海:同济大学出版社,2009.

[39] 蒋丽波.工程经济学[M].西安:西北工业大学出版社,2012.
[40] 关罡,郝彤.工程经济学[M].郑州:郑州大学出版社,2012.
[41] 顾圣平.工程经济学[M].北京:水利水电出版社,2010.
[42] 贾仁甫.工程经济学[M].南京:东南大学出版社,2010.
[43] 郭献芳,潘智峰,焦俊.工程经济学[M].北京:中国电力出版社,2007.
[44] 谭大璐,赵世强.工程经济学[M].武汉:武汉理工大学出版社,2008.
[45] 刘谷金.财务管理[M].北京:北京交通大学出版社,2010.
[46] 沙利文,等.工程经济学[M].13版.北京:清华大学出版社,2007.
[47] 王连成.工程系统论[M].北京:中国宇航出版社,2002.
[48] 李南.工程经济学[M].2版.北京:科学出版社,2004.
[49] 杜春艳.工程经济学[M].武汉:华中科技大学出版社,2007.
[50] 关罡.工程经济学[M].郑州:郑州大学出版社,2007.
[51] 冯为民,付晓灵.工程经济学[M].2版.北京:北京大学出版社,2011.

附 录

复利系数表

(1%)

年份	一次支付		等额分付			
	终值系数	现值系数	年金终值系数	年金现值系数	资本回收系数	偿债基金系数
n	$F/P,i,n$	$P/F,i,n$	$F/A,i,n$	$P/A,i,n$	$A/P,i,n$	$A/F,i,n$
1	1.010	0.990 1	1.000	0.991 0	1.010 0	1.000 0
2	1.020	0.980 3	2.010	1.970 4	0.507 5	0.497 5
3	1.030	0.970 6	3.030	2.940 1	0.430 0	0.330 0
4	1.041	0.961 0	4.060	3.902 0	0.256 3	0.246 3
5	1.051	0.951 5	5.101	4.853 4	0.206 0	0.196 0
6	1.062	0.942 1	6.152	5.795 5	0.172 6	0.162 6
7	1.702	0.932 7	7.214	6.728 2	0.148 6	0.138 6
8	1.083	0.923 5	8.286	7.651 7	0.130 7	0.120 7
9	1.094	0.914 3	9.369	8.566 0	0.116 8	0.106 8
10	1.105	0.905 3	10.426	9.471 3	0.105 6	0.095 6
11	1.116	0.896 3	11.567	10.367 6	0.096 5	0.086 5
12	1.127	0.887 5	12.683	11.255 1	0.088 9	0.078 9
13	1.138	0.878 7	13.809	12.133 8	0.082 4	0.072 4
14	1.149	0.870 0	14.974	13.003 7	0.076 9	0.066 9
15	1.161	0.861 4	16.097	13.865 1	0.072 1	0.062 1
16	1.173	0.852 8	17.258	14.719 1	0.068 0	0.058 0
17	1.184	0.844 4	18.430	15.562 3	0.063 4	0.054 3
18	1.196	0.836 0	19.615	16.398 3	0.061 0	0.051 0
19	1.208	0.827 7	20.811	17.226 0	0.058 1	0.048 1
20	1.220	0.819 6	22.019	18.045 6	0.055 4	0.045 4
21	1.232	0.811 4	23.239	18.857 0	0.053 0	0.043 0
22	1.245	0.803 4	24.472	19.660 4	0.050 9	0.040 9
23	1.257	0.795 5	25.716	20.455 8	0.048 9	0.038 9
24	1.270	0.787 6	26.973	21.243 4	0.047 1	0.037 1
25	1.282	0.779 8	28.243	22.023 2	0.045 4	0.035 4
26	1.295	0.772 1	29.526	22.795 2	0.043 9	0.033 9
27	1.308	0.764 4	30.821	23.559 6	0.042 5	0.032 5
28	1.321	0.756 8	32.129	24.316 5	0.041 1	0.031 1
29	1.335	0.749 4	33.450	25.065 8	0.039 9	0.029 9

续表

年份	一次支付		等额分付			
	终值系数	现值系数	年金终值系数	年金现值系数	资本回收系数	偿债基金系数
30	1.348	0.7419	34.785	25.8077	0.0388	0.0288
31	1.361	0.7346	36.133	26.5423	0.0377	0.0277
32	1.375	0.7273	37.494	27.2696	0.0367	0.0267
33	1.389	0.7201	38.869	27.9897	0.0357	0.0257
34	1.403	0.7130	40.258	28.7027	0.0348	0.0248
35	1.417	0.7050	41.660	29.4086	0.0340	0.0240

(3%)

年份	一次支付		等额分付			
	终值系数	现值系数	年金终值系数	年金现值系数	资本回收系数	偿债基金系数
n	$F/P,i,n$	$P/F,i,n$	$F/A,i,n$	$P/A,i,n$	$A/P,i,n$	$A/F,i,n$
1	1.030	0.9709	1.000	0.9709	1.0300	1.0000
2	1.061	0.9426	2.030	1.9135	0.5226	0.4926
3	1.093	0.9152	3.091	2.8286	0.3535	0.3235
4	1.126	0.8885	4.184	3.7171	0.2690	0.2390
5	1.159	0.8626	5.309	4.5797	0.2184	0.1884
6	1.194	0.8375	6.468	5.4172	0.1846	0.1546
7	1.230	0.8131	7.662	6.2303	0.1605	0.1305
8	1.267	0.7894	8.892	7.0197	0.1425	0.1125
9	1.305	0.7664	10.159	7.7861	0.1284	0.0984
10	1.344	0.7441	11.464	8.5302	0.1172	0.0872
11	1.384	0.7224	12.808	9.2526	0.1081	0.0781
12	1.426	0.7014	14.192	9.9540	0.1005	0.0705
13	1.469	0.6810	15.618	10.6450	0.0940	0.0640
14	1.513	0.6611	17.086	11.2961	0.0885	0.0585
15	1.558	0.6419	18.599	11.9379	0.0838	0.0538
16	1.605	0.6232	20.157	12.5611	0.0796	0.0496
17	1.653	0.6050	21.762	13.1661	0.0760	0.0460
18	1.702	0.5874	23.414	13.7535	0.0727	0.0427
19	1.754	0.5703	25.117	14.3238	0.0698	0.0398
20	1.806	0.5537	26.870	14.8775	0.0672	0.0372
21	1.860	0.5376	28.676	15.4150	0.0649	0.0349
22	1.916	0.5219	30.537	15.9369	0.0628	0.0328
23	1.974	0.5067	32.453	16.4436	0.0608	0.0308
24	2.033	0.4919	34.426	16.9356	0.0591	0.0291
25	2.094	0.4776	36.495	17.4132	0.0574	0.0274
26	2.157	0.4637	38.553	17.8769	0.0559	0.0259
27	2.221	0.4502	40.710	18.3270	0.0546	0.0246
28	2.288	0.4371	42.931	18.7641	0.0533	0.0233

续表

年份	一次支付		等额分付			
	终值系数	现值系数	年金终值系数	年金现值系数	资本回收系数	偿债基金系数
29	2.357	0.424 4	45.219	19.188 5	0.052 1	0.022 1
30	2.427	0.412 0	47.575	19.600 5	0.051 0	0.021 0
31	2.500	0.400 0	50.003	20.000 4	0.050 0	0.020 0
32	2.575	0.388 3	52.503	20.388 8	0.049 1	0.019 1
33	2.652	0.377 0	55.078	20.765 8	0.048 2	0.018 2
34	2.732	0.366 1	57.730	21.131 8	0.047 3	0.017 3
35	2.814	0.355 4	60.462	21.487 2	0.046 5	0.016 5

(4%)

年份	一次支付		等额分付			
	终值系数	现值系数	年金终值系数	年金现值系数	资本回收系数	偿债基金系数
n	$F/P,i,n$	$P/F,i,n$	$F/A,i,n$	$P/A,i,n$	$A/P,i,n$	$A/F,i,n$
1	1.040	0.961 5	1.000	0.961 5	1.040 0	1.000 0
2	1.082	0.924 6	2.040	1.886 1	0.530 2	0.490 2
3	1.125	0.889 0	3.122	2.775 1	0.360 4	0.320 4
4	1.170	0.854 8	4.246	3.619 9	0.275 5	0.235 5
5	1.217	0.821 9	5.416	4.451 8	0.224 6	0.184 6
6	1.265	0.790 3	6.633	5.242 1	0.190 8	0.150 8
7	1.316	0.759 9	7.898	6.002 1	0.166 6	0.126 6
8	1.396	0.730 7	9.214	6.738 2	0.148 5	0.108 5
9	1.423	0.702 6	10.583	7.435 1	0.134 5	0.094 5
10	1.480	0.675 6	12.006	8.110 9	0.123 3	0.083 3
11	1.539	0.649 6	13.486	8.760 5	0.114 2	0.074 2
12	1.601	0.624 6	15.036	9.385 1	0.106 6	0.066 6
13	1.665	0.600 6	16.627	9.985 7	0.100 2	0.060 2
14	1.732	0.577 5	18.292	10.563 1	0.094 7	0.054 7
15	1.801	0.555 3	20.024	11.118 4	0.090 0	0.050 0
16	1.873	0.533 9	21.825	11.652 3	0.085 8	0.045 8
17	1.948	0.513 4	23.698	12.165 7	0.082 2	0.042 2
18	2.026	0.493 6	25.645	12.659 3	0.079 0	0.039 0
19	2.107	0.474 7	27.671	13.133 9	0.076 1	0.036 1
20	2.191	0.456 4	29.778	13.509 3	0.073 6	0.033 6
21	2.279	0.438 8	31.969	14.029 2	0.071 3	0.031 3
22	2.370	0.422 0	34.248	14.451 1	0.069 2	0.029 2
23	2.465	0.405 7	36.618	14.856 9	0.067 3	0.027 3
24	2.563	0.390 1	39.083	15.247 0	0.065 6	0.025 6
25	2.666	0.375 1	41.646	15.622 1	0.064 0	0.024 0
26	2.772	0.306 7	44.312	15.982 8	0.062 6	0.022 6
27	2.883	0.346 8	47.084	16.329 6	0.061 2	0.021 2

续表

年份	一次支付		等额分付			
	终值系数	现值系数	年金终值系数	年金现值系数	资本回收系数	偿债基金系数
28	2.999	0.333 5	49.968	16.663 1	0.060 0	0.020 0
29	3.119	0.320 7	52.966	16.987 3	0.058 9	0.018 9
30	3.243	0.308 3	56.085	17.292 0	0.057 8	0.017 8
31	3.373	0.296 5	59.328	17.588 5	0.056 9	0.016 9
32	3.508	0.285 1	62.701	17.873 6	0.056 0	0.016 0
33	3.648	0.274 1	66.210	18.147 7	0.055 1	0.015 1
34	3.794	0.263 6	69.858	18.411 2	0.054 3	0.014 3
35	3.946	0.253 4	73.652	18.664 6	0.053 6	0.013 6

(5%)

年份	一次支付		等额系列			
	终值系数	现值系数	年金终值系数	年金现值系数	资本回收系数	偿债基金系数
n	$F/P, i, n$	$P/F, i, n$	$F/A, i, n$	$P/A, i, n$	$A/P, i, n$	$A/F, i, n$
1	1.050	0.952 4	1.000	0.952 4	1.050 0	1.000 0
2	1.103	0.907 0	2.050	1.859 4	0.537 8	0.487 8
3	1.158	0.863 8	3.153	2.723 3	0.367 2	0.317 2
4	1.216	0.822 7	4.310	3.546 0	0.282 0	0.232 0
5	1.276	0.783 5	5.526	4.329 5	0.231 0	0.181 0
6	1.340	0.746 2	6.802	5.075 7	0.197 0	0.147 0
7	1.407	0.710 7	8.142	5.786 4	0.172 8	0.122 8
8	1.477	0.676 8	9.549	6.463 2	0.154 7	0.104 7
9	1.551	0.644 6	11.027	7.107 8	0.140 7	0.090 7
10	1.629	0.613 9	12.587	7.721 7	0.129 5	0.079 5
11	1.710	0.584 7	14.207	8.306 4	0.120 4	0.070 4
12	1.796	0.556 8	15.917	8.863 3	0.112 8	0.062 8
13	1.886	0.530 3	17.713	9.393 6	0.106 5	0.056 5
14	1.980	0.505 1	19.599	9.898 7	0.101 0	0.051 0
15	2.079	0.481 0	21.597	10.379 7	0.096 4	0.046 4
16	2.183	0.458 1	23.658	10.837 3	0.093 2	0.043 2
17	2.292	0.436 3	25.840	11.274 1	0.088 7	0.038 7
18	2.407	0.415 5	28.132	11.689 6	0.085 6	0.035 6
19	2.527	0.395 7	30.539	12.085 3	0.082 8	0.032 8
20	2.653	0.376 9	33.066	12.462 2	0.080 3	0.030 3
21	2.786	0.359 0	35.719	12.821 2	0.078 0	0.028 0
22	2.925	0.341 9	38.505	13.163 0	0.076 0	0.026 0
23	3.072	0.325 6	41.430	13.488 6	0.074 1	0.024 1
24	3.225	0.310 1	44.502	13.798 6	0.072 5	0.022 5
25	3.386	0.295 3	47.727	14.094 0	0.071 0	0.021 0
26	3.556	0.281 3	51.113	14.375 3	0.069 6	0.019 6

续表

年份	一次支付		等额系列			
	终值系数	现值系数	年金终值系数	年金现值系数	资本回收系数	偿债基金系数
27	3.733	0.267 9	54.669	14.634 0	0.068 3	0.018 3
28	3.920	0.255 1	58.403	14.898 1	0.067 1	0.017 1
29	4.116	0.243 0	62.323	15.141 1	0.066 1	0.016 1
30	4.322	0.231 4	66.439	15.372 5	0.065 1	0.015 1
31	4.538	0.220 4	70.761	15.592 8	0.064 1	0.014 1
32	4.765	0.209 9	75.299	15.802 7	0.063 3	0.013 3
33	5.003	0.199 9	80.064	16.002 6	0.062 5	0.012 5
34	5.253	0.190 4	85.067	16.192 9	0.061 8	0.011 8
35	5.516	0.181 3	90.320	16.374 2	0.061 1	0.011 1

(6%)

年份	一次支付		等额系列			
	终值系数	现值系数	年金终值系数	年金现值系数	资本回收系数	偿债基金系数
n	$F/P,i,n$	$P/F,i,n$	$F/A,i,n$	$P/A,i,n$	$A/P,i,n$	$A/F,i,n$
1	1.060	0.943 4	1.000	0.943 4	1.060 0	1.000 0
2	1.124	0.890 0	2.060	1.833 4	0.545 4	0.485 4
3	1.191	0.839 6	3.184	2.670 4	0.374 1	0.314 1
4	1.262	0.729 1	4.375	3.456 1	0.288 6	0.228 6
5	1.338	0.747 3	5.637	4.212 4	0.237 4	0.177 4
6	1.419	0.705 0	6.975	4.917 3	0.203 4	0.143 4
7	1.504	0.665 1	8.394	5.582 4	0.179 1	0.119 1
8	1.594	0.627 4	9.897	6.209 8	0.161 0	0.101 0
9	1.689	0.591 9	11.491	6.807 1	0.147 0	0.087 0
10	1.791	0.558 4	13.181	7.360 1	0.135 9	0.075 9
11	1.898	0.526 8	14.972	7.886 9	0.126 8	0.066 8
12	2.012	0.497 0	16.870	8.383 9	0.119 3	0.059 3
13	2.133	0.468 8	18.882	8.852 7	0.113 0	0.053 0
14	2.261	0.442 3	21.015	9.295 6	0.107 6	0.047 6
15	2.397	0.417 3	23.276	9.712 3	0.103 0	0.043 0
16	2.540	0.393 7	25.673	10.105 9	0.099 0	0.039 0
17	2.693	0.371 4	28.213	10.477 3	0.095 5	0.035 5
18	2.854	0.350 4	30.906	10.827 6	0.092 4	0.032 4
19	3.026	0.330 5	33.760	11.158 1	0.089 6	0.029 6
20	3.207	0.311 8	36.786	11.469 9	0.087 2	0.027 2
21	3.400	0.294 2	39.993	11.764 1	0.085 0	0.025 0
22	3.604	0.277 5	43.329	12.046 1	0.083 1	0.023 1
23	3.820	0.261 8	46.996	12.303 4	0.081 3	0.021 3
24	4.049	0.247 0	50.816	12.550 4	0.079 7	0.019 7
25	4.292	0.233 0	54.865	12.783 4	0.078 2	0.018 2

续表

年份	一次支付		等额系列			
	终值系数	现值系数	年金终值系数	年金现值系数	资本回收系数	偿债基金系数
26	4.549	0.219 8	59.156	13.003 2	0.076 9	0.016 9
27	4.822	0.207 4	63.706	13.210 5	0.075 7	0.015 7
28	5.112	0.195 6	68.528	13.406 2	0.074 6	0.014 6
29	5.418	0.184 6	73.640	13.590 7	0.073 6	0.013 6
30	5.744	0.174 1	79.058	13.764 8	0.072 7	0.012 7
31	6.088	0.164 3	84.802	13.929 1	0.071 8	0.011 8
32	6.453	0.155 0	90.890	14.084 1	0.071 0	0.011 0
33	6.841	0.146 2	97.343	14.230 2	0.070 3	0.010 3
34	7.251	0.137 9	104.184	14.368 2	0.069 6	0.009 6
35	7.686	0.130 1	111.435	14.498 3	0.069 0	0.009 0

(7%)

年份	一次支付		等额系列			
	终值系数	现值系数	年金终值系数	年金现值系数	资本回收系数	偿债基金系数
n	$F/P,i,n$	$P/F,i,n$	$F/A,i,n$	$P/A,i,n$	$A/P,i,n$	$A/F,i,n$
1	1.070	0.934 6	1.000	0.934 6	1.070 0	1.000 0
2	1.145	0.873 4	2.070	1.808 0	0.553 1	0.483 1
3	1.225	0.816 3	3.215	2.623 4	0.381 1	0.311 1
4	1.311	0.762 9	4.440	3.387 2	0.295 2	0.225 2
5	1.403	0.713 0	5.751	4.100 2	0.243 9	0.173 9
6	1.501	0.666 4	7.153	4.766 5	0.209 8	0.139 8
7	1.606	0.622 8	8.645	5.389 3	0.185 6	0.115 6
8	1.718	0.528 0	10.260	5.971 3	0.167 5	0.097 5
9	1.838	0.543 9	11.978	6.515 2	0.153 5	0.083 5
10	1.967	0.508 4	13.816	7.023 6	0.142 4	0.072 4
11	2.105	0.475 1	15.784	7.498 7	0.133 4	0.063 4
12	2.252	0.444 0	17.888	7.942 7	0.125 9	0.055 9
13	2.410	0.415 0	20.141	8.357 7	0.119 7	0.049 7
14	2.597	0.387 8	22.550	8.745 5	0.114 4	0.044 4
15	2.759	0.362 5	25.129	9.107 9	0.109 8	0.039 8
16	2.952	0.338 7	27.888	9.446 7	0.105 9	0.035 9
17	3.159	0.316 6	30.840	9.763 2	0.102 4	0.032 4
18	3.380	0.295 9	33.999	10.059 1	0.099 4	0.029 4
19	3.617	0.276 5	37.379	10.335 6	0.096 8	0.026 8
20	3.870	0.258 4	40.996	10.594 0	0.094 4	0.024 4
21	4.141	0.241 5	44.865	10.835 5	0.092 3	0.022 3
22	4.430	0.225 7	49.006	11.061 3	0.090 4	0.020 4
23	4.741	0.211 0	53.436	11.272 2	0.088 7	0.018 7
24	5.072	0.197 2	58.177	11.469 3	0.087 2	0.017 2

续表

年份	一次支付		等额系列			
	终值系数	现值系数	年金终值系数	年金现值系数	资本回收系数	偿债基金系数
25	5.427	0.184 3	63.249	11.653 6	0.085 8	0.015 8
26	5.807	0.172 2	68.676	11.825 8	0.084 6	0.014 6
27	6.214	0.160 9	74.484	11.986 7	0.083 4	0.013 4
28	6.649	0.150 4	80.698	12.137 1	0.082 4	0.012 4
29	7.114	0.140 6	87.347	12.277 7	0.081 5	0.011 5
30	7.612	0.131 4	94.461	12.409 1	0.080 6	0.010 6
31	8.145	0.122 8	102.073	12.531 8	0.079 8	0.009 8
32	8.715	0.114 8	110.218	12.646 6	0.079 1	0.009 1
33	9.325	0.107 2	118.933	12.753 8	0.078 4	0.008 4
34	9.978	0.100 2	128.259	12.854 0	0.077 8	0.007 8
35	10.677	0.093 7	138.237	12.947 7	0.077 2	0.007 2

(8%)

年份 n	一次支付		等额系列			
	终值系数 $F/P,i,n$	现值系数 $P/F,i,n$	年金终值系数 $F/A,i,n$	年金现值系数 $P/A,i,n$	资本回收系数 $A/P,i,n$	偿债基金系数 $A/F,i,n$
1	1.080	0.925 9	1.000	0.925 9	1.080 0	1.000 0
2	1.166	0.857 3	2.080	1.783 3	0.560 8	0.480 0
3	1.260	0.793 8	3.246	2.577 1	0.388 0	0.308 0
4	1.360	0.735 0	4.506	3.312 1	0.301 9	0.221 9
5	1.496	0.680 6	5.867	3.992 7	0.250 5	0.170 5
6	1.587	0.630 2	7.336	4.622 9	0.216 3	0.136 3
7	1.714	0.583 5	8.923	5.206 4	0.192 1	0.112 1
8	1.851	0.540 3	10.637	5.746 6	0.174 0	0.094 0
9	1.999	0.500 3	12.488	6.246 9	0.160 1	0.080 1
10	2.159	0.463 2	14.487	6.710 1	0.149 0	0.069 0
11	2.332	0.428 9	16.645	7.139 0	0.140 1	0.060 1
12	2.518	0.397 1	18.977	7.536 1	0.132 7	0.052 7
13	2.720	0.367 7	21.459	7.803 8	0.126 5	0.046 5
14	2.937	0.340 5	24.215	8.244 2	0.121 3	0.041 3
15	3.172	0.315 3	27.152	8.559 5	0.116 8	0.036 8
16	3.426	0.291 9	30.324	8.851 4	0.113 0	0.033 0
17	3.700	0.270 3	33.750	9.121 6	0.109 6	0.029 6
18	3.996	0.250 3	37.450	9.371 9	0.106 7	0.026 7
19	4.316	0.231 7	41.446	9.603 6	0.104 1	0.021 4
20	4.661	0.214 6	45.762	9.818 2	0.101 9	0.021 9
21	5.034	0.198 7	50.423	10.016 8	0.099 8	0.019 8
22	5.437	0.184 0	55.457	10.200 8	0.098 0	0.018 0
23	5.871	0.170 3	60.893	10.371 1	0.096 4	0.016 4

续表

年份	一次支付		等额系列			
	终值系数	现值系数	年金终值系数	年金现值系数	资本回收系数	偿债基金系数
24	6.341	0.157 7	66.765	10.528 8	0.095 0	0.015 0
25	6.848	0.146 0	73.106	10.674 8	0.937 0	0.013 7
26	7.396	0.135 2	79.954	10.810 0	0.092 5	0.012 5
27	7.988	0.125 2	87.351	10.935 2	0.091 5	0.011 5
28	8.627	0.115 9	95.339	11.051 1	0.090 5	0.010 5
29	9.317	0.107 3	103.966	11.158 4	0.089 6	0.009 6
30	10.063	0.099 4	113.283	11.257 8	0.088 8	0.008 8
31	10.868	0.092 0	123.346	11.349 8	0.088 1	0.008 1
32	11.737	0.085 2	134.214	11.435 0	0.087 5	0.007 5
33	12.676	0.078 9	145.951	11.513 9	0.086 9	0.006 9
34	13.690	0.073 1	158.627	11.586 9	0.086 3	0.006 3
35	14.785	0.067 6	172.317	11.654 6	0.085 8	0.005 8

(9%)

年份	一次支付		等额系列			
	终值系数	现值系数	年金终值系数	年金现值系数	资本回收系数	偿债基金系数
n	$F/P,i,n$	$P/F,i,n$	$F/A,i,n$	$P/A,i,n$	$A/P,i,n$	$A/F,i,n$
1	1.090	0.917 4	1.000	0.917 4	1.090 0	1.000 0
2	1.188	0.841 7	2.090	1.759 1	0.568 5	0.478 5
3	1.295	0.772 2	3.278	2.531 3	0.395 1	0.305 1
4	1.412	0.708 4	4.573	3.239 7	0.308 7	0.218 7
5	1.539	0.649 9	5.985	3.889 7	0.257 1	0.167 1
6	1.677	0.596 3	7.523	4.485 9	0.222 9	0.132 9
7	1.828	0.547 0	9.200	5.033 0	0.198 7	0.108 7
8	1.993	0.501 9	11.028	5.534 8	0.180 7	0.090 7
9	2.172	0.460 4	13.021	5.995 3	0.166 8	0.076 8
10	2.367	0.422 4	15.193	6.417 7	0.155 8	0.065 8
11	2.580	0.387 5	17.560	6.805 2	0.147 0	0.057 0
12	2.813	0.355 5	20.141	7.160 7	0.139 7	0.049 7
13	3.066	0.326 2	22.953	7.486 9	0.133 6	0.043 6
14	3.342	0.299 3	26.019	7.786 2	0.128 4	0.038 4
15	3.642	0.274 5	29.361	8.060 7	0.124 1	0.034 1
16	3.970	0.251 9	33.003	8.312 6	0.120 3	0.030 3
17	4.328	0.231 1	36.974	8.543 6	0.117 1	0.027 1
18	4.717	0.212 0	41.301	8.755 6	0.114 2	0.024 2
19	5.142	0.194 5	46.018	8.950 1	0.111 7	0.021 7
20	5.604	0.178 4	51.160	9.128 5	0.109 6	0.019 6
21	6.109	0.163 7	56.765	9.202 3	0.107 6	0.017 6
22	6.659	0.150 2	62.873	9.442 4	0.105 9	0.015 9

续表

年份	一次支付		等额系列			
	终值系数	现值系数	年金终值系数	年金现值系数	资本回收系数	偿债基金系数
23	7.258	0.137 8	69.532	9.580 2	0.104 4	0.014 4
24	7.911	0.126 4	76.790	9.706 6	0.103 0	0.013 0
25	8.623	0.116 0	84.701	9.822 6	0.101 8	0.011 8
26	9.399	0.106 4	93.324	9.929 0	0.100 7	0.010 7
27	10.245	0.097 6	102.723	10.026 6	0.099 7	0.009 7
28	11.167	0.089 6	112.968	10.116 1	0.098 9	0.008 9
29	12.172	0.082 2	124.135	10.198 3	0.098 1	0.008 1
30	13.268	0.075 4	136.308	10.273 7	0.097 3	0.007 3
31	14.462	0.069 2	149.575	10.342 8	0.096 7	0.006 7
32	15.763	0.063 4	164.037	10.406 3	0.096 1	0.006 1
33	17.182	0.058 2	179.800	10.464 5	0.095 6	0.005 6
34	18.728	0.053 4	196.982	10.517 8	0.095 1	0.005 1
35	20.414	0.049 0	215.711	10.568 0	0.094 6	0.004 6

（10％）

年份	一次支付		等额系列			
	终值系数	现值系数	年金终值系数	年金现值系数	资本回收系数	偿债基金系数
n	$F/P, i, n$	$P/F, i, n$	$F/A, i, n$	$P/A, i, n$	$A/P, i, n$	$A/F, i, n$
1	1.100	0.909 1	1.000	0.909 1	1.100 0	1.000 0
2	1.210	0.826 5	2.100	1.735 5	0.576 2	0.476 2
3	1.331	0.751 3	3.310	2.486 9	0.402 1	0.302 1
4	1.464	0.688 0	4.641	3.169 9	0.315 5	0.215 5
5	1.611	0.620 9	6.105	3.790 8	0.263 8	0.163 8
6	1.772	0.564 5	7.716	4.355 3	0.229 6	0.129 6
7	1.949	0.513 2	9.487	4.868 4	0.205 4	0.105 4
8	2.144	0.466 5	11.436	5.334 9	0.187 5	0.087 5
9	2.358	0.424 1	13.579	5.759 0	0.173 7	0.073 7
10	2.594	0.385 6	15.937	6.144 6	0.162 8	0.062 8
11	2.853	0.350 5	18.531	6.495 1	0.154 0	0.054 0
12	3.138	0.318 6	21.384	6.813 7	0.146 8	0.046 8
13	3.452	0.289 7	24.523	7.103 4	0.140 8	0.040 8
14	3.798	0.263 3	27.975	7.366 7	0.135 8	0.035 8
15	4.177	0.239 4	31.772	7.606 1	0.131 5	0.031 5
16	4.595	0.217 6	35.950	7.823 7	0.127 8	0.027 8
17	5.054	0.197 9	40.545	8.021 6	0.124 7	0.024 7
18	5.560	0.179 9	45.599	8.201 4	0.121 9	0.021 9
19	6.116	0.163 5	51.159	8.364 9	0.119 6	0.019 6
20	6.728	0.148 7	57.275	8.513 6	0.117 5	0.017 5
21	7.400	0.135 1	64.003	8.648 7	0.115 6	0.015 6

续表

年份	一次支付		等额系列			
	终值系数	现值系数	年金终值系数	年金现值系数	资本回收系数	偿债基金系数
22	8.140	0.122 9	71.403	8.771 6	0.114 0	0.014 0
23	8.954	0.111 7	79.543	8.883 2	0.112 6	0.012 6
24	9.850	0.101 5	88.497	8.984 8	0.111 3	0.011 3
25	10.835	0.092 3	98.347	9.077 1	0.110 2	0.010 2
26	11.918	0.083 9	109.182	9.161 0	0.109 2	0.009 2
27	13.110	0.076 3	121.100	9.237 2	0.108 3	0.008 3
28	14.421	0.069 4	134.210	9.306 6	0.107 5	0.007 5
29	15.863	0.063 0	148.631	9.369 6	0.106 7	0.006 7
30	17.449	0.057 3	164.494	9.426 9	0.106 1	0.006 1
31	19.194	0.052 1	181.943	9.479 0	0.105 5	0.005 5
32	21.114	0.047 4	201.138	9.526 4	0.105 0	0.005 0
33	23.225	0.043 1	222.252	9.569 4	0.104 5	0.004 5
34	25.548	0.039 2	245.477	9.608 6	0.104 1	0.004 1
35	28.102	0.035 6	271.024	9.644 2	0.103 7	0.003 7

(12%)

年份 n	一次支付		等额系列			
	终值系数 $F/P, i, n$	现值系数 $P/F, i, n$	年金终值系数 $F/A, i, n$	年金现值系数 $P/A, i, n$	资本回收系数 $A/P, i, n$	偿债基金系数 $A/F, i, n$
1	1.120	0.892 9	1.000	0.892 9	1.120 0	1.000 0
2	1.254	0.797 2	2.120	1.690 1	0.591 7	0.471 7
3	1.405	0.711 8	3.374	2.401 8	0.416 4	0.296 4
4	1.574	0.635 5	4.779	3.037 4	0.329 2	0.209 2
5	1.762	0.567 4	6.353	3.604 8	0.277 4	0.157 4
6	1.974	0.506 6	8.115	4.111 4	0.243 2	0.123 2
7	2.211	0.452 4	10.089	4.563 8	0.219 1	0.099 1
8	2.476	0.403 9	12.300	4.967 6	0.201 3	0.081 3
9	2.773	0.360 6	14.776	5.328 3	0.187 7	0.067 7
10	3.106	0.322 0	17.549	5.650 2	0.177 0	0.057 0
11	3.479	0.287 5	20.655	5.937 7	0.168 4	0.048 4
12	3.896	0.256 7	24.133	6.194 4	0.161 4	0.041 4
13	4.364	0.229 2	28.029	6.423 6	0.155 7	0.035 7
14	4.887	0.204 6	32.393	6.628 2	0.150 9	0.030 9
15	5.474	0.182 7	37.280	6.810 9	0.146 8	0.026 8
16	6.130	0.163 1	42.752	6.974 0	0.143 4	0.023 4
17	6.866	0.145 7	48.884	7.119 6	0.140 5	0.020 5
18	7.690	0.130 0	55.750	7.249 7	0.137 9	0.017 9
19	8.613	0.116 1	63.440	7.365 8	0.135 8	0.015 8
20	9.646	0.103 7	72.052	7.469 5	0.133 9	0.013 9

续表

年份	一次支付		等额系列			
	终值系数	现值系数	年金终值系数	年金现值系数	资本回收系数	偿债基金系数
21	10.804	0.092 6	81.699	7.562 0	0.132 3	0.012 3
22	12.100	0.082 7	92.503	7.644 7	0.130 8	0.010 8
23	13.552	0.073 8	104.603	7.718 4	0.129 6	0.009 6
24	15.179	0.065 9	118.155	7.784 3	0.128 5	0.008 5
25	17.000	0.058 8	133.334	7.843 1	0.127 5	0.007 5
26	19.040	0.052 5	150.334	7.895 7	0.126 7	0.006 7
27	21.325	0.046 9	169.374	7.942 6	0.125 9	0.005 9
28	23.884	0.041 9	190.699	7.984 4	0.125 3	0.005 3
29	26.750	0.037 4	214.583	8.021 8	0.124 7	0.004 7
30	29.960	0.033 4	421.333	8.055 2	0.124 2	0.004 2
31	33.555	0.029 8	271.293	8.085 0	0.123 7	0.003 7
32	37.582	0.026 6	304.848	8.111 6	0.123 3	0.003 3
33	42.092	0.023 8	342.429	8.135 4	0.122 9	0.002 9
34	47.143	0.021 2	384.521	8.156 6	0.122 6	0.002 6
35	52.800	0.018 9	431.664	8.175 5	0.122 3	0.002 3

(15%)

年份	一次支付		等额系列			
	终值系数	现值系数	年金终值系数	年金现值系数	资本回收系数	偿债基金系数
n	$F/P, i, n$	$P/F, i, n$	$F/A, i, n$	$P/A, i, n$	$A/P, i, n$	$A/F, i, n$
1	1.150	0.869 6	1.000	0.869 6	1.150 0	1.000 0
2	1.323	0.756 2	2.150	1.625 7	0.615 1	0.465 1
3	1.521	0.657 5	3.473	2.283 2	0.438 0	0.288 0
4	1.749	0.571 8	4.993	2.855 0	0.350 3	0.200 3
5	2.011	0.497 2	6.742	3.352 2	0.298 3	0.148 3
6	2.313	0.432 3	8.754	3.784 5	0.264 2	0.114 2
7	2.660	0.375 9	11.067	4.160 4	0.240 4	0.090 4
8	3.059	0.326 9	13.727	4.487 3	0.222 9	0.072 9
9	3.518	0.284 3	16.786	4.771 6	0.209 6	0.059 6
10	4.046	0.247 2	20.304	5.018 8	0.199 3	0.049 3
11	4.652	0.215 0	24.349	5.233 7	0.191 1	0.041 1
12	5.350	0.186 9	29.002	5.420 6	0.184 5	0.034 5
13	6.153	0.165 2	34.352	5.583 2	0.179 1	0.029 1
14	7.076	0.141 3	40.505	5.724 5	0.174 7	0.024 7
15	8.137	0.122 9	47.580	5.847 4	0.171 0	0.021 0
16	9.358	0.106 9	55.717	5.954 2	0.168 0	0.018 0
17	10.761	0.092 9	65.075	6.047 2	0.165 4	0.015 4
18	12.375	0.080 8	75.836	6.128 0	0.163 2	0.012 3
19	14.232	0.070 3	88.212	6.198 2	0.161 3	0.011 3

续表

年份	一次支付		等额系列			
	终值系数	现值系数	年金终值系数	年金现值系数	资本回收系数	偿债基金系数
20	16.367	0.0611	102.444	6.2593	0.1598	0.0098
21	18.822	0.0531	118.810	6.3125	0.1584	0.0084
22	21.645	0.0462	137.632	6.3587	0.1573	0.0073
23	24.891	0.0402	159.276	6.3988	0.1563	0.0063
24	28.625	0.0349	184.168	6.4338	0.1554	0.0054
25	32.919	0.0304	212.793	6.4642	0.1547	0.0047
26	37.857	0.0264	245.712	6.4906	0.1541	0.0041
27	43.535	0.0230	283.569	6.5135	0.1535	0.0035
28	50.066	0.0200	327.104	6.5335	0.1531	0.0031
29	57.575	0.0174	377.170	6.5509	0.1527	0.0027
30	66.212	0.0151	434.745	6.5660	0.1523	0.0023
31	76.144	0.0131	500.957	6.5791	0.1520	0.0020
32	87.565	0.0114	577.100	6.5905	0.1517	0.0017
33	100.700	0.0099	664.666	6.6005	0.1515	0.0015
34	115.805	0.0086	765.365	6.6091	0.1513	0.0013
35	133.176	0.0075	881.170	6.6166	0.1511	0.0011

(20%)

年份 n	一次支付		等额系列			
	终值系数 $F/P,i,n$	现值系数 $P/F,i,n$	年金终值系数 $F/A,i,n$	年金现值系数 $P/A,i,n$	资本回收系数 $A/P,i,n$	偿债基金系数 $A/F,i,n$
1	1.200	0.8333	1.000	0.8333	1.2000	1.0000
2	1.440	0.6845	2.200	1.5278	0.6546	0.4546
3	1.728	0.5787	3.640	2.1065	0.4747	0.2747
4	2.074	0.4823	5.368	2.5887	0.3863	0.1963
5	2.488	0.4019	7.442	2.9906	0.3344	0.1344
6	2.986	0.3349	9.930	3.3255	0.3007	0.1007
7	3.583	0.2791	12.916	3.6046	0.2774	0.0774
8	4.300	0.2326	16.499	3.8372	0.2606	0.0606
9	5.160	0.1938	20.799	4.0310	0.2481	0.0481
10	6.192	0.1615	25.959	4.1925	0.2385	0.0385
11	7.430	0.1346	32.150	4.3271	0.2311	0.0311
12	8.916	0.1122	39.581	4.4392	0.2253	0.0253
13	10.699	0.0935	48.497	4.5327	0.2206	0.0206
14	12.839	0.0779	59.196	4.6106	0.2169	0.0169
15	15.407	0.0649	72.035	4.7655	0.2139	0.0139
16	18.488	0.0541	87.442	4.7296	0.2114	0.0114
17	22.186	0.0451	105.931	4.7746	0.2095	0.0095
18	26.623	0.0376	128.117	4.8122	0.2078	0.0078

续表

年份	一次支付		等额系列			
	终值系数	现值系数	年金终值系数	年金现值系数	资本回收系数	偿债基金系数
19	31.948	0.031 3	154.740	4.843 5	0.206 5	0.006 5
20	38.338	0.026 1	186.688	4.869 6	0.205 4	0.005 4
21	46.005	0.021 7	225.026	4.891 3	0.204 5	0.004 5
22	55.206	0.018 1	271.031	4.909 4	0.203 7	0.003 7
23	66.247	0.015 1	326.237	4.924 5	0.203 1	0.003 1
24	79.497	0.012 6	392.484	4.937 1	0.202 6	0.002 6
25	95.396	0.010 5	471.981	4.947 6	0.202 1	0.002 1
26	114.475	0.008 7	567.377	4.956 3	0.201 8	0.001 8
27	137.371	0.007 3	681.853	4.963 6	0.201 5	0.001 5
28	164.845	0.006 1	819.223	4.969 7	0.201 2	0.001 2
29	197.814	0.005 1	984.068	4.974 7	0.201 0	0.001 0
30	237.376	0.004 2	1 181.882	4.978 9	0.200 9	0.000 9
31	284.852	0.003 5	1 419.258	4.982 5	0.200 7	0.000 7
32	341.822	0.002 9	1 704.109	4.985 4	0.200 6	0.000 6
33	410.186	0.002 4	2 045.931	4.987 8	0.200 5	0.000 5
34	492.224	0.002 0	2 456.118	4.989 9	0.200 4	0.000 4
35	590.668	0.001 7	2 948.341	4.991 5	0.200 3	0.000 3

(25%)

年份	一次支付		等额系列			
	终值系数	现值系数	年金终值系数	年金现值系数	资本回收系数	偿债基金系数
n	$F/P,i,n$	$P/F,i,n$	$F/A,i,n$	$P/A,i,n$	$A/P,i,n$	$A/F,i,n$
1	1.250	0.800 0	1.000	0.800 0	1.250 0	1.000 0
2	1.156	0.640 0	2.250	1.440 0	0.694 5	0.444 5
3	1.953	0.512 0	3.813	1.952 0	0.512 3	0.262 3
4	2.441	0.409 6	5.766	2.361 6	0.423 5	0.173 5
5	3.052	0.327 7	8.207	2.689 3	0.371 9	0.121 9
6	3.815	0.262 2	11.259	2.951 4	0.338 8	0.088 8
7	4.678	0.209 7	15.073	3.161 1	0.316 4	0.066 4
8	5.960	0.167 8	19.842	3.328 9	0.300 4	0.050 4
9	7.451	0.134 2	25.802	3.463 1	0.288 8	0.038 8
10	9.313	0.107 4	33.253	3.570 5	0.280 1	0.030 1
11	11.642	0.085 9	42.566	3.656 4	0.273 5	0.023 5
12	14.552	0.068 7	54.208	3.725 1	0.268 5	0.018 5
13	18.190	0.055 0	68.760	3.780 1	0.264 6	0.014 6
14	22.737	0.044 0	86.949	3.824 1	0.261 5	0.011 5
15	28.422	0.035 2	109.687	3.859 3	0.259 1	0.009 1
16	35.527	0.028 2	138.109	3.887 4	0.257 3	0.007 3
17	44.409	0.022 5	173.636	3.909 9	0.255 8	0.005 8

续表

年份	一次支付		等额系列			
	终值系数	现值系数	年金终值系数	年金现值系数	资本回收系数	偿债基金系数
18	55.511	0.018 0	218.045	3.928 0	0.254 6	0.004 6
19	69.389	0.014 4	273.556	3.942 4	0.253 7	0.003 7
20	86.736	0.011 5	342.945	3.953 9	0.252 9	0.002 9
21	108.420	0.009 2	429.681	3.963 1	0.252 3	0.002 3
22	135.525	0.007 4	538.101	3.970 5	0.251 9	0.001 9
23	169.407	0.005 9	673.626	3.976 4	0.251 5	0.001 5
24	211.758	0.004 7	843.033	3.981 1	0.251 1	0.001 2
25	264.698	0.003 8	1 054.791	3.984 9	0.251 0	0.001 0
26	330.872	0.003 0	1 319.489	3.987 9	0.250 8	0.000 8
27	413.590	0.002 4	1 650.361	3.990 3	0.250 6	0.000 6
28	516.988	0.001 9	2 063.952	3.992 3	0.250 5	0.000 5
29	646.235	0.001 6	2 580.939	3.993 8	0.250 4	0.000 4
30	807.794	0.001 2	3 227.174	3.995 1	0.250 3	0.000 3
31	1 009.742	0.001 0	4 034.968	3.996 0	0.250 3	0.000 3
32	1 262.177	0.000 8	5 044.710	3.996 8	0.250 2	0.000 2
33	1 577.722	0.000 6	6 306.887	3.997 5	0.250 2	0.000 2
34	1 972.152	0.000 5	788.609	3.998 0	0.250 1	0.000 1
35	2 465.190	0.000 4	9 856.761	3.998 4	0.250 1	0.000 1

(30%)

年份 n	一次支付		等额系列			
	终值系数 $F/P,i,n$	现值系数 $P/F,i,n$	年金终值系数 $F/A,i,n$	年金现值系数 $P/A,i,n$	资本回收系数 $A/P,i,n$	偿债基金系数 $A/F,i,n$
1	1.300	0.769 2	1.000	0.769 2	1.300 0	1.000 0
2	1.690	0.591 7	2.300	1.361 0	0.734 8	0.434 8
3	2.197	0.455 2	3.990	1.816 1	0.550 6	0.250 6
4	2.856	0.350 1	6.187	2.166 3	0.461 6	0.161 6
5	3.713	0.269 3	9.043	2.435 6	0.410 6	0.110 6
6	4.827	0.207 2	12.756	2.642 8	0.378 4	0.078 4
7	6.275	0.159 4	17.583	2.802 1	0.356 9	0.056 9
8	8.157	0.122 6	23.858	2.924 7	0.341 9	0.041 9
9	10.605	0.094 3	32.015	3.019 0	0.332 1	0.031 2
10	13.786	0.072 5	42.620	3.091 5	0.323 5	0.023 5
11	17.922	0.055 8	65.405	3.147 3	0.317 7	0.017 7
12	23.298	0.042 9	74.327	3.190 3	0.313 5	0.013 5
13	30.288	0.033 0	97.625	3.223 3	0.310 3	0.010 3
14	39.374	0.025 4	127.913	3.248 7	0.307 8	0.007 8
15	51.186	0.019 5	167.286	3.268 2	0.306 0	0.006 0
16	66.542	0.015 0	218.472	3.283 2	0.304 6	0.004 6

续表

年份	一次支付		等额系列			
	终值系数	现值系数	年金终值系数	年金现值系数	资本回收系数	偿债基金系数
17	86.504	0.011 6	285.014	3.294 8	0.303 5	0.003 5
18	112.455	0.008 9	371.518	3.303 7	0.302 7	0.002 7
19	146.192	0.006 9	483.973	3.310 5	0.302 1	0.002 1
20	190.050	0.005 3	630.165	3.315 8	0.301 6	0.001 6
21	247.065	0.004 1	820.215	3.319 9	0.301 2	0.001 2
22	321.184	0.003 1	1 067.280	3.323 0	0.300 9	0.000 9
23	417.539	0.002 4	1 388.464	3.325 4	0.300 7	0.000 7
24	542.801	0.001 9	1 806.003	3.327 2	0.300 6	0.000 6
25	705.641	0.001 4	2 348.803	3.328 6	0.300 4	0.000 4
26	917.333	0.001 1	3 054.444	3.329 7	0.300 3	0.000 3
27	1 192.533	0.000 8	3 971.778	3.330 5	0.300 3	0.000 3
28	1 550.293	0.000 7	5 164.311	3.331 2	0.300 2	0.000 2
29	2 015.381	0.000 5	6 714.604	3.331 7	0.300 2	0.000 2
30	2 619.996	0.000 4	8 729.985	3.332 1	0.300 1	0.000 1
31	3 405.994	0.000 3	11 349.981	3.332 4	0.300 1	0.000 1
32	4 427.793	0.000 2	14 755.975	3.332 6	0.300 1	0.000 1
33	5 756.130	0.000 2	19 183.768	3.332 8	0.300 1	0.000 1
34	7 482.970	0.000 1	24 939.899	3.332 9	0.300 1	0.000 1
35	9 727.860	0.000 1	32 422.868	3.333 0	0.300 0	0.000 0

(35%)

年份	一次支付		等额系列			
	终值系数	现值系数	年金终值系数	年金现值系数	资本回收系数	偿债基金系数
n	$F/P,i,n$	$P/F,i,n$	$F/A,i,n$	$P/A,i,n$	$A/P,i,n$	$A/F,i,n$
1	1.350 0	0.740 7	1.000 0	0.740 4	1.350 0	1.000 0
2	1.822 5	0.548 7	2.350 0	1.289 4	0.775 5	0.425 5
3	2.460 4	0.406 4	4.172 5	1.695 9	0.589 7	0.239 7
4	3.321 5	0.301 1	6.632 9	1.996 9	0.500 8	0.150 8
5	4.484 0	0.223 0	9.954 4	2.220 0	0.450 5	0.100 5
6	6.053 4	0.165 2	14.438 4	2.385 2	0.419 3	0.069 3
7	8.172 2	0.122 4	20.491 9	2.507 5	0.398 8	0.048 8
8	11.032 4	0.090 6	28.664 0	2.598 2	0.384 9	0.034 9
9	14.893 7	0.067 1	39.696 4	2.665 3	0.375 2	0.025 2
10	20.106 6	0.049 7	54.590 2	2.715 0	0.368 3	0.018 3
11	27.149 3	0.036 8	74.697 6	2.751 9	0.363 4	0.013 4
12	36.644 2	0.027 3	101.840 6	2.779 2	0.359 8	0.009 8
13	49.469 7	0.020 2	138.484 8	2.799 4	0.357 2	0.007 2
14	66.784 1	0.015 0	187.954 4	2.814 4	0.355 3	0.005 3
15	90.158 5	0.011 1	254.738 5	2.825 5	0.353 9	0.003 9
16	121.713 9	0.008 2	344.897 0	2.833 7	0.352 9	0.002 9

续表

年份	一次支付		等额系列			
	终值系数	现值系数	年金终值系数	年金现值系数	资本回收系数	偿债基金系数
17	164.313 8	0.006 1	466.610 9	2.839 8	0.352 1	0.002 1
18	221.823 6	0.004 5	630.924 7	2.844 3	0.351 6	0.001 6
19	299.461 9	0.003 3	852.748 3	2.847 6	0.351 2	0.001 2
20	404.273 6	0.002 5	1 152.210 3	2.850 1	0.350 9	0.000 9
21	545.769 3	0.001 8	1 556.483 8	2.851 9	0.350 6	0.000 6
22	736.788 6	0.001 4	2 102.253 2	2.853 3	0.350 5	0.000 5
23	994.664 6	0.001 0	2 839.041 8	2.854 3	0.350 4	0.000 4
24	1 342.797	0.000 7	3 833.706 4	2.855 0	0.350 3	0.000 3
25	1 812.776	0.000 6	5 176.503 7	2.855 6	0.350 2	0.000 2
26	2 447.248	0.000 4	6 989.280 0	2.856 0	0.350 1	0.000 1
27	3 303.785	0.000 3	9 436.528 0	2.856 3	0.350 1	0.000 1
28	4 460.110	0.000 2	12 740.313	2.856 5	0.350 1	0.000 1
29	6 021.148	0.000 2	17 200.422	2.856 7	0.350 1	0.000 1
30	8 128.550	0.000 1	23 221.570	2.856 8	0.350 0	0.000 0
31	10 973.540	0.000 1	31 350.120	2.856 9	0.350 0	0.000 0
32	14 814.280	0.000 1	42 323.661	2.856 9	0.350 0	0.000 0
33	19 999.280	0.000 1	57 137.943	2.857 0	0.350 0	0.000 0
34	26 999.030	0.000 0	77 137.223	2.857 0	0.350 0	0.000 0
35	36 448.690	0.000 0	104 136.250	2.857 1	0.350 0	0.000 0

（40%）

年份 n	一次支付		等额系列			
	终值系数 $F/P,i,n$	现值系数 $P/F,i,n$	年金终值系数 $F/A,i,n$	年金现值系数 $P/A,i,n$	资本回收系数 $A/P,i,n$	偿债基金系数 $A/F,i,n$
1	1.400	0.714 3	1.000	0.714 3	1.400 1	1.000 1
2	1.960	0.510 3	2.400	1.224 5	0.816 7	0.416 7
3	2.744	0.365 4	4.360	1.589 0	0.629 4	0.229 4
4	3.842	0.260 4	7.104	1.849 3	0.540 8	0.140 8
5	5.378	0.186 0	10.946	2.035 2	0.491 4	0.091 4
6	7.530	0.132 9	16.324	2.168 0	0.461 3	0.061 3
7	10.541	0.094 9	23.853	2.262 9	0.442 0	0.042 0
8	14.758	0.067 8	34.395	2.330 6	0.429 1	0.029 1
9	20.661	0.048 5	49.153	2.379 0	0.420 4	0.020 4
10	28.925	0.034 6	69.814	2.413 6	0.414 4	0.014 4
11	40.496	0.024 7	98.739	2.438 3	0.410 2	0.010 2
12	56.694	0.017 7	139.234	2.456 0	0.407 2	0.007 2
13	79.371	0.012 6	195.928	2.468 6	0.405 2	0.005 2
14	111.120	0.009 0	275.299	2.477 5	0.403 7	0.003 7
15	155.568	0.006 5	386.419	2.484 0	0.402 6	0.002 6
16	217.794	0.004 6	541.986	2.488 6	0.401 9	0.001 9

续表

年份	一次支付		等额系列			
	终值系数	现值系数	年金终值系数	年金现值系数	资本回收系数	偿债基金系数
17	304.912	0.003 3	759.780	2.491 8	0.401 4	0.001 4
18	426.877	0.002 4	104.691	2.494 2	0.401 0	0.001 0
19	597.627	0.001 7	1 491.567	2.495 9	0.400 7	0.000 7
20	836.678	0.001 2	2 089.195	2.497 1	0.400 5	0.000 5
21	1 171.348	0.000 9	2 925.871	2.497 9	0.400 4	0.000 4
22	1 639.887	0.000 7	4 097.218	2.498 5	0.400 3	0.000 3
23	2 295.842	0.000 5	5 373.105	2.499 0	0.400 2	0.000 2
24	3 214.178	0.000 4	8 032.945	2.499 3	0.400 2	0.000 2
25	4 499.847	0.000 3	11 247.110	2.499 5	0.400 1	0.000 1
26	6 299.785	0.000 2	15 746.960	2.499 7	0.400 1	0.000 1
27	8 819.695	0.000 2	22 046.730	2.499 8	0.400 1	0.000 1
28	12 347.570	0.000 1	30 866.430	2.499 8	0.400 1	0.000 1
29	17 286.590	0.000 1	43 213.990	2.499 9	0.400 1	0.000 1
30	24 201.230	0.000 1	60 500.580	2.499 9	0.400 1	0.000 1

(45%)

年份	一次支付		等额系列			
	终值系数	现值系数	年金终值系数	年金现值系数	资本回收系数	偿债基金系数
n	$F/P, i, n$	$P/F, i, n$	$F/A, i, n$	$P/A, i, n$	$A/P, i, n$	$A/F, i, n$
1	1.450 0	0.689 7	1.000	0.690	1.450 00	1.000 00
2	2.102 5	0.475 6	2.405	1.165	0.858 16	0.408 16
3	3.048 6	0.328 0	4.552	1.493	0.669 66	0.219 66
4	4.420 5	0.226 2	7.601	1.720	0.581 56	0.131 56
5	6.409 7	0.156 0	12.022	1.867	0.533 18	0.083 18
6	9.294 1	0.107 6	18.431	1.983	0.504 26	0.054 26
7	13.476 5	0.074 2	27.725	2.057	0.486 07	0.036 07
8	19.540 9	0.051 2	41.202	2.109	0.474 27	0.024 27
9	28.334 3	0.035 3	60.743	2.144	0.466 46	0.016 46
10	41.084 7	0.024 3	89.077	2.168	0.461 23	0.011 23
11	59.572 8	0.016 8	130.162	2.158	0.457 68	0.007 68
12	86.380 6	0.011 6	189.735	2.196	0.455 27	0.005 27
13	125.251 8	0.008 0	267.115	2.024	0.453 26	0.003 62
14	181.615 1	0.005 5	401.367	2.210	0.452 49	0.002 49
15	263.341 9	0.003 8	582.982	2.214	0.451 72	0.001 72
16	381.845 8	0.002 6	846.324	2.216	0.451 18	0.001 18
17	553.676 4	0.001 8	1 228.170	2.218	0.450 81	0.000 81
18	802.830 8	0.001 2	1 781.846	2.219	0.450 56	0.000 56
19	1 164.104 7	0.000 9	2 584.677	2.220	0.450 39	0.000 39
20	1 687.951 8	0.000 6	3 748.782	2.221	0.450 27	0.000 27
21	2 447.530 1	0.000 4	5 436.743	2.221	0.450 18	0.000 18

续表

年份	一次支付		等额系列			
	终值系数	现值系数	年金终值系数	年金现值系数	资本回收系数	偿债基金系数
22	3 548.918 7	0.000 3	7 884.246	2.222	0.450 13	0.000 13
23	5 145.932 1	0.000 2	11 433.182	2.222	0.450 09	0.000 09
24	7 461.601 5	0.000 1	16 579.115	2.222	0.450 06	0.000 06
25	10 819.322	0.000 1	24 040.716	2.222	0.450 04	0.000 04
26	15 688.017	0.000 1	34 860.038	2.222	0.450 03	0.000 03
27	22 747.625	0.000 0	50 548.056	2.222	0.450 02	0.000 02
28	32 984.056		73 295.681	2.222	0.450 01	0.000 01
29	47 826.882		106 279.740	2.222	0.450 01	0.000 01
30	69 348.978		15 4106.620	2.222	0.450 01	0.000 01

(50%)

年份	一次支付		等额系列			
	终值系数	现值系数	年金终值系数	年金现值系数	资本回收系数	偿债基金系数
n	$F/P, i, n$	$P/F, i, n$	$F/A, i, n$	$P/A, i, n$	$A/P, i, n$	$A/F, i, n$
1	1.500 0	0.666 7	1.000	0.667	1.500 00	1.000 00
2	2.250 0	0.444 4	2.500	1.111	0.900 00	0.400 00
3	3.375 0	0.296 3	4.750	1.407	0.710 53	0.210 53
4	5.062 5	0.197 5	8.125	1.605	0.623 03	0.123 08
5	7.593 8	0.131 7	13.188	1.737	0.575 83	0.075 83
6	11.390 6	0.087 8	20.781	1.824	0.548 12	0.048 12
7	17.085 9	0.058 5	32.172	1.883	0.531 08	0.031 08
8	25.628 9	0.039 0	49.258	1.922	0.520 30	0.020 30
9	38.443 4	0.026 0	74.887	1.948	0.513 35	0.013 35
10	57.665 0	0.017 3	113.330	1.965	0.508 82	0.008 82
11	86.497 6	0.011 6	170.995	1.977	0.505 85	0.005 85
12	129.746 3	0.007 7	257.493	1.985	0.503 88	0.003 88
13	194.619 5	0.005 1	387.239	1.990	0.502 58	0.002 58
14	291.929 3	0.003 4	581.859	1.993	0.501 72	0.001 72
15	437.893 9	0.002 3	873.788	1.995	0.501 14	0.001 14
16	656.840 8	0.001 5	1 311.682	1.997	0.500 76	0.000 76
17	985.261 3	0.001 0	1 968.523	1.998	0.500 51	0.000 51
18	1 477.891 9	0.000 7	2 953.784	1.999	0.500 34	0.000 34
19	2 216.837 8	0.000 5	4 431.676	1.999	0.500 23	0.000 23
20	3 325.256 7	0.000 3	6 648.513	1.999	0.500 15	0.000 15
21	4 987.885 1	0.000 2	9 973.770	2.000	0.500 10	0.000 10
22	7 481.827 6	0.000 1	14 961.655	2.000	0.500 07	0.000 07
23	11 222.742 0	0.000 1	22 443.483	2.000	0.500 04	0.000 04
24	16 834.112 0	0.000 1	33 666.224	2.000	0.500 03	0.000 03
25	25 251.168 0	0.000 0	50 500.337	2.000	0.500 02	0.000 02

教师服务

感谢您选用清华大学出版社的教材！为了更好地服务教学，我们为授课教师提供本书的教学辅助资源，以及本学科重点教材信息。请您扫码获取。

▶ 教辅获取

本书教辅资源，授课教师扫码获取

▶ 样书赠送

管理科学与工程类重点教材，教师扫码获取样书

 清华大学出版社

E-mail：tupfuwu@163.com
电话：010-83470332 / 83470142
地址：北京市海淀区双清路学研大厦 B 座 509

网址：https://www.tup.com.cn/
传真：8610-83470107
邮编：100084